MAURICE PILLET

ANCIEN ATTACHÉ A LA DÉLÉGATION EN PERSE
DIRECTEUR DES TRAVAUX AU SERVICE DES ANTIQUITÉS DE L'ÉGYPTE

L'EXPÉDITION

SCIENTIFIQUE ET ARTISTIQUE

DE

MÉSOPOTAMIE ET DE MÉDIE

1851-1855

ILLUSTRÉ DE 26 DESSINS ET D'UN PLAN

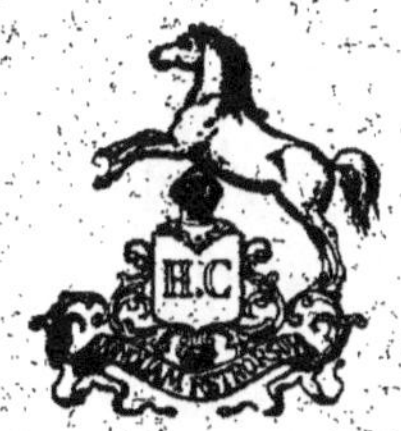

PARIS
LIBRAIRIE ANCIENNE HONORÉ CHAMPION
ÉDOUARD CHAMPION
5, QUAI MALAQUAIS, 5

1922

L'EXPÉDITION

SCIENTIFIQUE ET ARTISTIQUE

DE MÉSOPOTAMIE ET DE MÉDIE

1851-1855

MAURICE PILLET

ANCIEN ATTACHÉ A LA DÉLÉGATION EN PERSE

DIRECTEUR DES TRAVAUX AU SERVICE DES ANTIQUITÉS DE L'ÉGYPTE

L'EXPÉDITION

SCIENTIFIQUE ET ARTISTIQUE

DE

MÉSOPOTAMIE ET DE MÉDIE

1851-1855

ILLUSTRÉ DE 26 DESSINS ET D'UN PLAN

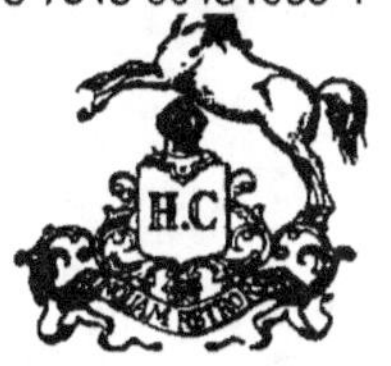

PARIS

LIBRAIRIE ANCIENNE HONORÉ CHAMPION

ÉDOUARD CHAMPION

5, QUAI MALAQUAIS, 5

1922

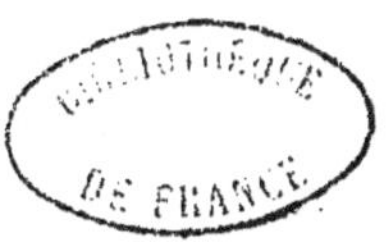

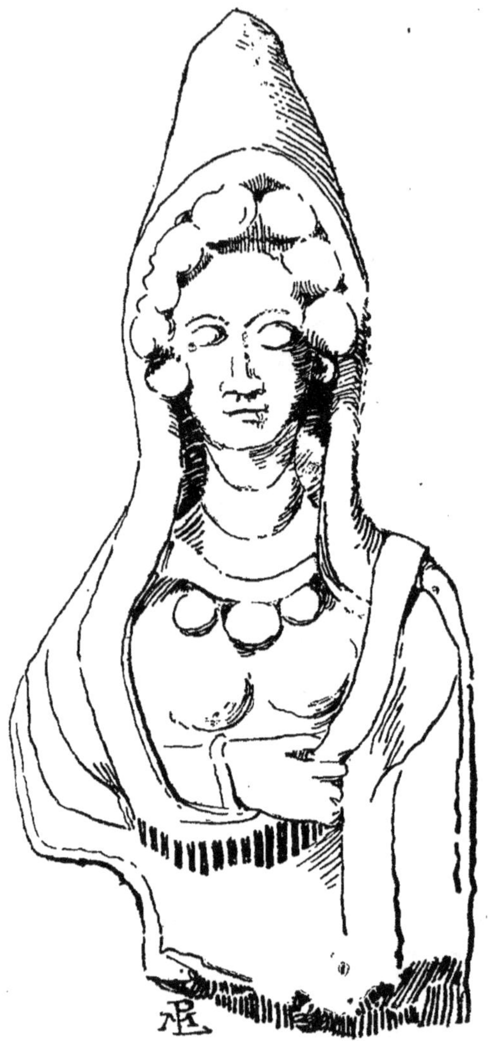

Fig. I. — Statuette en terre cuite provenant des fouilles de Fresnel à Babylone.
D'après un dessin inédit de Mess'oud-Bey. (A. N.)

AVANT-PROPOS

Depuis plus de soixante ans déjà, Fresnel est mort, ses collaborateurs ont disparu et les polémiques se sont éteintes dans la paix et l'oubli. Les dossiers de l'Expédition sont clos depuis longtemps et la poussière des ans s'étend sur eux : l'heure est donc venue où l'on peut à loisir étudier les documents et écrire son histoire.

Fresnel n'avait publié que de courts aperçus de ses découvertes archéologiques et Oppert s'était attaché aux résultats épigraphiques. Les documents des Archives, les comptes de la mission et la correspondance de Thomas, les découvertes modernes enfin nous permettent de mieux apprécier aujourd'hui l'œuvre de l'Expédition de Mésopotamie.

Nos sources sont les documents originaux du ministère des Beaux-Arts, aujourd'hui déposés aux Archives nationales [1] sous le numéro : F^{21} 548 — *Mission de Fresnel en Mésopotamie*, ainsi que les papiers et les dessins originaux de Félix Thomas que M. du Gardier, le peintre de talent, a bien voulu mettre aimablement à notre disposition.

---

1. Par versement en date de mai 1906 des Archives des Beaux-Arts, antérieures à 1880. Voir P. Caron, *Le versement de l'Administration des Beaux-Arts...* Les Archives de l'Art français, tome II, 1908.

L'étude de ces pièces nous a déjà fourni un aperçu d'ensemble dans les *Comptes rendus des séances de l'Académie des Inscriptions et Belles-Lettres*, septembre 1917, ainsi que divers articles dans la *Revue d'Assyriologie* 1917-1919. Ce n'étaient là que les matériaux de l'étude complète que nous publions ici.

L'Expédition française a définitivement fixé et reconnu le site de la Babylone antique. Elle a prouvé, textes en main, que la colline de décombres appelé *Kasr* était ce fameux *Palais des Merveilles* décrit par Hérodote et par Ctésias, ce même palais que Nabuchodonosor avait construit et qu'Alexandre avait voulu restaurer. Elle a exhumé des textes importants et une collection de briques émaillées, unique en son genre, qui furent malheureusement engloutis dans le Chatt-el-Arab.

La mission Fresnel n'a donc pas échoué et Babylone, comme Ninive, sont deux grandes découvertes françaises du siècle dernier.

M. P.

Marrakech 1917. — Paris 1918.

PREMIÈRE PARTIE

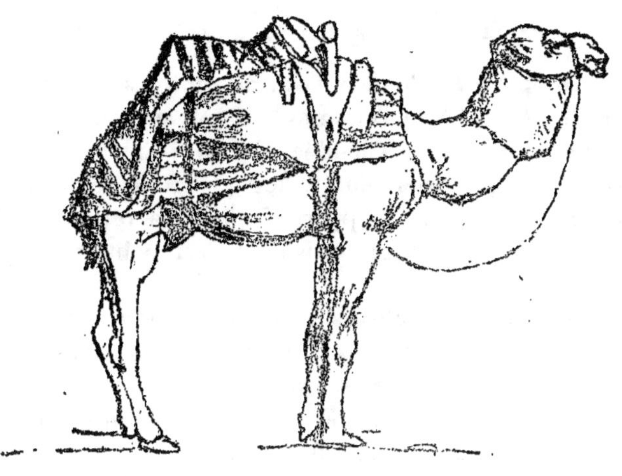

CHAPITRE I

Organisation de l'Expédition.

Les savants qui s'adonnèrent en France aux travaux archéologiques et aux explorations lointaines furent rarement récompensés de leur dévouement et de leurs peines. Une longue chaîne de déboires, d'ennuis et de tracas, voilà l'histoire de la plupart d'entre eux, et la misère a trop souvent attristé leur vieillesse. « L'Expédition scientifique et artistique de Mésopotamie et de Médie », dirigée par Fresnel, partie sous les plus heureux auspices, se termina douloureusement en laissant le directeur et l'un de ses attachés mourir sur la terre d'exil dans un dénuement complet.

Seul Oppert recueillit le fruit des travaux de ses collègues. De retour en France, il publia les documents épigraphiques découverts par la mission puis raconta les péripéties du voya-

*Fig. II ci-dessus. — Dessin inédit de Félix Thomas (crayon).

ge[1]. Ce fut pour lui le début d'une glorieuse carrière. L'architecte de l'Expédition, Thomas, ne put au contraire supporter le rude climat de la Chaldée, il revint amèrement déçu et ne publia que quelques eaux-fortes qui trouvèrent place dans l'Atlas de *l'Expédition* d'Oppert. Puis il se retira auprès des siens, adonné à la peinture, triste un peu, solitaire et presque ignoré.

En feuilletant les archives de cette mission, nous suivrons pas à pas les péripéties de son voyage, nous vivrons un peu ses luttes, ses angoisses et ses peines.

Les fouilles que Botta, notre consul de Mossoul de 1842 à 1848, avait menées si brillamment sur le site de l'ancienne Ninive, avaient eu trop de retentissement pour que la France abandonnât ce domaine nouveau qu'elle avait ouvert avec tant de succès. Les résultats obtenus venaient d'être publiés sous le titre de « Monument de Ninive découvert et décrit par P. E. Botta »[2] et déjà, en 1848, ce savant avait livré au public ses *Inscriptions découvertes à Khorsabad*.

Depuis 1846, les recherches étaient arrêtées, puis la révolution de 1848 avait supprimé le consulat de Mossoul et envoyé Botta lui-même en disgrâce, à Tripoli de Syrie, au moment où il se disposait à reprendre ses fouilles. La France se désintéressait ainsi de cette source historique féconde, qu'elle avait découverte, tandis que l'Angleterre venue à sa suite avait travaillé avec persévérance et profit. Lorsque le minis-

1. J. Oppert, *Expédition scientifique en Mésopotamie*. Paris, Imprimerie Impériale : tome I. — Relation du voyage et résultats de l'expédition (1863), in-4°. tome II. — Déchiffrement des inscriptions cunéiformes (1859), in-4°, atlas, 21 planches dont 12 eaux-fortes de Thomas. Gide, librairie, s. d., 1857, 1858 et 1861), in-folio.

2. *Monument de Ninive découvert et décrit par M. P.-E. Botta, mesuré et dessiné par M. E. Flandin*. Paris, Imprimerie Nationale, Gide et J. Baudry, éditeurs, tomes I et II : Architecture et sculpture (1849); tomes III et IV : Inscriptions (1849); tome V : Texte (1850). — Paul-Émile Botta, fils de Charles-Joseph-Guillaume Botta historien, naquit vers 1805. Il fit un voyage autour du monde (1826-1829); accompagna l'expédition de Mohammed Ali dans le Sennar (1830-33). Fut nommé consul à Alexandrie d'où il entreprit un voyage au Yémen, puis à Mossoul (22 mai 1842). Consul général à Bagdad 1852, à Jérusalem 1854, à Tripoli 1857, il mourut en 1870.

tre demanda des crédits pour de nouvelles recherches, il dut alors avouer qu'une partie des bas-reliefs qui n'avaient pu être transportés avaient été recueillis par d'autres et qu'aucune tentative n'avait été faite, ni pu être faite, par la France pour reprendre ces travaux [1].

En 1851, le consulat de Mossoul était rétabli et le poste tout d'abord offert à Fresnel, fut accepté par Victor Place qui partit muni d'instructions spéciales. L'Académie des inscriptions et belles-lettres était intéressée au premier chef par ces entreprises, aussi avait-elle nommé une commission composée de MM. Mohl, Burnouf, Guigniaut et Vitet chargée d'étudier et de préparer ces travaux. Bientôt elle remit au ministre de l'Intérieur, Léon Faucher, un rapport sur l'intérêt scientifique des fouilles à effectuer en Orient. Enfin le directeur du Musée du Louvre, Adrien de Longpérier, présentait au ministre un mémoire sur le même sujet.

Léon Faucher revenait de Londres où il avait pu admirer les splendides et nombreux bas-reliefs que l'Angleterre s'était attribués durant notre abandon, il comprit la nécessité de ne pas rester plus longtemps inactifs et enleva rapidement le vote des crédits nécessaires.

La clôture de la session était proche lorsque le ministre déposa un projet de budget supplémentaire et demanda d'urgence le vote d'un crédit de 78.000 francs pour subvenir aux frais des explorations scientifiques projetées. M. de Panat, président de la commission du budget, reconnut qu'il ne lui était pas possible d'examiner cette demande à une époque aussi tardive. Cependant, le 8 août 1851 au matin, le ministre fut entendu par la commission; il insista vivement sur l'urgence de la proposition et, après une courte délibération, il fut décidé que le projet serait présenté le jour même.

Au cours de la séance de l'après-midi, de Panat fit donc à l'Assemblée nationale l'exposé du projet, et signala l'urgence

---

1. Exposé du ministre de l'Intérieur, Léon Faucher, Assemblée nationale, séance du 8 août 1851. *Moniteur universel*, n° 221, samedi 9 août 1851, pages 2318 et 2319.

qu'il présentait : « Une seule saison, disait-il [1], l'hiver, rend possibles les travaux en plein air dans ces climats brûlants. Pour ne pas perdre de temps, il faut que l'exploration scientifique parte en octobre au plus tard, et que les fouilles commencent en novembre. Attendre la fin de la prorogation pour voter le crédit, ce serait ajouter une année entière d'inaction à celles que déjà nous avons à regretter. » Le ministre ajouta qu'il demandait un vote immédiat dans la crainte que les députés ne fussent pas en nombre suffisant le lendemain.

De vives observations accueillirent cette déclaration mais l'Assemblée, après avoir déclaré l'urgence, décida de passer à la discussion immédiate. Léon Faucher fit alors un rapide exposé de la question, il rappela la suppression du poste de Mossoul et l'arrêt des travaux, l'activité des Anglais, le départ enfin de V. Place avec les instructions de l'Académie. Après avoir entendu trois de ses membres qui s'élevèrent vivement contre la forme et contre le fond de cette demande, l'Assemblée vota les crédits demandés à la majorité de 67 voix [2].

Cette loi du 8 août 1851 mettait à la disposition du ministre de l'Intérieur : 8.000 francs pour la continuation des fouilles de Botta et 70.000 francs pour une exploration scientifique en Orient [3].

L'Académie avait proposé M. de Saulcy, mais le ministre n'avait pas encore arrêté son choix lorsqu'il obtint le vote des crédits. Il avait alors déclaré que cette mission serait confiée « à un savant éprouvé dans ces sortes de recherches et qui aurait visité l'Orient. » Ce fut le 15 septembre suivant, qu'un arrêté d'institution fixa le personnel de « l'Expédition scientifique et artistique de Mésopotamie et de Médie ». Il com-

---

1. Assemblée nationale, séance du 8 août 1851, *loc. cit.*
2. Résultat du dépouillement du scrutin :
Nombre de votants 351
Majorité absolue 276
Bulletins blancs (pour l'adoption) 319
Bulletins bleus (contre) 252
L'Assemblée a adopté.
3. *Moniteur universel*, n° 221, samedi 9 août 1851, *loc. cit.* Voir le texte de cette loi. Pièces annexes, n° 1.

prenait alors trois membres : Fulgence Fresnel, directeur de
la mission, Jules Oppert, épigraphiste et Félix Thomas, architecte. Plus tard un secrétaire-comptable, Édouard Perreymond, leur fut adjoint.

Il avait été aussi question d'adjoindre au personnel de la
mission un savant naturaliste et médecin, mais le ministre
de l'Instruction publique, auquel Léon Faucher demanda de
prendre à sa charge les frais de cet attaché, s'y refusa et l'idée
fut abandonnée [1].

Fulgence Fresnel, cousin de Prosper Mérimée, était né à
Mathieu, petit bourg du Calvados, le jeudi 16 avril 1795
(27 Germinal an III) [2]. Son père, qui était architecte, eut
quatre fils dont trois furent célèbres. L'aîné, Augustin Jean
Fresnel, naquit à Broglie (Eure), le 10 mai 1788; ce fut le
physicien qui s'illustra par ses travaux sur l'optique et sa découverte des lois de la réfraction. Avant de s'adonner à la
physique, il fut ingénieur des Ponts et Chaussées; il mourut
à Ville-d'Avray le 14 juillet 1827. Au moment de la Révolution, son père se retira dans une petite propriété qu'il possédait à Mathieu, près de Caen. Là, naquirent ses trois autres
fils et dès lors, l'architecte et sa femme Augustine Mérimée se
consacrèrent entièrement à l'éducation de leurs enfants. Le
17 juillet 1790, naquit Léonor François qui, comme son aîné,
devint ingénieur des Ponts et Chaussées et poursuivit l'œuvre de son frère dans l'application de ses découvertes aux
phares lenticulaires. Il mourut le 20 mars 1869.

Fulgence enfin, le plus jeune, s'était tout d'abord livré à
l'étude de la langue allemande, puis, en 1826, il visita l'Italie
et étudia l'arabe au collège des Maristes à Rome. Il gagna
bientôt l'Égypte où il arrivait en 1831 et poursuivit ses études
avec les mollahs de l'université d'El-Azhar; enfin, en 1837,
il accepta le poste consulaire de Djeddah sur les rives de la

1. Lettre du ministre de l'Instruction publique, Charles Giraud, au
ministre de l'Intérieur, Paris 30 septembre 1851, en réponse à la lettre de
son collègue datée du 17 septembre 1851, et Fresnel au ministre de Persigny. Rapport n° 16. Hillah (Babylone), 11 janvier 1853.

2. Voir la copie de cet acte de l'État civil : Pièces annexes, n° 2.

mer Rouge [1]. Il sut, grâce à sa parfaite connaissance de la langue, se créer une réelle influence sur les cheikhs de la région et entreprit l'étude des divers dialectes de l'Arabie ainsi que le déchiffrement des inscriptions himyarites. Il revint à Malte pour épouser une esclave galla qu'il avait achetée en Égypte et fait élever à Genève, mais il dut bientôt se séparer de cette femme et il rentra en France, en 1850, poursuivre ses travaux.

En 1839, Fresnel avait été élu correspondant de l'Académie des inscriptions et belles-lettres; il était alors « à Gidda — Arabie » d'après l'Annuaire de l'Institut pour 1840. Le 22 mai 1849, il était nommé chevalier de la Légion d'honneur sur la proposition du ministère des Affaires étrangères et, le 2 août 1850, il était élu correspondant *étranger* de la Société de Géographie; il est qualifié alors de « Consul de France à Mossoul »[2]. Enfin, les papiers trouvés lors de l'inventaire dressé après son décès, à Bagdad, nous apprennent qu'il était aussi membre de la Société orientale allemande[3].

Il demeurait à Paris, 3, rue N.-D. des Champs[4], lorsque le ministre lui confia la direction de l'Expédition de Mésopotamie. Une longue expérience des pays de l'Orient et une connaissance approfondie de la langue arabe qu'il parlait avec élégance, lui avaient valu cet honneur. Cependant on vieillit vite sous les tropiques et Fresnel était resté de 1831 à 1850 soit en Égypte, soit sur les bords de la mer Rouge dont le climat est redoutable. A 56 ans, il était déjà trop usé pour mener avec entrain cette mission lointaine, et Thomas, suspect il est vrai d'antipathie violente contre son chef, nous le

1. M. F.-C. Feer, consul de Djeddah en 1914, se rappelle avoir vu, dans les Archives de ce poste, une abondante correspondance de F. Fresnel, mais ces documents ont été pillés et détruits par les Turcs au cours de la guerre.

2. *Bulletin de la Société de Géographie*, troisième série, tome XIV, 1850, p. 276.

3. Inventaire des papiers de Fresnel, titre V, verso du treizième feuillet, du 22 mai 1856.

4. Renseignement fourni par une petite fiche au crayon qui se trouve parmi les minutes des dépêches ministérielles ayant trait à la mission de Fresnel en Mésopotamie.

dépeindra plus tard comme adonné à l'opium et à l'alcool. Au demeurant aimable et charmant, habile aussi, avec un laisser aller de grand seigneur qui imposait l'estime [1].

En vingt années de voyages lointains et d'études scientifiques, notre consul était facilement arrivé à dépenser ses quelques six mille livres de rente et il était à peu près ruiné lorsqu'il fut chargé de cette dernière mission [2].

« M. Fulgence Fresnel, dit l'arrêté ministériel [3], se rendra dans la Mésopotamie et la Babylonie pour explorer ces contrées, sous le rapport de l'art et de la science; pour y faire exécuter des fouilles sur l'emplacement des villes antiques et pour y recueillir des fragments de sculpture et d'architecture, des inscriptions et en général tous les objets d'antiquités qui lui paraîtraient dignes d'être rapportés en France.

« M. Fulgence Fresnel aura la direction de l'expédition et jouira à ce titre d'une indemnité de mille francs par mois, dont 2.000 francs lui seront payés avant le départ ». Le logement et la nourriture dans les villes étaient à sa charge, mais les frais de déplacement étaient à la charge de la mission.

L'épigraphie était représentée par Oppert, ainsi désigné dans une petite note manuscrite contenue dans les Archives de la mission : « Dr Oppert (Jules), de la part de M. de Longpérier, 27 ans, sait l'arabe, publie un livre sur les inscriptions cunéiformes persanes, 38, rue de Lille (6.000 francs) 500 fr. par mois ». Et, en tête de la note, cette curieuse annotation : « fort bien que petit ». Ce savant est trop connu pour que nous donnions de lui une longue biographie; rappelons cependant qu'il naquit à Hambourg, le 9 juillet 1825, de parents allemands et israélites. Il fut reçu docteur en philosophie à Kiel en 1846, mais le professorat lui était cependant interdit en Allemagne. Il se rendit alors en France où notre Université l'accueillit et le chargea de l'enseignement de la langue allemande au lycée de Laval, puis à celui de Reims.

1. Lettres de F. Thomas à Mme Thomas. Bagdad, 5 janvier 1853 et de E. Perreymond au ministre Fould. Bagdad, le 10 décembre 1855.

2. Fresnel au ministre. Rapport n° 31. Bagdad ce 31 janvier 1855 et lettre de F. Thomas à sa sœur. Bagdad, 15 octobre 1852.

3. Minute de l'arrêté ministériel du 15 septembre 1851.

Lorsque Fresnel l'engagea dans son expédition, il n'avait pas encore sollicité de lettre de naturalisation [1].

L'arrêté ministériel dit [2] : « M. Oppert sera adjoint au directeur de l'expédition pour seconder ses travaux, et le suppléer au besoin en cas d'absence ou de maladie, ou si la mission devait se dédoubler pour étendre ses recherches ». Mais, professeur au lycée de Reims, il fallait qu'Oppert obtint un congé universitaire illimité, sauvegardant sa position. A la demande du jeune savant, le ministre de l'Intérieur écrivit dans ce sens à son collègue de l'Instruction Publique qui lui donna satisfaction par arrêté du 3 octobre [3].

A peine âgé de 26 ans, Oppert parlait avec autant de facilité le français ou l'anglais et il possédait parfaitement plusieurs langues anciennes. Il avait fait paraître dans la *Revue archéologique* une analyse et des extraits de son premier ouvrage intitulé « Das Lautsystem des Alterpersischen » publié à Berlin en 1847, et au moment de son départ pour la Mésopotamie, il avait entrepris dans le *Journal asiatique* la publication de son « Mémoire sur les Inscriptions des Achéménides conçues dans l'idiome des anciens Perses ». Ajoutons que la science d'Oppert était souvent présentée avec la rudesse d'un caractère violent et difficile qui éclata plus d'une fois au cours du voyage. Sa myopie enfin était extrême et devait lui interdire la surveillance ou la direction des chantiers d'exploration, mais lui facilitait l'étude des médailles et des cylindres [4].

L'architecte Félix Thomas fut choisi par le directeur de

---

1. Ce ne fut qu'en novembre 1854, à son retour de Babylone qu'Oppert obtint les premières pièces de son acte de naturalisation, régi alors par la loi du 11 décembre 1849. Voir à ce sujet sa lettre datée : Paris 27 novembre 1854. En 1857, Oppert fut nommé professeur de sanscrit à l'École des langues orientales vivantes; en 1874, professeur de philologie et d'archéologie assyriennes au Collège de France. En 1881, il entrait à l'Académie des inscriptions et belles-lettres et mourut à Paris le 11 août 1905. Voir : *Notice sur J. Oppert*, par M. B. Haussoullier. Paris, 1906.

2. Minute de l'arrêté ministériel du 15 septembre 1851.

3. Ministère de l'Instruction publique et des Cultes, 3ᵉ Bureau. Paris, le 3 octobre 1851.

4. Fresnel au ministre. Rapport nº 10. Bagdad, 19 juin 1852 arrivée au ministère le 20 juillet.

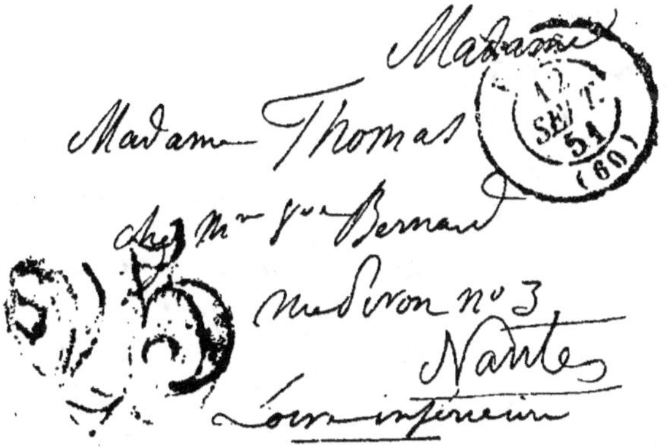

*Fig. III. — Fac-similé d'une lettre de Félix Thomas à sa mère. Coll.
R. du Gardier.

Paris 11 7bre 1851

Ma chère mère,

Je viens de recevoir ta lettre et mes dessins dont je te remercie. Je suis désolé que cette annonce d'une absence aussi courte te cause de la peine car c'est une affaire arrêtée. Je suis agréé par le ministre et demain j'ai audience du chef du bureau des beaux arts pour lui donner la liste des objets nécessaires pour les travaux. Mes appointemens sont assez magnifiques six mille francs et tous les frais payés sans exception. Tu vois donc que ce serait folie de refuser une semblable occasion d'autant plus comme je te le disais, que le travail sera terminé et publié à Paris. Le chef de l'expédition ancien consul en Perse et que je n'avais jamais vu qu'une fois m'a appuyé auprès du ministre et j'ai été agréé sans mes dessins. En tout cas je ne partirai pas sans aller dire adieu mes amitiés à la famille je t'embrasse.

Nous aurons un médecin naturaliste. F Thomas

la mission, sur l'indication de M. Roulin, sous-bibliothécaire
à l'Institut[1] et le marquis de la Valette l'avait vivement recommandé[2]. Né à Nantes le 29 septembre 1815, Thomas avait
donc 36 ans; il demeurait alors, 21, rue de l'Odéon à Paris et
son indemnité fut fixée à 500 francs par mois. En 1834, il
était entré à l'École polytechnique[3], puis il s'était senti attiré
par les arts et, devenu l'élève de Lebas à l'École des beaux-
arts, il avait obtenu le Grand-Prix de Rome en 1845 dans la
section d'Architecture. De 1845 à 1851, il avait parcouru l'I-
talie, où l'occupation autrichienne compliquait singulièrement
les voyages, Athènes, Constantinople et Smyrne. A la fin de
son séjour à la villa Médicis, il avait exposé le relevé et la
restauration du temple de Neptune à Poestum et était rentré
en France en avril 1851.

Ce fut alors que Fresnel sollicita sa collaboration et la lettre
ministérielle du 16 septembre disait : « Vous aurez à seconder M. Fulgence Fresnel, dans tous ses travaux; vous serez
spécialement chargé d'opérer les travaux de relèvement nécessaires pour bien décrire les villes et les monuments qui font
l'objet de vos explorations; vous devrez en outre dessiner les
monuments et les sculptures qui vous paraîtront dignes d'intérêt et qui ne pourraient être transportés. Vous exécuterez,
au besoin, les moulages et estampages des fragments d'architecture et des bas-reliefs et inscriptions découverts. »

Aussi habile que consciencieux, Thomas se distingue par
la pureté de la ligne, son trait fin et nerveux rappelle l'école
d'Ingres mais il est souple aussi. Les demi-teintes jouent et
enveloppent les vigueurs de ses eaux-fortes ou de ses aquarel-

1. Fresnel au ministre, post-scriptum du rapport n° 12, daté du 30 septembre 1852. M. Roulin devint ensuite bibliothécaire de l'Institut puis
membre de l'Académie des sciences.

2. Fresnel au marquis de Lavalette. Djumdjumah (Babylone) le 27 septembre 1852. Thomas avait eu au moins un concurrent; c'était le jeune
Henry de Montauth qui, présenté par le prince Callimaki, déclarait être
trop jeune pour ne pas se contenter d'une position quelconque à la
suite de la Commission. Demande de Henry de Montauth datée : Tarbes
31 août 1851, arrivée au ministère de l'Intérieur le 3 septembre.

3. École Polytechnique, *Registre matricule*. Concours de 1834, n° mat.
5346, folio [203 rayé] 210.

les et les personnages qui animent tous ses croquis sont bien campés, vivement dessinés. Cependant il n'ignorait pas le procédé de la chambre claire qu'il avait beaucoup utilisé pour le relevé des monuments antiques.

Ses études lui avaient fait pénétrer l'art classique et il avait appris à démêler le secret de ces belles ruines de la Grèce et de l'Italie où les éléments d'une restauration probable sinon certaine abondent. Mais durant son long séjour à Rome, il avait contracté les fièvres paludéennes et sa tristesse naturelle s'augmentait d'une maladie de foie qu'il dissimulait soigneusement à ses parents eux-mêmes [1].

Tels sont les membres de l'Expédition de Mésopotamie que nous allons suivre dans leur longue pérégrination à travers l'Orient classique qui s'entr'ouvrait au monde savant.

[1]. Au retour de Babylonie, Félix Thomas s'adonna presque exclusivement à la peinture. En 1859 et en 1865 il était médaillé au Salon; en 1867, il obtenait une médaile de 3me classe à l'Exposition universelle et était nommé chevalier de la Légion d'honneur. C'est à lui que l'on doit les plans et les dessins de l'ouvrage de V. Place intitulé : *Ninive et l'Assyrie.* Vivant retiré à Pornic ou à Nantes, il mourut dans cette ville le 6 avril 1875.

CHAPITRE II

De Paris à Alexandrette par Beyrouth.

L'arrêté d'institution signé, Fresnel s'occupa aussitôt des préparatifs de départ et, le 24 septembre, il était avisé par le ministre qu'il pouvait disposer d'une somme de 20.000 fr. en tirant des traites jusqu'à concurrence de cette somme sur Flûry-Hérard, banquier à Paris. Cet agent, auquel s'adressait le ministère des Affaires étrangères, avait ses bureaux à Paris, 372, rue Saint-Honoré et des succursales ou des correspondants à Marseille, Constantinople, Beyrouth, Alep, Mossoul et Bagdad[1]. Il fut avisé par le ministre, à la même date que Fresnel, de l'ouverture de ce premier crédit et il remit de plus à l'explorateur une lettre circulaire de change qui lui permettait de toucher ses émoluments, soit 1.000 francs par mois, durant un an.

Les allocations des membres de la mission commencèrent à courir à la date de l'arrêté d'institution et Fresnel, ainsi que Thomas, reçurent copie et communication d'un procédé de moulage rapide découvert par Lottin de Laval[2]. Ce procédé encore secret, venait d'être acheté, le 16 mars 1850, par l'État en même temps que les moulages du voyageur et il était déposé sous pli cacheté au secrétariat de l'Académie des sciences. On le nommait alors *lottinoplastique* et ne fut complètement divulgué qu'en 1857; il est bien connu aujourd'hui sous le nom d'estampage[3].

1. Cette banque existe aujourd'hui encore à la même adresse.
2. Ministère de l'Intérieur, 5e Division, 1er Bureau. Note relative à la communication donnée à M. Thomas, architecte, du procédé de moulage de M. Lottin de Laval. Paris, 30 septembre 1851. Signé : de Guizard.
3. Lottin de Laval, né à Orbec (Calvados), le 19 septembre 1810, voyagea dans toutes les contrées de l'Orient de 1844 à 1847, puis en Égypte et au Sinaï en 1850. Son procédé de moulage est exposé dans son *Manuel complet de Lottinoplastique*. Paris, 1857, in-12 de 96 pages. Il mourut à Menneval (Eure) le lundi 23 février 1903. Voir : *Lottin de Laval, sa vie, son œuvre, 1810-1903*, par M. Étienne Deville. Paris 1910.

Habitué aux longs voyages, Fresnel organisa son expédition avec un luxe peut-être excessif mais compréhensible cependant si la mission devait faire un long séjour en Orient et fonder une institution durable. La bibliothèque comprenait 41 volumes d'histoire, de science et de voyage; les instruments d'optique et de dessin, la papeterie et les médicaments se montaient à 1.551 francs 25. L'armement de la mission comportait deux carabines, trois cents cartouches et six cents capsules [1], deux fusils de chasse et deux pistolets d'arçon avec des accessoires. La sécurité des explorateurs étant ainsi assurée, ils n'oublièrent pas les cadeaux nécessaires aux bonnes grâces des chefs arabes, pour qui ils emportèrent 10 boîtes à musique et divers menus objets. L'achat de ce premier matériel de l'Expédition se monta à 3.802 francs [2] et fut soldé directement par le ministère.

Quatre itinéraires principaux se présentaient alors aux voyageurs pour gagner Babylone : l'un par le Nord, deux autres par la Syrie, le dernier par le Sud.

La route du Nord, par Constantinople, Samsoun et l'Arménie, était la voie la plus rapide durant la belle saison, mais, dès la fin de l'automne, il devenait dangereux de se hasarder sur ses sentiers bordés de précipices et couverts de neige.

La voie du Sud aurait été plus sûre, mais, en octobre 1851, elle était pratiquement impossible, aussi Fresnel rencontrait-il, sur le paquebot qui le conduisait à Beyrouth, un Anglais venu de Ceylan et se rendant à Bagdad. Voici, d'après Fresnel [3], l'explication d'un itinéraire aussi étrange : « Du mois de septembre dernier au mois de mars 1852, il n'y a pas eu une seule barque arabe qui fasse voile de Bombay pour le golfe Persique.

---

1. Ministère de la Guerre, Direction de l'Artillerie. R. 312. Paris, 23 septembre 1851; et lettre de J. Oppert. Paris, 25 septembre 1851, transmise par le ministère de l'Intérieur à la Direction de l'Artillerie.

2. Rapport du directeur des Beaux-Arts au ministre de l'Intérieur. Mission de Mésopotamie. Paris, 16 octobre 1851. Voir le détail : Pièces annexes, n° 3.

3. Fresnel au ministre Léon Faucher. Rapport n° 1. Beyrouth, 14 novembre 1851 et post-scriptum daté du 16 novembre. Arrivé au ministère le 7 décembre.

« Durant ce laps de temps, c'est-à-dire, pendant les mois de l'automne et de l'hiver, les Tuggalons (Tagpleh) ou barques arabes sont toutes employées au transport des chevaux qui, de la péninsule arabique, sont dirigés annuellement sur Bombay, tant pour les besoins de l'armée anglo-indienne que pour ceux des « Civilians » et des négociants anglais ou indigènes. D'autre part, le paquebot à vapeur qui, dans ces derniers temps, faisait le service de Bouchir à Bagdad, se trouvait en réparation lors du départ de notre passager et ne devait reprendre la mer qu'au bout de trois mois. »

Restaient les deux parcours entre lesquels l'Expédition pouvait choisir à son arrivée en Syrie. La route directe du désert, par Beyrouth et Damas, ne pouvait être parcourue que par des courriers rapides et bien armés. Ceux des Anglais ne mettaient que onze à douze jours pour franchir la distance qui sépare Bagdad de Beyrouth, encore leur arrivait-il parfois d'être dépouillés en route[1]. Une forte caravane pouvait au contraire résister aux attaques des nomades mais il était plus sûr d'éviter certaines de ces tribus et le trajet pouvait alors varier entre 40 et 90 jours.

Avant le départ de Paris, ces divers itinéraires avaient été soigneusement étudiés et Fresnel, de Longpérier et de Mercey étaient tombés d'accord pour préférer la route commerciale, plus longue, mais beaucoup plus sûre, d'Alep, Diarbékir, Djézireh.

L'itinéraire ainsi arrêté, les membres de la mission reçurent leurs passeports pour le Levant, le 25 septembre, et ils quittaient Paris le 1er octobre 1851. M. de Longpérier assistait à leur départ. Le voyage s'effectua en chemin de fer jusqu'à Châlon, puis par les bateaux de la Saône et du Rhône jusqu'à Valence; enfin, l'antique diligence les déposait à Marseille le vendredi 3 octobre après deux longues journées de voyage[2].

1. Fresnel au ministre de Persigny. Rapport n° 9. Bagdad, 8 juin 1852. Arrivé au ministère le 20 juillet 1852.

2. Lettre de F. Fresnel à M. Léon Faucher, ministre de l'intérieur. Marseille, Hôtel des Colonies, 3 octobre 1851 et Lettre de F. Thomas à Mme Thomas, chez Mme Veuve Bernard Laducquerie, rue Piron, n° 3, cours Henri IV, à Nantes. Marseille, 3 octobre 1851. Arrivée à Nantes le 5 octobre.

En attendant le départ du paquebot, Fresnel s'occupa de compléter son matériel et ses vivres qu'il voulait abondants. Il emportait même une véritable provision d'encre et de papier, sans compter les conserves et six barriques de vin. « Sa plus grande préoccupation, écrit Thomas[1], est de savoir si nos petits pois et nos asperges se conserveront pendant un an dans toute leur fraîcheur ».

C'est à Marseille que Fresnel choisit son secrétaire-comptable. Au départ de Paris, il avait songé à s'adjoindre un drogman de Saïda, nommé Cheikh Youçouf-el-Asin, et il était convenu avec de Mercey, chef de la division des Beaux-Arts au ministère de l'Intérieur, que cet interprète recevrait un traitement de 3.000 francs par an. Lorsque l'explorateur rencontra Édouard Perreymond, il n'hésita pas à abandonner Youçouf et il l'engagea immédiatement[2]. Ce jeune homme avait servi en Algérie, puis il était resté durant plusieurs années au service de Clot-Bey en Égypte; il parlait et écrivait l'arabe avec facilité : Belin, chancelier de France au Caire et Batissier, vice-consul à Suez, l'avaient en outre chaleureusement recommandé à Fresnel[3]. Sa situation provisoire fut régularisée dans la suite par un arrêté joint au rapport de Mercey en date du 5 février 1852. Il reçut une indemnité de 250 francs par mois à partir du 1er janvier et pour toute la durée de la mission. Cette allocation était « imputable sur le crédit affecté par la loi du 8 août 1851 aux dépenses de ladite mission ».

Dès les premiers jours, il rendit les plus grands services à Fresnel en le déchargeant des menus préparatifs du départ; aussi le laissa-t-on à Marseille, où il restait divers achats à terminer et où il fallait attendre les derniers colis expédiés de Paris.

<hr>

1. Lettre de F. Thomas à Mme Thomas. Malte, 22 octobre 1851. Arrivée à Paris le 28 et à Nantes le 29.

2. Lettre de F. Fresnel à M. Léon Faucher. Marseille, 3 octobre 1851, *loc. cit.* et Lettre de F. Thomas à Mme Thomas. Marseille, 3 octobre 1851, *loc. cit.*

3. Fresnel au ministre. Rapport n° 18. Hillah (Babylone), 15 mai 1853. Primata arrivé à Paris le 17 août 1853.

Fresnel, Oppert et Thomas, qui n'avaient pu s'embarquer
le 4 octobre, quittèrent Marseille le 9 sur l'*Hellespont*, courrier français, qui faisait le service de Malte en longeant les
côtes de l'Italie et en touchant à Gênes, Livourne, Civita-
Vecchia et Naples. Cela évitait quelques dépenses aux membres de l'Expédition qui supportaient les frais de séjour dans
les villes de leur parcours. Ils attendirent donc à Malte
l'arrivée de Perreymond et du paquebot qui quittait Marseille le 23 octobre. Durant ce séjour, ils visitèrent les prin-
cipales curiosités de l'île [1] et Fresnel y négocia l'achat d'un
antique pour le Musée du Louvre.

Cette belle sculpture, exposée aujourd'hui dans la salle de
l'Afrique du Nord, sous le n° 1.783, est un fragment détaché
sans doute d'un bas-relief ou d'un médaillon [2]. Son marbre
blanc est chaudement coloré par la belle patine du soleil
d'Orient; c'est, dit Fresnel [3] : « une tête de Mercure jeune
appartenant à la plus belle époque de l'art grec ». Le profil
est tourné à gauche, la silhouette aplatie et l'ébauche des
bords ne laissent aucun doute sur sa qualité de bas-relief,
mais le revers est excavé, ce qui ne s'expliquerait pas si cette
tête avait fait partie d'un grand bas-relief s'enlevant sur un
fond de même matière. Il faut donc admettre que l'on est
en présence d'un médaillon fixé sans doute sur un fond de
métal ou de marbre coloré.

Quoi qu'il en soit, la pièce avait été achetée par Fresnel
lui-même en 1846, d'un arabe de la Cyrénaïque; puis, en
quittant Malte, il l'avait offerte à M. Poujade, alors consul de
France. Cet agent avait changé de poste et il était en 1851
consul général à Bucharest; mais il partit en laissant quelques
dettes et la pièce était entre les mains d'une tierce personne.

1. Lettre de Fresnel au ministre Léon Faucher. La Valette (Malte),
22 octobre 1851, arrivée à Paris le 28 octobre. C'est en compagnie de César
Vassalo, conservateur du musée et du Dr Charles Casolani qu'ils firent ces
visites.

2. Musée du Louvre. Catalogue sommaire des marbres antiques. Paris,
1896. Cette sculpture serait une tête de Méduse ailée et non un Mercure.

3. Fresnel au ministre Léon Faucher. Rapport n° 1. *Post-scriptum* et
minute d'une lettre du ministre (de Persigny) à Fresnel. Paris, 6 février
1852.

Fresnel lui écrivit pour l'engager à céder son bas-relief au Louvre; il faisait en même temps prendre par Thomas deux estampages de cette tête et les adressait au ministre en lui signalant l'intérêt de cette acquisition [1]. Les pourparlers se poursuivirent assez longtemps et nous croyons que le prix de 3.000 francs proposé par Fresnel, sur une estimation de Thomas, fut celui auquel souscrivit le ministre [2] : en tout cas, la pièce était acquise au Musée du Louvre vers le milieu de l'année 1852 [3].

Cette négociation mise en bonne voie, l'Expédition quittait Malte et s'embarquait sur le paquebot *Le Caire*, que Perreymond avait pris à Marseille. Après trois jours d'escale à Alexandrie, où ils étaient arrivés le 31, ils entraient enfin en rade de Beyrouth le 5 novembre : là, ils furent astreints à cinq jours de quarantaine, tandis que leurs bagages étaient consignés, comme marchandises, durant dix jours. Ils avaient eu l'avantage de faire cette traversée en compagnie de Mgr Valerga, patriarche latin de Jérusalem, qui connaissait bien les Échelles du Levant et était ami de Botta; par lui, Fresnel put se renseigner sur le pays qu'il allait parcourir [4]. Le séjour de Beyrouth se prolongea plus que de raison, quoique Fresnel argue de la nécessité où il se trouvait de refaire quelques emballages abîmés durant les transbordements, d'attendre les colis en retard et de répartir les objets dans des caisses commodes et assez légères pour la traversée du désert de Syrie [5]. Cette attente de sept semaines entières fut jugée à Paris comme un long retard qui venait encore s'ajouter à celui de Malte et il mécontenta jusqu'aux amis de l'explorateur.

Oppert et Thomas, pour qui l'Orient était inconnu, mirent ces loisirs à profit, et ils allèrent visiter les rochers fameux du Nahr-el-Kelb, puis les ruines de Baalbeck.

---

1. Fresnel au ministre, lettre du 22 octobre 1851. Rapport n° 9. Bagdad le 8 juin 1852, et Rapport n° 11. Djumdjumah (Babylone), 25 août 1852.

2. Lettre de F. Thomas à sa mère. Bagdad, 5 janvier 1853.

3. Fresnel au ministre, 21 août 1852; envoi d'une caisse, don de M. Fourcade au Musée du Louvre.

4. Fresnel. Rapport n° 1, *loc. cit.*

5. *Ibidem.*

Peu de voyageurs s'arrêtent à Beyrouth sans faire la première de ces excursions; c'est une agréable promenade et les membres de l'Expédition avaient un intérêt tout particulier à l'accomplir. Les rochers qui dominent l'embouchure du Nahr-el-Kelb (rivière du Chien), l'ancien Lycus, à douze kilomètres environ au nord-est de Beyrouth, furent autrefois un passage célèbre, où les anciens conquérants se plurent à inscrire leurs fastes. Là, Ramsès II, Salmanazar II et Assarhaddon ont inscrit leur gloire, ainsi que les Grecs et les Romains, sur les apics d'un sentier de montagne aujourd'hui abandonné. La myopie extrême d'Oppert fut sans doute la raison de l'erreur étrange qu'il commit alors en écrivant à M. Mohl : « On voit des sculptures couvertes d'inscriptions assyriennes. Beaucoup de gens ont prétendu que ces antiquités étaient égyptiennes, et ont déjà lu un cartouche contenant le nom de Rhamsès; il n'y en a pas. Cette affaire me fait douter de la bonne foi de beaucoup de voyageurs: car je ne sais pas comment on peut copier une inscription qui n'existe pas et qui n'a jamais existé, du moins depuis qu'on a contracté l'habitude de copier des inscriptions »[1] Il reconnut dans la suite son erreur, car il ne l'a pas reproduite dans son *Expédition*, où il mentionne, au contraire, l'inscription de Ramsès II [2].

L'excursion plus lointaine de Baalbeck, devait être aussi plus intéressante pour Thomas, qui put admirer les ruines majestueuses d'Héliopolis. Il retrouvait là les beaux monuments antiques qu'il connaissait si bien; aussi sa déception sera-t-elle profonde lorsqu'il arrivera sur les monticules informes de Babylone. Le voyage à travers les chaînes du Liban, au milieu d'une riche végétation où l'eau circule abondante, le pittoresque et l'imprévu de la route enchantèrent les deux jeunes gens, qui rentrèrent à Beyrouth le 15 novembre : « remplis d'enthousiasme pour le temple du Soleil, dit Fres-

---

1. *Journal asiatique*, 4ᵉ série, tome XX, août-septembre 1852, page 255-256. Extrait d'une lettre de M. L. (*sic*) Oppert, datée de Beyrouth le 11 décembre 1851

2. J. Oppert, *Expédition...*, tome I. Introduction, page 19.

nel [1], et point trop fatigués pour des hommes qui n'ont point l'habitude du cheval ».

Enfin, la mission quittait Beyrouth, le 29 décembre 1851 [2] et débarquait le 31 à Alexandrette « du paquebot anglais *the Nile* (qui avait touché Alexandrie d'Égypte et se trouvait, par conséquent en quarantaine), pour entrer dans un lazaret provisoire représenté par une grange obscure [3] ».

« Skanderoun (Alexandrette) [4] est une échelle presque déserte, dont l'air est mortel pendant huit mois de l'année... L'agent de France, condamné à résider sur ce point avec sa famille (au moins durant les trois mois d'hiver), n'est certes point en état de faire des avances de fonds aux voyageurs ». Cependant, cet agent, nommé Geoffroy, parent de Geoffroy, consul d'Alep, prodigua ses soins à la mission « soit pendant la durée de la quarantaine [5], soit à la sortie du lazaret. Il s'est dévoué pour nous, continue Fresnel, lui et son fils, dans des circonstances fort difficiles, créées par l'imprudence d'un janissaire qui n'est plus à notre service ». Ce domestique arabe avait été engagé à Beyrouth par Fresnel pour cinq cents piastres (5o francs) par mois; c'était l'un des janissaires du consul général Lesparda qui, tout dévoué à son chef, ne pouvait vivre en paix avec ses confrères.

La première partie du voyage est terminée à Alexandrette. Trois mois déjà se sont écoulés depuis le départ de Paris, et les dépenses se sont élevées à près de onze mille francs (10.975 fr. 86 exactement) [6].

---

1. Fresnel. Rapport n° 1, *loc. cit. post-scriptum* daté du 16 novembre 1851. Ils étaient partis le 11 novembre de Beyrouth et étaient arrivés le lendemain à 1 heure de l'après-midi à Baalbeck. Ils n'y séjournèrent qu'une seule journée et repartirent le 14. Oppert, *Expédition...*, tome I. Introduction, pages 10-17.

2. Fresnel à M. de Persigny. Direction de la comptabilité. Rapport n° 2. Bagdad, 3o avril 1852.

3. Fresnel à M. de Persigny. Mission de Mésopotamie. Direction de la comptabilité. Rapport n° 1. Bagdad, 15 avril 1852 (expédié le 16).

4. Fresnel à M. de Persigny, ministre de l'Intérieur. Rapport n° 13. Mission de Mésopotamie. Hillah, 13 novembre 1852 Note *a*.

5. *Ibidem*, note 4.

6. Voir : *Pièces annexes*, n° 5. Exercice 1851.

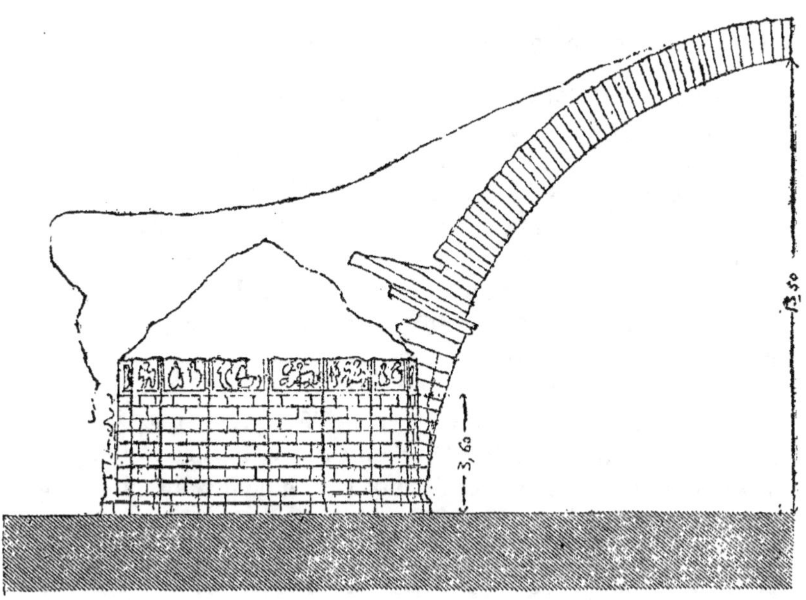

CHAPITRE III

Le Sultan autorise les nouvelles fouilles françaises.
L'Expédition gagne Mossoul.
Le pont de Djézireh-ibn-Omar.

La décision de reprendre les fouilles abandonnées en Orient
avait été si brusque, le ministre était revenu de Londres si
convaincu de la perte éprouvée durant ce long arrêt des travaux, que les explorateurs français étaient partis bien avant
que la Porte eût accordé les autorisations nécessaires. Notre

*Fig. IV ci-dessus. — Le pont de Djézireh-ibn-Omar. Vue de l'arcade
et de la pile portant les signes du zodiaque. Dessin inédit de Félix Thomas. Coll. R. du Gardier.

ambassadeur à Constantinople, le marquis de la Valette, s'y employa activement à la demande ·de son ·département[1]. Il craignit tout d'abord de ne pouvoir obtenir l'autorisation sollicitée, car le Sultan Abd-ul-Medjid-Khan désirait, disait-il, réunir dans un musée, à Stamboul, les antiquités découvertes en son empire[2]. Cependant, ses pressantes démarches lui firent obtenir du grand-vizir Ali-Pacha, la promesse d'accorder l'autorisation tant désirée, la puissante reconnaissance de la France devant récompenser le Sultan[3].

Bientôt enfin, un firman autorisait, « durant six mois, les fouilles du côté de l'Irak et entre l'Euphrate et le Tigre », les pièces uniques étaient abandonnées à la France et la Porte se réservait l'une des pièces découvertes, quand celles-ci étaient multiples ou doubles. Le 4 décembre 1851 (11 safar 1268), une lettre vizirielle, signée de Mustapha-Reschid[4], était adressée à Helmi-Pacha, gouverneur de Mossoul, et à Namyk-Pacha, gouverneur de Bagdad, pour les informer de ces dispositions et leur ordonner d'accorder aux envoyés de la France tout l'appui de leur autorité.

·Voici la dépêche par laquelle de la Valette informait le ministre des Affaires étrangères de son succès[5] : « J'ai reçu, dit-il, la dépêche que vous m'avez fait l'honneur de m'adres-

---

1. Dépêche du ministre des Affaires étrangères à M. de la Valette. Paris, 7 novembre 1851 (Archives nationales).

2. Lettre de M. de la Valette au ministre des Affaires étrangères. Thérapia, 24 septembre 1851, communiquée au ministre de l'Intérieur, le 19 octobre 1851 (A. N.). — Abd-ul-Medjid-Khan, né le 11 chaaban 1238 de l'Hégire (23 avril 1823), succéda à son père Mahmoud II en 1839, au moment de la révolte de Méhemet-Ali, pacha d'Égypte. D'autres insurrections éclatèrent sous son règne : en Albanie 1845, en Syrie, en Bosnie et au Monténégro en 1847; enfin les prétentions du tzar Nicolas Ier firent éclater la guerre de Crimée en 1854 et en 1860, eurent lieu les massacres de Syrie. Il mourut en 1861 et son frère Abd-ul-Aziz lui succéda.

3. Lettre de M. de la Valette au ministre des Affaires étrangères. Constantinople, 5 décembre 1851 (A. N.).

4. Copie de cette lettre vizirielle adressée à Helmi-Pacha et à Nanuk-Pacha, 4 décembre 1851. Les traductions françaises de cette lettre disent *Nanuk-Pacha*, Fresnel l'appelle le plus souvent *Namyk-Pacha* et Oppert écrit *Namik-Pacha*, on écrit aussi *Namuq-Pacha*.

5. Péra, 5 décembre 1851.

« ser le 7 du mois dernier, en m'envoyant copie d'une lettre
« que vous a écrite M. le Ministre de l'Intérieur, et dans
« laquelle il développe de nouvelles raisons à l'appui de la
« demande que j'ai été chargé de faire à la Porte pour obte-
« nir l'autorisation de reprendre les fouilles commencées
« par M. Botta sur le sol de Khorsabad. Au moment où
« votre dépêche m'est parvenue, j'avais réussi à faire écarter
« les résistances qu'on m'avait opposées et j'avais reçu d'Ali-
« Pacha l'assurance formelle qu'on nous accorderait la faveur
« que je sollicitais. La promesse qui m'avait été faite a été
« tenue et je n'ai fait usage de la lettre de M. le Ministre
« que pour faire connaître aux ministres du Sultan, l'inten-
« tion du Gouvernement de la République de témoigner à
« la Porte sa reconnaissance; le Divan m'a envoyé hier deux
« lettres vizirielles dont j'ai l'honneur de vous transmettre
« ci-joint une copie; elles sont adressées : l'une au Pacha
« de Mossoul, l'autre au Pacha de Bagdad et elles sont con-
« çues dans des termes qui me permettent de penser que
« M. Place et les membres de la Commission scientifique
« pourront entreprendre leurs travaux sans difficulté et sur
« tous les points indistinctement des deux pachaliks.
     « L'autorisation qui nous a été accordée est temporaire,
« on devait lui assigner un terme, mais j'ai tout lieu de
« penser qu'il nous sera facile de la faire renouveler aussi
« longtemps que nous continuerons nos fouilles.
     « M. Place est parti de Constantinople pour se rendre à
« son poste depuis près d'un mois; j'apprends, que M. Fres-
« nel et les autres membres de la Commission scientifique
« devaient partir de Beyrouth pour aller le rejoindre à Mos-
« soul; je vais, sans délai, leur transmettre les deux lettres
« vizirielles qui leur parviendront peu de jours après leur
« arrivée. »
     La copie de ce firman ne parvint à Victor Place qu'après
son arrivée à Mossoul et à Fresnel le 21 décembre, c'est-à-
dire, à la fin de son séjour à Beyrouth. Notre consul fut
fort étonné de n'y pas être nommé : il insista auprès du
ministre et de l'ambassadeur français à Constantinople pour

obtenir une nouvelle pièce à son nom. Celle-ci lui parvint à Mossoul [1].

Le 5 janvier 1852, la mission quittait Alexandrette avec une petite caravane de 6 chevaux et de 20 chameaux portant les bagages [2]; en six jours, elle franchissait par petites étapes les trente lieues qui la séparaient d'Alep. Le rapport n° 3, écrit de cette ville par Fresnel, le 14 janvier, demeure malheureusement introuvable dans les cartons des Archives et il nous faut recourir à la relation d'Oppert [3] pour avoir quelques détails sur l'itinéraire que suivit la mission.

Les voyageurs traversèrent tout d'abord la plaine riante qui s'étend du mont Amanus à la mer et cheminèrent parmi les myrtes et les lauriers-roses. Subitement, le paysage change, c'est l'entrée des montagnes, et le froid devint vif. Les nuits furent très froides, celle du 6 janvier, jour des Rois, leur fut particulièrement pénible. Ils étaient alors campés près du pittoresque village de Beïlan, accroché aux pentes d'un ravin profond, à mi-chemin entre Alexandrette et les Piles syriennes. La malpropreté de ce pauvre village turc leur fit éviter d'y demeurer.

Du sommet de l'Amanus, la vue splendide qui s'étend sur la plaine et le lac d'Antioche frappa les yeux des voyageurs. Ils descendirent les contreforts est de la montagne et obliquèrent vers le nord pour franchir le pont de pierre du Kara-Sou (Rivière noire), le 7 janvier. Oppert signale en passant « les restes d'anciennes constructions romaines », sans plus de détails. Le lendemain, la route lui parut interminable, cheminant à travers une contrée déserte, parsemée de ruines byzantines.

Le 9 janvier, ils s'arrêtèrent à Tourmânieh (Tourmanîn),

1. Voir au sujet de cet incident, chapitre XIV et Fresnel, Rapport n° 4 *loc. cit.* Rapport n° 9. Bagdad, le 8 juin 1852, arrivé au ministère le 20 juillet.

2. Bordereau des dépenses du premier trimestre 1852 et lettre de F. Thomas à Mme H. Serpette. Alep, 18 janvier 1852. Arrivée à Paris le 2 mars et à Nantes le 3.

3. J. Oppert. *Expédition scientifique en Mésopotamie*, tome I, livre I, chapitre I.

où, dit Oppert, ils campèrent dans un site désolé, rempli de cavernes semblables à des catacombes. Leur campement était donc situé un peu à l'ouest de Tourmânîn, mais ils ne firent qu'apercevoir de loin ces ruines nombreuses et splendides qui couvrent toute la région. Ils avaient dû passer devant Kasr-el-Bénat et à Tourmânîn, ils étaient à quelques centaines de pas du Khirbet-ed-Deir alors intact avec sa superbe église du vi[e] siècle.

Les cités et les couvents chrétiens (ive au vi[e] siècle) sont déserts maintenant; leur calcaire gris se distingue à peine des collines rocheuses au milieu desquelles ils se sont élevés. Les sentiers rocailleux et l'aspect morne du pays sont bien faits pour rebuter le voyageur, mais c'est là un précieux champ d'action pour l'archéologue qui doit s'arrêter à chaque pas. Pressée d'arriver, la mission ne semble avoir visité aucune des ruines qui s'élèvent à droite et à gauche du sentier qui, par Deramân, conduit à Alep.

Le 10 janvier, à la fin de l'après-midi et après une longue étape, ils arrivèrent à Alep. Le gérant du consulat de France, J.-B. Geoffroy, les reçut et les installa dans la maison « d'un nommé Corneille, se disant descendant du grand poète », écrit Fresnel. Cette ancienne famille, de souche française, encore nombreuse aujourd'hui, habite le khân Villecroze et ce fut sans doute Robert Corneille, *député de la Nation française*, qui reçut la mission [1].

Il y avait quatre mois, à quelques jours près, que la mission avait quitté Paris et « le premier crédit de 20.000 francs fut épuisé à Alep » [2]; la dépense moyenne avait donc été de 5.000 francs par mois, tous achats de vivres et de matériel compris.

Après quelques jours de repos, Fresnel s'occupa, avec son

---

1. Robert Corneille mourut en 1868, son fils Thomas lui succéda comme député de la Nation et mourut en 1891. Le propriétaire actuel du khân Villecroze est M. Théodore Corneille, né en 1865 et fils de Thomas. Agent consulaire des États scandinaves, sa nationalité française le fit déporter par les Turcs durant la guerre.

2. Fresnel à de Persigny, ministre de l'Intérieur. Comptabilité n° 2 Bagdad le 30 avril 1852.

ami Geoffroy, de réunir la caravane nécessaire au voyage de Mossoul. L'accord se fit, non sans débats, sur le prix de 7.000 piastres (750 francs) pour le transport d'Alep à Mossoul, avec quarante mules ou chevaux, auxquels vint s'ajouter la monture du *moukre* ou chef des muletiers. Les hommes avaient été soigneusement choisis et il avait été stipulé que tous les jours de halte, non réclamés par les voyageurs, seraient à la charge des muletiers. Grâce à cette précaution, la mission n'eut pas à payer un seul jour de dépense supplémentaire, car étant tous bien protégés contre le froid et la pluie, ils protestèrent contre les arrêts dus aux intempéries. Le consul d'Alep remit à Fresnel un *bouyourouldi* ou passeport turc qui faisait suite à celui de Lesparda et, ainsi munis, ils partirent le 19 janvier 1852[1].

Au moment du départ, le lieutenant du pacha, le Kiahya-Bey, rendait visite à J.-B. Geoffroy, et il tint à fournir à l'Expédition une escorte de quatre hommes jusqu'à Biredjik. Cette garde inutile coûta 300 piastres ou 75 francs.

Dès les premiers jours du voyage, le temps devint mauvais et, à Kounseroun, où ils étaient le 21 janvier, la pluie les retint une journée. Ils traversèrent ensuite la contrée riante où s'élèvent les nombreux minarets de Mazar, puis, ils marchèrent vers l'Euphrate, qu'ils atteignirent à Nizib le 24. Là, ils furent astreints à la quarantaine de Syrie et ne purent traverser le fleuve que le 28 pour débarquer à Biredjik. Le lendemain, ils s'engagèrent dans la plaine inculte et rocheuse où est Ourfa, qu'ils évitèrent, puis, ce fut Harran, dont les pauvres maisons sont couvertes en coupoles, et Sévérek, où ils parvinrent le 1er février. Une pluie incessante les obligea d'y demeurer une semaine entière et, quand le temps s'éclaircit, ils purent se remettre en route. La neige couvrait le mont Massius, dont les sentiers de montagne, difficiles en temps ordinaire, furent encore plus pénibles à

---

1. Fresnel au ministre de Persigny. Rapport n° 4. Mossoul le 10 mars 1852, parvenu au ministère le 20 avril, avec les additions de la dépêche du même jour et les notes ajoutées à la copie du rapport, à Bagdad, les 4 et 7 avril 1852.

gravir. La mission campa dans la plaine de Kaï-Dar et, lorsqu'elle arriva le 12 février à Diarbékir, tous étaient exténués.

La suite du voyage pouvait s'effectuer d'une façon plus
rapide et la plus agréable, à l'aide des kélek [1] ou radeaux qui
descendent le Tigre à partir de Diarbékir. Fresnel, qui ignorait ce moyen au moment où il engageait sa caravane, continua donc sa route par terre. Le 18, ils quittaient Diarbékir
pour atteindre bientôt Djézireh-ibn-Omar sur le Tigre, en
face du Djébel Ararat. Le pont venait d'être fortement endommagé par une crue du fleuve; trois barques avaient été
emportées par le courant et le reste du pont s'était replié
sur la rive. Le gouverneur, Kinâan-Pacha, qu'ils avaient rencontré à Nizibin, entre Diarbékir et Djézireh, l'avait fait rétablir avant leur arrivée et l'Expédition put passer sans peine.
Le 4 mars 1852, ils entraient enfin à Mossoul [2].

L'Expédition avait mis quarante-cinq jours pour effectuer
ce parcours de 180 lieues, mais elle avait été obligée à vingt
jours de halte et avait fait des étapes journalières de sept
lieues ou sept heures en moyenne.

Sur la route, à une demi-heure au-dessous de Djézireh-ibn-
Omar, Thomas avait fait, le 27 février, une découverte intéressante. Là s'élevait jadis un pont important : un arc
assez ruiné et une pile presque intacte, voici tout ce qui sub-
sistait avec une butte élevée, sur la rive à l'endroit où devait
se trouver la tête du pont. Le cours rapide du Tigre avait
emporté le reste; les cailloux et le sable avaient recouvert
les autres débris sur la rive opposée. L'arc encore debout
avait résisté, car il s'appuyait à une pile fondée sur le rocher
et l'eau n'y atteignait qu'au moment des crues. Les pare-

---

1. Le *kélek* est une sorte de radeau composé de peaux de bouc ou de
mouton gonflées à la bouche et réunies entre elles par un treillis de longues
perches. Léger et sans tirant d'eau, il peut aisément franchir les rapides du
Tigre et ses nombreux bas-fonds. Il est seul employé pour cette navigation; arrivés à destination, les bateliers vendent les bois et s'en retournent
à pied ou en caravane dans leurs villages.

2. Pour cet itinéraire, nous avons suivi le rapport n° 4 de Fresnel et le
récit d'Oppert (tome I, livre I, chap. IX) qui se complètent l'un l'autre, mais
c'est par erreur que Oppert fixe au 1er mars 1852 l'arrivée à Mossoul.

ments seuls de cette construction étaient appareillés soigneusement; l'œuvre même était composée d'un solide blocage et le tout était de tuf noir d'origine volcanique.

Sur le haut de la pile encore intacte, Thomas remarqua une large frise de pierre blanche où s'étalaient des sculptures assez grossières, mais curieuses cependant. Chaque compartiment représentait un signe du zodiaque dont huit subsistaient : c'étaient le Sagittaire, le Bélier, la Vierge, le Lion, le Capricorne, le Cancer, la Balance et les Poissons. Les Arabes y avaient gravé par la suite des inscriptions qui n'avaient parfois aucun rapport avec les sculptures elles-mêmes que Thomas dessina avec soin [1].

Fresnel croyait ces détails connus des nombreux voyageurs qui parcourent la route de Diarbékir à Mossoul et il fut très étonné de l'ignorance de Rawlinson. Celui-ci, voyageant toujours à franc étrier et sans bagages, ne s'était jamais arrêté à Djézireh. Lorsqu'il vit les croquis de Thomas, il n'hésita pas à attribuer cette décoration aux « Atabeks de l'Iraq », c'est-à-dire, au XIIe siècle environ [2]. Fresnel constata aussi que Karl Ritter, qui résumait tous les voyageurs précédents, avait passé sous silence les sculptures que Thomas venait de découvrir. Pascal Coste, qui fit la route en octobre 1841, et décrit soigneusement les divers ponts qu'il rencontra de Mossoul à Diarbékir, ne les mentionne pas non plus. Cependant, peu de détails échappaient à ses recherches [3].

Thomas mit ses croquis au net et dessina une belle planche qui était sans doute destinée à la gravure, mais qui ne fut jamais reproduite. Il ne donna, dans l'Atlas de l'Expédi-

1. Notes d'Oppert et de Thomas jointes au rapport n° 8 de Fresnel, Bagdad, le 21 mai 1852, arrivé au ministère le 29 juin.

2. Fresnel au ministre. Rapport n° 7. Bagdad le 30 avril 1852, arrivé au ministère le 1er juin.

3. P. X. Coste, *Notes et souvenirs de voyage.* Cayer, Marseille, 1878, 2 vol. in-8°, tome I, page 407 à 413. M. Max Van Berchem, *Voyage en Syrie*, tome I, page 102, écrit qu'il prépare une étude détaillée sur l'inscription et les bas-reliefs de ce pont publiés par Preusser; *Nordmesopotamische Baudenkmäler*, page 27 et pl. 40, mais sans commentaires.

tion (pl. n° 21), qu'une belle eau-forte de cette ruine. C'est dans la collection de M. du Gardier que nous avons trouvé son relevé inédit, que nous reproduisons ici (fig. IV, V et VI).

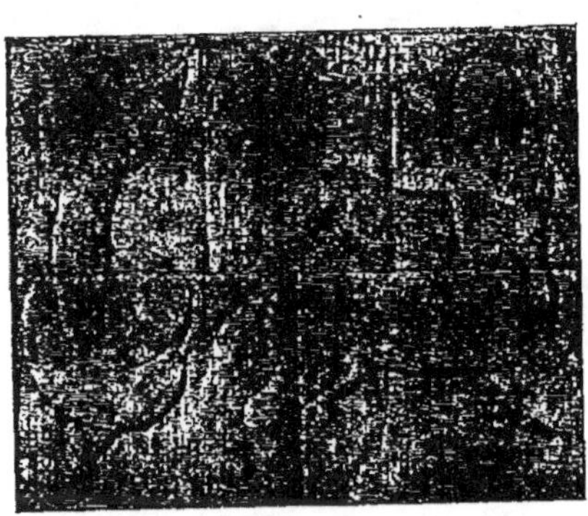

1

1. Le nœud de la Lune dans le signe
du Sagittaire.
Insc. arabe : Le Joyau (?)

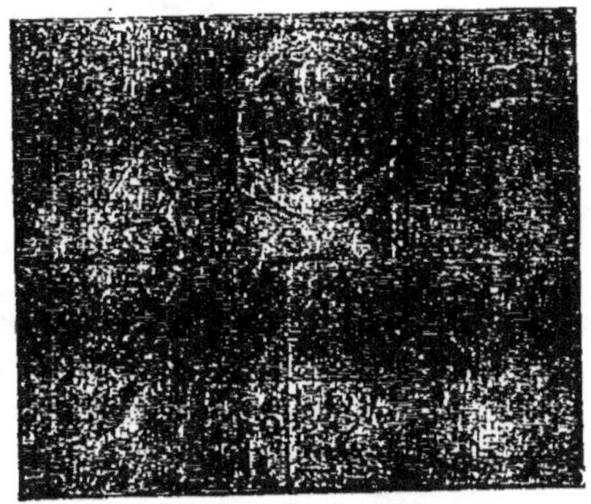

2

2. La Lune dans le signe du Bélier.
Insc. arabe : Date en caractères inusités
1345 (?) Ere à fixer.

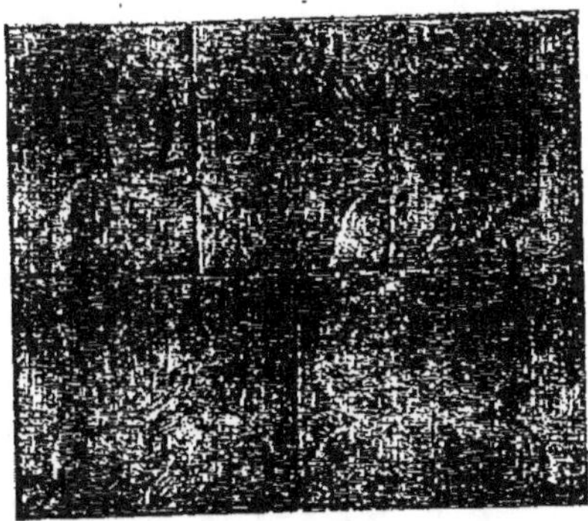

3

3. Mercure dans le signe de la Vierge.
Insc. arabe : L'Epi (la Vierge) et le Soleil
en conjonction avec les Gémeaux.

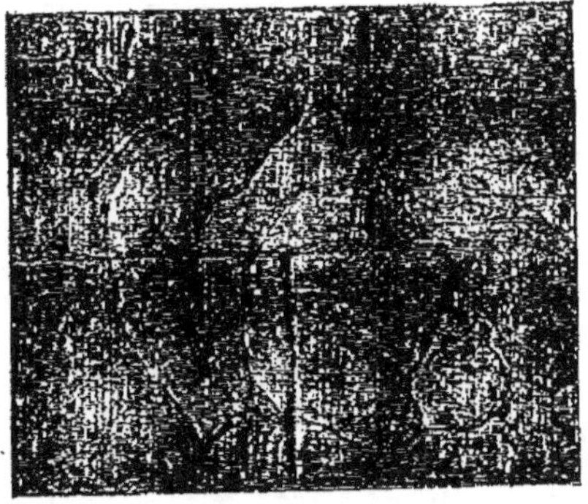

4

4. Vénus dans le signe des Poissons.
Insc. arabe : Les Poissons.

5.

5. Le Soleil dans le signe du Lion.
Insc. arabe : Le Soleil sur le Lion.

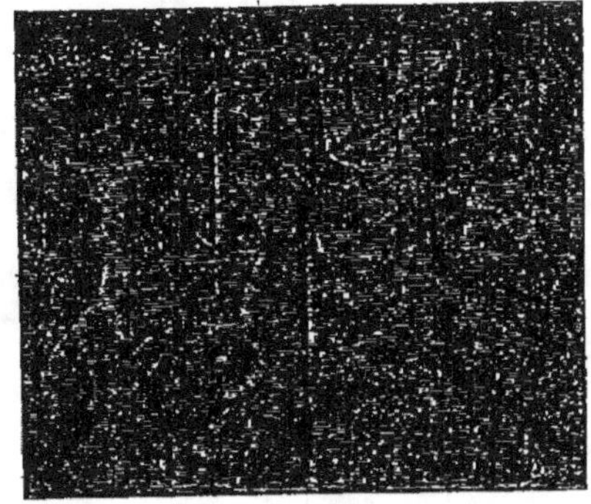

6

6. Mars dans le signe du Capricorne.
Insc. arabe fantaisiste gravée par un
scribe ignorant.

7

7. Jupiter dans le signe du Cancer.
Insc. arabe : Le Capricorne en conjonction avec le Lion.

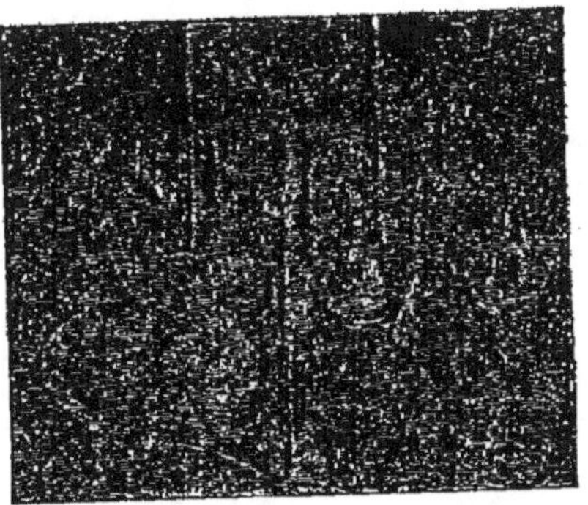

8

8. Saturne dans le signe de la Balance
Insc. arabe : Ascendant de Jupiter. —
La Balance.

Nota. — Ces bas-reliefs sont taillés dans un calcaire tendre et blanc. Les caractères arabes sont réservés en relief sur un fond creusé après la taille des sculptures. « La graphie est très médiocre et présente des particularités que l'on ne trouve qu'à l'époque contemporaine, et encore chez les Persans et les Turks. Les figures représentent les planètes en conjonction avec les signes du Zodiaque, *dans les maisons du Zodiaque,* comme disent les Grecs et les Arabes » (Note de M. E. Blochet). Le sculpteur ne fut qu'en partie guidé par l'intelligence des reliefs eux-mêmes.

CHAPITRE IV

Séjour à Mossoul.
Description du site de Ninive.

Les voyageurs arrivèrent à Mossoul le 4 mars 1852 et furent reçus par le chancelier Mérel. Notre consul, Victor Place, étant alors à Khorsabad, Mérel leur offrit l'hospitalité et remit à Fresnel un courrier important où se trouvait le nouveau firman qui l'accréditait personnellement auprès de Namyk-Pacha, gouverneur du pachalik de Bagdad. Les dix-huit jours qu'ils restèrent à Mossoul furent employés à reconnaître les sites antiques qui couvrent la plaine et à s'initier aux fouilles[1].

Là s'élevait jadis la superbe Ninive; là, depuis Botta, Français et Anglais rivalisaient d'ardeur, en quête des plus anciennes annales du monde. L'activité des fouilleurs redoubla à l'arrivée de la mission, c'était à qui entamerait le premier les nombreux tells de la plaine. Un coup de pioche était en effet une prise de possession : « On n'a pas l'air de nous craindre, écrit Thomas[2], mais cela se voit sans peine; si nous parlons de tel endroit, on nous répond : « Oh ! j'y ai déjà pensé et j'ai envoyé hier y faire une tranchée »; de tel autre : « J'y enverrai demain, &... », et ils ont bien tort, car Mossoul, c'est-à-dire Ninive, n'est point dans nos instructions ».

Dès le lendemain de leur arrivée, ils allèrent rejoindre Place sur ses chantiers de Khorsabad et c'est là qu'ils virent pour la première fois des antiquités assyriennes sortir du sol.

Le 10, ils rencontrèrent Rawlinson qui arrivait de Bagdad

1. Fresnel, Rapport n° 4, *loc. cit.*
2. Lettre de F. Thomas à Mme Thomas, Bagdad 21 juin 1852, arrivée à Paris le 19 juillet et à Nantes le 20.

avec le capitaine Jones et le docteur Hyslop pour exécuter le lever topographique du site de Ninive. Fresnel en profita pour mettre en présence le consul anglais et Oppert qui entretenaient une âpre polémique dans les journaux scientifiques de Londres et de Paris. Rawlinson consentit à exprimer ses regrets à Oppert pour quelques termes un peu vifs; on causa, on discuta aussi et parfois les débats furent fort animés.

Fresnel mit à la disposition du savant anglais les quelques livres qu'il avait emportés avec lui et Rawlinson leur ouvrit sa riche bibliothèque, leur offrant même l'hospitalité somptueuse de la résidence anglaise de Bagdad. Il leur permit, en outre, de dessiner et d'estamper les beaux reliefs de Kouyoundjick.

Ce fut donc sur les chantiers anglais que Thomas travailla lors de son premier passage à Mossoul. L'inspection des ruines de Khorsabad l'avait laissé indifférent : Place venait de découvrir une voûte curieuse que l'artiste appela « un égout », d'ailleurs avec raison, et un dépôt de fondation ne trouva pas grâce à ses yeux, puisqu'il le qualifia de « paquet de clous trouvés sous une brique »[1]. Fresnel avait été, au contraire, fort intéressé par les nombreuses excavations qui sillonnaient la plaine et il avait adressé au ministre un rapport détaillé sur ces fouilles. En voici quelques passages qui donneront l'état des travaux au commencement de l'année 1852.

« Les ruines de l'ancienne Ninive, dit-il[2],... s'étendent sur la rive gauche du fleuve le Tigre depuis Khorsabad, lieu des premières fouilles productives de M. Botta, à 4 h. ou lieues au Nord-Nord-Est de Mossoul, jusqu'à Nimroud, lieu des découvertes subséquentes de M. Layard, à cinq ou six heures au Sud-Sud-Est de la même ville, à une demi-heure de marche du Tigre. Entre ces deux termes extrêmes de l'exploration anglo-française, est une plaine immense clairsemée de *Tumulus*, parmi lesquels on distingue au premier

---

1. Lettre de F. Thomas, 21 juin 1852, *loc. cit.*
2. Fresnel, Rapport n° 4, *loc. cit.*

rang le massif carré de Koyoundjik et celui de Nébi-Younès (prophète Jonas), situés, l'un et l'autre, vis-à-vis de Mossoul et à peu de distance du pont de bateaux qui unit cette ville à la rive gauche du fleuve.

« Nébi-Younès est et restera encore longtemps inexploré. C'est un assez beau village, couronné par la mosquée du prophète Jonas, et que l'on peut regarder comme la dernière expression de Ninive. D'une part, l'inviolabilité de la mosquée et de tout le terrain qui en dépend à titre de Wakf, ou dotation pieuse ; de l'autre, la valeur des maisons qui se groupent auprès d'elle, sont un obstacle sérieux aux fouilles que nous voudrions faire sur ce point. Cet obstacle n'est peut-être pas invincible, car le Résident ou agent consulaire anglais, M. Rassam, songe depuis longtemps, selon ce qu'il m'a dit, à acquérir une des maisons de Nébi-Younès, et notre jeune chancelier, M. Mérel, déjà lié d'amitié avec le premier magistrat du village, me disait dernièrement (bien qu'il ne s'en soit pas ouvert à son chef, M. Place). qu'il ne désespérait pas d'obtenir de ce scheykh la permission d'entreprendre des fouilles sur son territoire. Il pense que deux ou trois milliers de piastres suffiraient pour obtenir ce résultat, vu qu'il n'y a pas de pays au monde où l'argent ait plus de valeur et plus de puissance qu'à Mossoul.

« Quant à Koyoundjik, quatrième et dernier tumulus ninivite de première grandeur, M. Layard en avait entrepris et poussé fort loin l'exploitation depuis environ quatre ans, lorsque le lieutenant-colonel Rawlinson, de retour à Mossoul le 4 décembre dernier, ordonna la reprise des travaux sur ce point, ainsi qu'à Nimroud. Il n'y a point de place à Koyoundjik pour une exploitation française faisant concurrence à l'exploitation anglaise. »

Ces lignes étaient à peine écrites, que Rawlinson rencontra Place et l'invita formellement à entreprendre des fouilles sur le site de Koyoundjik. Il renouvela même ses instances auprès de Fresnel qui exposa au ministre son embarras (Rapport n° 5, 31 mars 1852). Fresnel pensait, en effet, avec Place, « qu'il serait vraiment difficile de creuser une nouvelle galerie de quelque étendue, sans tomber sur une ou plusieurs galeries anciennes (de Layard). J'ai approuvé M. Place, continue-t-il, sans cependant désapprouver M. Thomas qui voudrait que l'on profitât de la permission ».

« Quant au monument vitrifié de Birs-Nimroud, situé à l'ouest de l'Euphrate, et que l'on identifie ordinairement avec la tour de Babel, le colonel Rawlinson m'a déclaré qu'il n'en croyait l'exploration possible qu'au moyen d'une mine dont l'explosion fendrait la tour en deux, et nous en ouvrirait le cœur. Si je réussissais, par la suite, à lier avec les Arabes, maîtres du désert où est situé Birs-Nimroud, des relations assez amicales pour pouvoir tenter une opération de ce genre, me permettriez-vous, Monsieur le Ministre, d'en essayer l'exécution? Ne pourrais-je pas encore appliquer le même procédé aux massifs de brique, cuite ou crue, de la rive gauche de l'Euphrate? Je vous avoue que si les Anglais, en désespoir de cause, étaient capables de pratiquer une mine sous ces masses informes, je serais fort aise de les avoir fait sauter ayant eux. Mais je ne ferai rien de semblable sans avoir votre autorisation[1].

« Voilà donc trois principaux tumulus, Khorsabad, Nimroud et Koyoundjik, dont l'exploration et l'exploitation ont été entreprises, régulièrement suivies durant un laps de temps, puis suspendues, et enfin reprises à des époques diverses, le premier par la France, les deux autres par l'Angleterre.

« La découverte de M. Botta à Khorsabad créait une sorte de droit pour la France. Ce droit fut reconnu sans conteste par nos voisins, fort intéressés d'ailleurs à faire admettre leurs propres prétentions. Cela est si vrai qu'au printemps dernier, alors que nos fouilles semblaient abandonnées pour toujours, Mme Rassam, désirant se procurer un seul échan-

---

1. Cette méthode d'exploration ou mieux *d'exploitation*, à laquelle le ministre donna son assentiment, est typique. Elle montre à quelles destructions se livrent trop souvent les explorateurs en quête de quelques bijoux ou de quelques bas-reliefs. Les trop rares trésors que nous ont légués les générations précédentes devraient cependant n'être touchés qu'avec un pieux respect.

tillon des bas-reliefs de Khorsabad, et n'ayant qu'un mot à
dire aux terrassiers du pays pour l'avoir sur-le-champ, crut
devoir s'adresser à M. Perruchot de Longueville[1], alors gérant
du consulat de France et gardien naturel de la localité précédemment exploitée par M. Botta[2]. Elle ne demandait qu'un
fragment contre lequel elle offrait un spécimen équivalent
des sculptures de Nimroud ou de Koyoundjik. Elle ne l'obtint
pas et se résigna.

« Or, en pareil cas, la réciprocité est inévitable. Si les Anglais consentent à regarder le tumulus de Khorsabad comme
dévolu à l'exploitation française, il nous faut bien, de notre
côté, consentir à reconnaître le droit des Anglais à l'exploitation du tumulus de Koyoundjik et d'une partie de celui de
Nimroud; de cette partie, du moins, que leurs ouvriers sont
en train de déblayer. Il est vrai que ces deux localités sont
bien autrement riches que Khorsabad. Il est également vrai
que M. Botta avait tenté, bien avant M. Layard, l'exploitation
de Koyoundjik, que ce fût même le premier point des ruines
de Ninive attaqué par notre illustre compatriote, et, en effet,
c'est le premier, avec ou après Nébi-Younès sur lequel ses
regards aient pu ou dû s'arrêter le jour de son entrée à Mossoul. Malheureusement les fouilles entreprises sur un point
aussi intéressant furent abandonnées presque aussitôt que
commencées, et avant d'avoir conduit à un résultat. Elles
furent abandonnées pour Khorsabad qui appelait à juste titre
l'attention de M. Botta et d'où est sorti le premier Musée assyrien offert à la curiosité européenne.

« Il y a environ quatre ans, que M. Layard, s'étant em-
paré du point abandonné par M. Botta, y trouva ce que l'on
sait : un palais, des bas-reliefs extrêmement fins, fort admi-
rés de notre architecte, M. Félix Thomas, avec des inscriptions d'un immense intérêt historique, s'il faut s'en rapporter.
aux interprétations du colonel Rawlinson. M. Rassam, l'agent
anglais de Mossoul, nous accompagnait et guidait dans les

1. Pour *de Longeville;* orthographe fautive.

2. Sur l'acquisition du site de Khorsabad par Botta, voir *Monument de
Ninive*, tome V, pages 10 et 11.

galeries souterraines de Koyoundjik, dont le labyrinthe est éclairé par des puits nombreux. Tout récemment, il y a découvert, à côté des monuments assyriens, des tombeaux de l'époque Arsacide ou Parthe, à en juger par une médaille en or de Tibère, qui s'y est trouvée, avec un grand nombre de bijoux de femmes (or et pierreries) très bien conservés, outre un masque d'or et plusieurs plaques du même métal, à l'usage des morts.

« Conformément au principe que je viens d'établir comme base du droit international qui paraît en vigueur à Mossoul, M. Rawlinson, revenu ici le 4 décembre dernier, c'est-à-dire bien avant M. Place, n'eut garde d'envoyer des ouvriers à Khorsabad, ce à quoi le gérant du consulat de France se serait très certainement opposé, mais se contenta de faire reprendre les travaux suspendus à Nimroud et à Koyoundjik depuis le départ de M. Layard...

« Restent donc tous les points intermédiaires entre les quatre tumulus principaux, et les collines qui se rattachent au vaste tumulus de Nimroud...

« M. Place ne se contente pas de poursuivre les fouilles de Khorsabad avec une intelligence que M. Thomas a été à même d'apprécier, et une ardeur à laquelle je suis heureux de rendre témoignage, il a déjà mis et met encore des ouvriers sur d'autres tumulus d'une importance secondaire (en apparence) et fait creuser partout jusqu'à une certaine profondeur, non pas tant avec l'espoir de rencontrer immédiatement quelque riche filon, que pour étendre son domaine en prenant possession du plus grand nombre possible de points remarquables.

« Mais quoi qu'il puisse faire, Monsieur le Ministre, et j'ai la conviction qu'il ne négligera rien de ce qui est faisable, on ne peut pas raisonnablement espérer de trouver à Ninive un nombre indéfini de palais. A Babylone, il n'y avait que deux palais et un temple. A Ninive, M. Botta exploita le palais de Khorsabad et M. Layard ceux de Nimroud et de Koyoundjik. Je ne doute pas qu'il y ait un quatrième palais ou temple sous Nébi-Younès : mais c'est le seul point qui pourrait nous dédommager de la perte de Koyoundjik, si nous obtenions la

permission de percer un tunnel sous le village, en prenant,
bien entendu, toutes les précautions nécessaires pour prévenir les éboulements. Il y a encore, à côté du village, un massif de décombres formant partie intégrante du tumulus même sur lequel Nébi-Younès est bâti, où l'on pourrait travailler à ciel ouvert. Là, du moins, on serait certain de ne pas
travailler sans fruit : car je tiens de M. Rassam qu'un des
propriétaires de Nébi-Younès, ayant eu à faire des réparations
aux fondations de sa maison, rencontra, je ne saurais dire à
quelle profondeur, un de ces taureaux d'albâtre grossier, dont
la présence accuse celle d'un temple ou d'un palais. Ainsi
que j'ai eu l'honneur de vous l'exposer, je regarde Nébi-Younès
comme la dernière expression ou transformation de Ninive,
tant à cause de sa situation en face de Mossoul, qu'en raison
de sa hauteur au-dessus du niveau de la plaine...

« En ce qui concerne les villes de la Perse, que la loi du
8 août nous fait un devoir d'explorer, mais pour lesquelles
nous n'avons ni instructions ministérielles, ni firman du
shah de Perse, Suse est explorée en ce moment par le docteur
Loftus; Pasagardes, identifiée par M Rawlinson avec Mergâb
(Murgaub de la carte de Chesney), par le colonel Sheil[1]; enfin Ecbatane, aujourd'hui Hamadan, attend un explorateur.
Selon M. Rawlinson, il y aurait quelque chose à faire sur
l'emplacement du vieux château, qui est en ruines et abandonné; mais le site d'Ecbatane, la ville, offre le même embarras que celui d'Arbelles et de beaucoup d'autres lieux, à
la fois antiques et modernes, à savoir : « que la ville neuve
est superposée à la vieille ». M. Botta put acheter à peu de
frais les huttes en terre de Khorsabad pour les reconstruire
un peu plus loin, mais une ville ne se déplace pas ainsi, et
je doute fort que les habitants d'Ecbatane ou d'Arbelles laissent creuser un tunnel sous leurs maisons [2].

1. Sir Justin Sheil, agent politique de l'Angleterre et ministre de la
Grande Bretagne à Téhéran, séjourna en Perse de 1836 à 1853. Voir Curzon
Persia, tome I, page 17.

2. Depuis cette époque, la situation n'a pas changé et aucune des tentatives faites pour entreprendre des fouilles à Ecbatane n'a pu aboutir.

« Immédiatement après Babylone, les points où j'ai lieu d'espérer la plus abondante récolte, sont Wourkah et Nouffar (Warka et Niffer du rapport de l'Académie). Le Shaykh des Arabes Montéfik, maître de tout le Bas-Euphrate, indiquait lui-même, il y a quelques mois, ces localités et plusieurs autres des environs de Bassora ou de Souk-es-Schoyoûkh, à M. Germain (successivement attaché aux vice-consulats de Bagdad et de Bassora): Selon ce que m'a assuré M. Germain, que nous rencontrâmes à Diarbékir avec Mgr. Trioche, archevêque de Babylone, le Scheykh Mansour-ben-Raschid, est favorable aux Français, qui, selon sa persuasion, auraient pris fait et cause pour lui dans une circonstance importante (je me promets bien de cultiver ces heureuses dispositions). Or, son rapport coïncide en tous points avec celui du Dr H. Loftus, à qui nous devons la découverte de Wourkah et avec celui du colonel Rawlinson, qui a découvert Nouffar. Mais je me garde bien d'en parler au colonel et je désirerais vivement savoir ce qu'il a publié sur « Niffer », sans être obligé de le lui demander. M. Jules Molh, de l'Académie des Inscriptions, pourra donner au Ministère tous les renseignements dont j'ai besoin.

« Je suis presque certain d'avance que les fouilles à faire dans la Chaldée, non loin de l'embouchure de l'Euphrate, seront incomparablement plus productives que celles de Babylone. Là, nous n'aurons qu'un ennemi à craindre, et très certainement à combattre : la fièvre ! car je compte bien sur l'amitié des Bédouins sans laquelle nous ne pourrions pas même être admis à contempler une seule brique. »

Après avoir ainsi reconnu le site de Ninive, Fresnel songea au départ et pria Rassam de leur faire préparer un kélek pour descendre au fil des eaux jusqu'à Bagdad.

CHAPITRE V

De Mossoul à Bagdad.
Situation politique de la Mésopotamie en 1852.
Incertitudes de la Mission.

L'Expédition partit de Mossoul le lundi 22 mars, sur un seul kélek, avec tous les bagages. Les eaux étaient très fortes à ce moment aussi avaient-ils pris la résolution de s'embarquer sans escorte. D'ailleurs, la hauteur des eaux du Tigre et la force de son courant, comparable à celui du Rhône, rendaient peu probable une attaque à l'abordage, la seule qui fut à craindre. Bref, les Arabes les laissèrent passer et l'arrivée à Bagdad eut lieu le samedi 27 mars, dans la matinée, sans incident[1], ayant navigué une partie des nuits et ne s'étant arrêtés qu'à Nimroud et à Tékrit.

A Nimroud, l'ancienne Calach, ils avaient visité les fouilles que les Anglais poursuivaient à la suite de Layard ; ils virent là les ruines des palais de Salmanasar I, d'Assour-nasirapal, et de Salmanasar III. Ils passèrent ensuite en face de Kalah-Chergat sans toutefois s'arrêter et, après quelques heures de navigation, ils avaient abordé à Tékrit, où ils visitèrent la citadelle. Pressés d'arriver, ils naviguèrent les jours suivants sans s'arrêter à aucun des sites antiques de la région[2].

Lysimaque Caftangiouglou Tavernier, agent consulaire de France, les reçut à Bagdad et fut plein d'attention pour eux. Cet agent était grec d'origine et son frère, directeur de l'École polytechnique d'Athènes, était l'ami de Thomas[3]; il installa

1. Fresnel à de Persigny. Rapport n° 5. Bagdad, 31 mars 1852.
2. J. Oppert, *Expédition scientifique*, tome I, livre I, chap. X·
3. Lettre de F. Thomas à sa mère Mme Thomas, chez Madame Veuve Bernard Laducquerie, rue Piron, n° 3, cours Henri-IV, Nantes. Bagdad, 14 avril 1852, arrivée à Marseille le 15 mai.

la mission dans une villa proche de la ville qu'il avait retenue depuis le 20 mars. Cette maison était agréablement située au bord du fleuve, mais la chaleur accablante de l'été, les moustiques abondants près des rives du Tigre, la situation politique enfin qui s'aggravait chaque jour, les obligèrent bientôt à se réfugier en ville. Ils louèrent à cet effet la maison d'un nommé Chantéduc qui était alors le seul négociant français établi à Bagdad[1]. Cette habitation était vaste, bien exposée au Nord[2], et la mission y séjourna jusqu'au jour de son départ.

Durant les longs mois d'attente, Thomas exécutait les dessins des bas-reliefs de Kouyoundjick et Oppert étudiait les livres que possédait la mission. Il puisait largement dans la bibliothèque de l'agence anglaise et chaque jour des pierres gravées et des médailles lui étaient soumises[3]. Tous deux firent aussi l'excursion classique de Ctésiphon en profitant du service des vedettes anglaises qui allaient de Bagdad à Bassorah. Partis le 23 juin, ils virent l'emplacement de l'ancienne Séleucie sur la rive droite du Tigre et admirèrent le fameux arc de Chosroés à Ctésiphon, sur l'autre rive. Ils étaient de retour à Bagdad le 25 ayant dépensé la somme minime de 128 fr. Perreymond était absorbé par la comptabilité et s'initiait en même temps aux travaux archéologiques en prenant quelques estampages. Quant à Fresnel, il dirigeait les travaux de ses collaborateurs et négociait avec le pacha, puis avec les tribus arabes, afin de pouvoir entreprendre les fouilles sur le site de Babylone. Il fallut en effet engager de véritables négociations diplomatiques avant de s'aventurer en Mésopotamie, de sorte que Fresnel resta longtemps incertain sur la région qu'il pourrait explorer.

De Bagdad à Bassorah, tout le pays était en insurrection

---

1. Fresnel à de Persigny. Rapport n° 6. Bagdad, 8 avril 1852. Expédié le 16 par le courrier anglais de Bagdad à Damas.

2. Lettre de F. Thomas à (sa sœur) Mme Serpette, rue de l'Entrepôt à la Savonnerie, Nantes. Bagdad, 15 mai 1852, arrivée à Paris le 29 juin et à Nantes le 30.

3. Fresnel à de Persigny. Rapport n°5. Bagdad, 31 mars 1852.

contre l'autorité ottomane. Depuis trois ans déjà, les troupes turques étaient impuissantes à réprimer cette révolte et il paraissait bien difficile qu'une mission européenne put s'aventurer seule dans ces contrées. Vivement pressé par ses collaborateurs [1], Fresnel pensa alors à diriger ses efforts vers la Perse puisque l'ancienne Médie était comprise dans le programme rédigé par l'Institut, et il demanda à ce sujet des ordres au ministère.

La mission s'était déjà informée à Bagdad de la situation politique de l'Irak auprès de Tavernier et de Pétiniaud, qui tous deux connaissaient parfaitement la région. Pétiniaud était chargé d'un achat de chevaux arabes pour l'administration française des haras. « Très affaibli, dit Fresnel [2], par une longue maladie des organes digestifs, M. Pétiniaud s'est concilié ici l'estime générale et fait réellement honneur au Pays qui l'a envoyé, tant par sa merveilleuse activité que pour la manière dont il se comporte avec ses nouveaux hôtes orientaux ou européens. Persuadé qu'il est beaucoup trop affaibli pour pouvoir se rétablir avant les grandes chaleurs, époque de rechute presque inévitable, j'ai cru devoir lui conseiller un prompt rapatriement, mais son zèle ne veut point en entendre parler ». C'est avec Pétiniaud que Oppert partira de Mossoul, le 15 avril 1854, pour effectuer son voyage de retour en France [3].

Pour dépeindre la situation inquiétante de la province où il devait entreprendre ses fouilles, Fresnel adressait au ministre de l'Intérieur les extraits suivants des dépêches officielles que l'agent de France avait expédiées depuis le mois d'octobre 1851 : « Sept cents chameaux ont été enlevés [4], la semaine dernière à une demi-heure de Bagdad, en plein jour, par les arabes Anazeh, qui, rentrant dans leurs campe-

1. Lettre de F. Thomas à Mme Thomas. Bagdad, 5 janvier 1853.
2. Fresnel, Rapport n° 5, *loc. cit.*
3. J. Oppert, *Expédition*, tome I, livre III, chap. vi· Parmi les beaux beaux dessins de Thomas que possède M. R. du Gardier, plusieurs représentent Petiniaud, son escorte de spahis et ses chevaux.
4. Extrait d'une dépêche du vice-consul de France à M. le Ministre de France à Constantinople, datée de Bagdad le 22 octobre 1851. N° 24.

ments avec le butin, ont rencontré une caravane venant de Hilla, qu'ils ont dépouillée aussi... » En novembre [1] : « Une caravane de pèlerins persans, revenant de Kerbéla, a été dépouillée par les arabes, entre Hilla et Bagdad; l'escorte elle-même, composée d'une cinquantaine de cavaliers turcs n'a pas été ménagée par les arabes. Pèlerins et soldats sont arrivés à Bagdad sans chevaux, sans armes, sans vêtements. Ceux d'entre eux qui ont voulu faire de la résistance, ont rapporté des blessures : il y a eu six blessés et trois tués... »

Les courriers de Maskouf-pacha [2], à qui l'agent anglais avait aussi confié ses envois ordinaires, ont été dépouillés par les arabes, et renvoyés tout nus à Bassora... »

En décembre [3] : « Les mêmes arabes sont les maîtres de la province, et exercent leur autorité jusqu'aux portes mêmes de Bagdad. Il y a quatre jours qu'une centaine de chameaux ont été enlevés, à trois heures de l'après-midi, à *un quart de lieue de la ville.* » En avril [4] : « On assure que Hillah est assiégée... Le nouveau *Divan-Effendisi* (premier secrétaire du Divan) du pacha de Bassora, se rendant à son poste, a été arrêté hier par les Arabes, sa barque et son escorte entièrement dépouillées, il rentre à l'instant à Bagdad. »

Le pacha étant impuissant à assurer la sécurité de la mission dans une contrée révoltée contre l'autorité turque, Fresnel résolut d'agir seul et d'entamer des négociations directes avec les chefs arabes. Il fallait se soustraire à l'égide turque sans toutefois s'attirer le ressentiment du gouverneur. L'affaire n'était pas aisée, et Fresnel inquiet de la lenteur des communications avec Paris, se détermina à demander les autorisations nécessaires au marquis de la Valette. « Aujourd'hui, dit-il [5], s'il est un fait avéré pour nous, c'est que Namyk-Pacha

---

1. *Ibid.* ci-dessus, note 4 : datée du 5 novembre 1851. — N° 25.
2. *Ibid;* datée du 19 novembre 1851. — N° 26.
3. *Ibid;* datée du 3 décembre 1851. — N° 28.
4. *Ibid;* datée du 7 avril 1852.
5. Fresnel à M. le marquis de Lavalette envoyé extraordinaire et ministre plénipotentiaire de France à Constantinople. — Annexe à la dépêche du 30 avril. N° 7. Bagdad le 21 avril 1852.

est impuissant à nous protéger contre ses ennemis (qui devraient être nos amis) et qu'à moins qu'on me permette de traiter directement avec eux pour les explorations qui nous sont commandées, nous demeurons condamnés à la plus déplorable, à la plus désolante inaction, pour un temps indéfini.

« Notre mission n'ayant rien de politique, les négociations que nous pourrions entamer avec les Arabes pour obtenir d'eux là permission d'explorer leur vaste domaine dans l'intérêt de la Science et de l'Art, ne seraient sans doute point de nature à porter ombrage aux Autorités turques. Mais l'orgueil d'un gouverneur civil et militaire, l'orgueil d'un « Vice-roi » voudra-t-il renoncer à un droit de protection, même illusoire! Je ne le pense pas. D'autre part, quelles que fussent, et notre témérité et notre insoumission, elles ne pourraient jamais désintéresser complètement sa responsabilité (sans compter qu'il serait peut-être tenté d'en tirer vengeance). Il est nécessaire d'ajouter que, de mon côté, je ne voudrais ni braver une défense du Mouschir, ni causer à M. Tavernier une inquiétude légitime. »

Enfin, le 10 avril [1], Fresnel décidait de s'établir intra-muros, la situation devenant de plus en plus dangereuse dans les environs immédiats de Bagdad. Nous avons, par Thomas, l'explication de ce brigandage : « Le grand cheikh des Arabes, dit-il [2], Ouàdi, avait l'investiture pour toute la Mésopotamie, il faisait payer l'impôt pour la Porte et maintenait la tranquillité; son influence sur les Arabes est sans bornes. Namick Pacha l'a destitué. Ouadi a immédiatement soulevé toutes les tribus depuis Mossoul jusqu'à Bassora et commencé ce système de pillage continu qui ruine tout le commerce du pays. On a envoyé des troupes contre lui, mais les Arabes sont insaisissables, impossible d'engager une bataille rangée : les choses sont depuis longtemps dans cet état. Ouadi a proposé vingt fois de rétablir immédiatement la tranquillité; une femme, dit-il pourra se rendre, chargée d'or, de Mossoul à

1. Fresnel à de Persigny. Rapport n° 6, *loc. cit.*
2. Lettre de F. Thomas à Mme Thomas. — Bagdad 25 septembre 1852, arrivée à Paris le 12 novembre et à Nantes le 13.

Bassorah sans qu'on lui dérobe un para, Namick a refusé toute proposition d'accommodement [1]. »

Devant une telle situation politique, les travaux de la mission semblaient bien compromis, d'autant que le pacha de Bagdad était aussi jaloux de son autorité, qu'incapable de protéger les explorateurs.

Le 31 mars, la mission fut présentée à Namyk-Pacha [2], qui lui fit le plus gracieux accueil et auquel Fresnel remit le firman dont il était porteur [3]. Ce puissant gouverneur civil et militaire administrait outre le pachalik central de Bagdad, quatre pachaliks de second ordre, qui s'étendaient depuis les frontières de celui de Mossoul jusqu'au Golfe Persique. « C'est donc une espèce de royauté que cet immense gouvernement, ajoute Fresnel [4], et vous ne serez pas surpris d'apprendre que la colonie européenne de Bagdad, ...donne le titre un peu ambitieux de « Ministre des Affaires Étrangères » au personnage dont j'eus hier la visite : M. Aristarchi, chargé par le Serasquem-Mouchir, Namyk-Pacha, de ses rapports avec les consulats et, en général, de tout ce qui concerne les étrangers. »

M. Aristachi, ancien attaché à l'ambassade turque à Paris, était depuis six ans déjà à Bagdad lorsqu'il quitta ce poste en juin 1852, pour remplir à Constantinople, auprès du Ministre des Affaires Étrangères, les fonctions qu'il occupait à Bagdad [5]. Il est facile de concevoir les services qu'il pouvait rendre à la Mission dans sa nouvelle position officielle. Aussi

---

1. Dans les premiers jours de janvier 1853, la situation changera du tout au tout avec l'arrivée d'un nouveau gouverneur : Mohammed-Reschid-Pacha. Voir plus loin, chapitre XI, page 101.

2. Fresnel et Oppert appellent généralement ce gouverneur Namyk-Pacha, parfois aussi Nanuk-Pacha ou Namuq-Pacha et l'on a vu un peu plus haut (rapport consulaire n° 26) qu'il était encore appelé Maskouf-Pacha.

3. Fresnel avait reçu à Mossoul ce firman qui l'accréditait personnellement auprès du gouverneur. Les rapports de Fresnel avec ce personnage devinrent par la suite assez mauvais, surtout à partir de l'accident survenu à Thomas en septembre.

4. Fresnel à de Persigny. Rapport n°5, *loc. cit.*

5. Ce Miltiade Aristarchi, qui reçut dans la suite le titre de Bey, puis de prince de Samos, était le frère cadet du grand Logothète Nicolas Aristarchi-Bey.

Fresnel ne néglige-t-il rien pour se concilier son bon vouloir.

« ...[Il] m'a paru, dit-il [1], on ne peut mieux disposé en notre faveur. Bien avant notre arrivée, dont il était prévenu, il avait offert un logement en ville, pour les membres de votre Commission, à M. l'Agent consulaire de France, évidemment par ordre de son maître, que l'on dit d'ailleurs très fanatique, et ennemi déclaré de toute influence européenne en Orient. Toutefois, M. le Ministre, je vous prie de vouloir bien remarquer que ce même Namyk-Pacha est le gouverneur turc qui acquit une si odieuse célébrité en France lors des massacres du Mont-Liban. Il était alors pacha de Beyrouth. Il a été en France, parle notre langue comme un homme qui n'aurait vu que l'élite de la société française et nous hait d'autant... Namyk-Pacha, dit enfin Fresnel [2], peut se définir en deux mots : *impuissance et orgueil*, et l'orgueil ne permet pas d'avouer l'impuissance. »

« Nous avons donc besoin pour la pleine et entière liberté de nos mouvements, d'une nouvelle autorisation, laquelle ne peut venir que d'en haut. C'est pourquoi je m'adresse à vous, M. le Ministre, vous priant de vouloir bien faire régulariser par avance les démarches que j'ai en vue, si toutefois elles obtiennent votre approbation. »

Peu de jours après cette démarche auprès de notre ministre à Constantinople, le 27 avril, Fresnel recevait la visite de Namyk-Pacha et il profita de cette occasion pour solliciter l'autorisation de se rendre à Hillah afin de reconnaître les ruines. Le pacha refusa la permission demandée en le priant « d'attendre encore »; il ne pouvait, disait-il, accéder à cette demande sans exposer la mission à un réel danger. La garnison de Hilla était en effet assiégée, affamée et sans espoir de secours, car les misérables recrues qui arrivaient du Nord étaient incapables de tenir la campagne [3].

Fresnel songea donc sur les instances de ses collaborateurs [4],

1. Rapport n° 9. Bagdad, 8 juin 1852.
2. Fresnel. Rapport n°5, *loc. cit.*
3. Fresnel à de Persigny. Rapport n° 7. Bagdad, 30 avril 1852.
4. Lettres de F. Thomas à Mme Thomas. Bagdad, 14 avril 1852 et Babylone, 19 août 1852.

à abandonner l'Irak pour remonter en Perse. La loi du 8 août lui avait confié des fonds pour entreprendre des recherches en Irak et en Médie, mais les instructions ministérielles n'étaient relatives qu'à la région comprise entre le Tigre et l'Euphrate. Il fallait donc se pourvoir de nouvelles pièces diplomatiques pour la Perse et notre explorateur ne savait s'il devait se recommander du ministre russe ou, au contraire, accepter la protection anglaise. Rawlinson témoignait en effet à la mission la plus grande bienveillance [1]. Il poussa même la courtoisie jusqu'à offrir son intervention auprès du colonel Sheil, à Téhéran, afin d'obtenir pour la mission un firman du shah lui permettant d'explorer le site de Hamadan.

Les relations postales étaient sujettes à tant de retards, qu'en juin, Fresnel était encore sans nouvelle de ses démarches au sujet de l'exploration de la Perse. Il cite même à ce propos le cas d'une dépêche ministérielle partie de Paris le 6 février 1852 et parvenue à Bagdad le 1er juin seulement; elle avait été cependant réexpédiée de Beyrouth le 6 mars et avait mis deux mois et 24 jours à franchir le désert [2].

Durant cette longue attente, le calme se rétablit peu à peu dans le Sud et Fresnel annonça au ministre qu'un arrangement avait eu lieu avec les Arabes du voisinage. « Si ce n'est pas la paix, disait-il [3], c'est du moins une trêve de quelque durée puisque M. Aristarchi m'a fait savoir, de la part du gouverneur général, Namyk-Pacha [4], que je pouvais me rendre à Hillah, et, par conséquent, sur les ruines de Babylone. Je ne sais pas jusqu'à quel point nos jeunes collaborateurs

---

1. Fresnel à de Lavalette. Bagdad, 21 avril 1852, *loc. cit.*

2. Fresnel au ministre. Rapport n° 9. Bagdad le 8 juin 1852.

3. Fresnel au ministre de Persigny. Rapport (dépêche) n° 10. Confidentielle et réservée. Bagdad 19 juin 1852, arrivée au ministère le 20 juillet. Sous la même date, Fresnel adressait une autre lettre « confidentielle » à M. Romieu, directeur des Beaux-Arts.

4. Ce gouverneur fut remplacé au commencement de l'année 1853 par Mohammed-Reschid-Pacha dont les rapports avec les colonies européennes furent empreints de la plus grande bienveillance. Son énergie et son habileté surent rétablir quelque peu l'autorité de la Porte dans la région. Voir plus loin chap. XI, page 101.

pourront supporter le travail au soleil lorsque le thermomètre, placé à l'ombre, accuse de 35° à 40° centigrades; mais
enfin nous allons essayer nos forces, et c'est presque un plaisir après tant de repos. »

Selon Oppert[1], le départ de la mission aurait été précipité
par une nouvelle, controuvée d'ailleurs, dont Fresnel n'a pas
cru devoir informer le ministre. Il venait, en effet, de se ré-
pandre à Bagdad le bruit qu'une *statue d'or* avait été découverte à Babylone; en confidence extrême, un secrétaire du
consulat en avait informé Fresnel. Celui-ci avait été demander
aussitôt une escorte au pacha pour aller sur le lieu de la découverte et acheter la pièce, si cela était possible encore. Le
pacha ne put fournir l'escorte demandée, mais il invita la
mission à profiter du départ de deux régiments qui se rendaient à Hillah.

Thomas raconte l'aventure d'une façon fort amusante :
. « Depuis longtemps, écrivait-il à sa mère[2], nous faisions
émeute, à tour de rôle, Oppert et moi, pour aller sur le lieu
du travail, impossible de faire remuer l'autorité; c'était des
préparatifs à n'en plus finir, les mois s'écoulaient... Un soir..,
le chancelier du consulat, M. Achille, un homme du pays,
arrive à la maison tout essoufflé et la figure rayonnante; il
tenait à la main une lettre qu'on venait de lui confier et qu'il
s'empressait de communiquer au chef illustre de la commission française. &. &. Or voici la traduction exacte du texte de
la lettre qui était écrite en arabe : Ma chère sœur, j'ai appris
qu'il y a Bagdad une commission française chargée de recueillir les antiquités babyloniennes : qu'ils se hâtent d'ac-
courir ces Messieurs! On vient de découvrir une statue en or
de quinze coudées de haut, probablement celle de Nabuchodonosor; on manque de moyens pour la remuer : quant aux
cylindres et autres bijoux, il y a en a tant que, dans les rues,
les enfants s'en servent pour jouer aux osselets, &. &. » Et
Thomas de continuer : Malgré l'heure tardive et le Ramadan

1. J. Oppert, *Expédition scientifique*, tome I, livre I, chapitre XIII, p. 130.
2. Lettre de F. Thomas à Mme Thomas. Babylone, 15 août 1852.

je « me fis fort d'entraîner le consul; à dix heures du soir nous avions notre lettre de voyage. Et dire que l'auteur de cette charge magnifique est un... pauvre apprenti pharmacien dans un régiment turc, Guiseppe Tonietti; il est venu s'excuser gauchement à notre arrivée à Hilla de cette plaisanterie sublime!

« Le lendemain tout Bagdad savait l'histoire; c'était à qui viendrait le premier avertir de prendre garde; jusqu'au père de l'illustre farceur qui demandait pardon pour lui. »

Après tant d'empressement et tant de bruit, la mission ne pouvait guère reculer son départ : le 5 juillet, elle se mit en route.

DEUXIÈME PARTIE

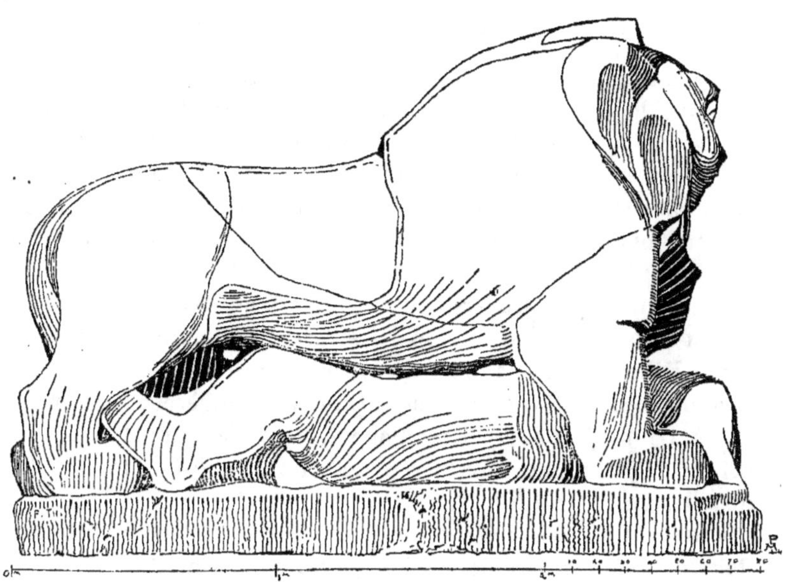

CHAPITRE VI

De Bagdad à Babylone.
Première exploration des ruines de la ville antique.
Le Lion de Babylone.

Pour gagner Babylone, l'Expédition suivit la route habituelle de Bagdad à Hillah qui passe à Azad-Khân et Bir-en-nous [1]. Le Sam ou Simoûn soufflait avec violence et le thermo-

* Fig. VII ci-dessus. — Le lion de Babylone (côté droit). D'après un dessin inédit de Félix Thomas. Août 1852. A. N.

1. *Azad-Khân*, caravansérail bâti par Arbouaï Oglou, est aussi appelé *Chour* à cause de l'eau saumâtre de son puits.

Bir-en-nous (le puits à moitié) le puits de ce caravansérail resta en effet longtemps inachevé et ce fut Hadji Ali Nedjar, marchand de Bagdad, qui le termina dans les premières années du XIXᵉ siècle. — Voir J. *Raymond* : Voyage aux ruines de Babylone par M. J. C. Rich... Paris 1818, p. 18.

mètre marquait 45° centigrades. La poussière voilait le ciel
et, dans la plaine immense, la brume donnait au moindre
objet vertical des dimensions fantastiques. Les explorateurs,
afin d'éviter la chaleur du jour, ne voyagèrent donc que la
nuit. Enveloppés dans d'épaisses couvertures, ils avaient l'air
« d'une bande de frileux voyageant l'hiver par un temps de
brouillard [1] ».

Le 6 juillet ,ils traversèrent Iskenderîyeh-Khân, se reposè-
rent à Naserîyeh-Khân et repartirent le 7 au matin pour arriver à Hillah,[2] dans la nuit du 7 au 8 juillet. Ils campèrent
tout d'abord à Barnoûn (Mudjèlibe). puis louèrent une maison à Djumdjumah, petit village situé à l'extrémité sud des
ruines de Babylone, sur la rive gauche de l'Euphrate. Ils s'y
installèrent le 21 juillet [3].

« Il ne faut pas croire, dit Fresnel [4], que l'ancien site de
Babylone soit entièrement désert, selon le point de vue strictement biblique des voyageurs anglais. La maison neuve
que nous occupons ici, à Djumdjumah, et qui est construite
avec des briques antiques [5], dépend d'un village florissant, couvert de palmiers et de jardins, et qui se trouve lui-même sur
le site de Babylone. Il en est ainsi du village de Barnoûn (« the
village of Mujêlibe » de Rich) où nous étions campés au milieu de juillet. Tout cela est verdoyant, populeux et riche;
tout cela est Babylone, un village intermédiaire Koûwayresch,

1. Lettre de F. Thomas à Mme H. Serpette, rue de l'Entrepôt à la Savonnerie à Nantes. Babylone, 26 juillet 1852. Arrivée à Paris, 20 septembre,
et à Nantes le 21. En Egypte, les Arabes appellent ce vent *khamsîn*
« cinquante » car il s'élève généralement dans les cinquante derniers jours
qui précèdent le solstice d'été.

2. J. Oppert, *Expédition scientifique*, tome I, livre I, chapitre XIII,
page 131 à 134.

3. Lettre de F. Fresnel au marquis de Lavalette à Constantinople, n° 6.
Djumdjumah (Babylone) le 27 septembre 1852.

4. Fresnel à M. de Persigny, ministre... Rapport n° 11. Djumdjumah
(Babylone), 25 août 1852.

5. Cette maison fut louée à raison de 1.200 piastres par an (282 fr. 35),
soit le double du prix fait à un Turc, et le triple de celui fait à un homme
du pays. Fresnel. Rapport n° 21. — Hillah, 21 octobre 1852.

a disparu dans les derniers troubles politiques de la Province, mais renaîtra certainement à la première trève. »

De Beauchamps qui parcourut l'Orient de 1781 à 1790, ajoute ceci : « Hella n'existait point avant Cuffa. Son nom s'écrit Hellé, qui signifie en Arabe, lieu, habitation, et suivant les Musulmans, le lieu entre les deux lieux sacrés Imam-Hassein et Imam-Ali. A une lieue de Hella, vers Makloubé, l'on voit un ancien portique qui s'appelle Djemdjémé, et qui en Arabe, veut dire le crâne de la tête. On prétend que ce fut là qu'Ali passa l'Euphrate vers Cuffa, où il fut tué par Giezid »[1].

L'Expédition commença ses fouilles dès le 15 juillet, saison torride, et de plus en *Ramadan*.

Le neuvième mois lunaire de l'année musulmane, appelé Ramadan, est, on le sait, un mois de jeûne diurne. Du lever au coucher du soleil, le croyant doit s'abstenir de tout aliment et de toute boisson, le tabac même lui est interdit, mais, dès le crépuscule, il se livre à tous les excès. Les trompettes et les tambourins des muezzins mènent tel train par les villes et les villages, que les plus tièdes sont tenus éveillés. La nuit se passe donc en fête et le reste du temps est consacré au sommeil. Lorsque le Ramadan tombe en été, où les jours sont plus longs et la chaleur accablante, les indigènes sont à tel point épuisés par ces excès qu'ils sont incapables du moindre travail. A cette période pénible, succèdent enfin trois jours complets de fête et de réjouissances.

En l'an 1268 de l'hégire (1852), le Ramadan s'ouvrit le 18 juin et prit fin le 18 juillet; il ne fallait donc pas demander aux Arabes un travail bien assidu ou pénible. Fresnel informait le ministre des premiers travaux[2] : « Nous avons dû, avec des ressources très bornées en argent et en outils, commencer nos travaux sur le point qui, au jugement de nos prédécesseurs, offrait le plus de chances favorables, et y concentrer tous nos efforts. Une première inspection, très rapide,

1. Mémoire sur les *Antiquités babyloniennes.* — *Journal des Sçavans* pour l'année 1790. Numéro de décembre, page 804.

2. Fresnel à M. de Persigny, ministre... Rapport n° 11. Djumdjumab (Babylone) 25 août 1852.

des ruines situées sur la rive gauche de l'Euphrate, ayant confirmé ce jugement, nous avons entrepris nos premières fouilles dans le tumulus ou groupe de décombres connu des savants européens sous le nom de *Ḳaṣr* (palais) et des gens du pays sous celui de *Moudjélibéh* (pour *Mouḳallabah*) qui, en arabe, signifie « La Bouleversée ». Ce groupe est marqué GH dans le plan de Rich et A dans l'esquisse (Sketch) de Rennel (voir la dernière édition des mémoires de Rich, Londres 1839).

« ...Ce groupe du Ḳaṣr est le plus riche en matériaux étrangers aux plaines du Bas-Euphrate, tel que marbre, albâtre, granit, etc. ainsi qu'en fragments de briques peintes;... enfin le tumulus du Ḳaṣr est le seul groupe de ruines babyloniennes où l'on ait découvert un morceau de statuaire monumental [1]. Je veux parler du fameux lion de granit (?) noir ou gris, sur lequel notre attention se porta tout d'abord, et que nous avons réussi à mettre debout. »

Le Lion de Babylone. — Ce lion de *basalte* (fig. VII, XV et XVI), domine encore aujourd'hui d'une vingtaine de mètres les fouilles qui ont dégagé la ville antique. C'est un bloc assez fruste, peut-être inachevé et qui paraît contemporain de la Porte d'Ischtar et de la voie triomphale des Processions (VIe siècle avant J.-C.). Nous croyons cependant qu'il est beaucoup plus ancien et qu'il peut remonter au XIIIe siècle avant notre ère. C'est en effet une sculpture hittite, dont le style est bien caractérisé et que les découvertes modernes permettent de rapprocher des bas-reliefs de Sindjirli, de Djérablous et de Boghaz-Keuy. Il fut sans doute apporté à Babylone, comme trophée, à la suite d'une expédition contre les peuples du Nord. Sa signification demeure incertaine, et c'est à Fresnel que nous devons la description la plus exacte et la plus complète de ce groupe dont l'énigme est restée entière.

1. Cependant, de Beauchamps, signalait en 1790, dans le *Journal des Sçavans*, p. 801 et 802, deux statues trouvées parmi les ruines de Babylone. La première, dont il avait vu les débris aux mains des consuls de France et d'Angleterre, représentait : « un enfant supérieurement sculpté » qu'il attribua à l'époque grecque. La seconde avait été trouvée par un maçon du pays, huit ans avant sa visite, c'était « une statue de grandeur naturelle », il la rejeta dans les décombres.

La découverte remonterait à 1776; de Beauchamps visita
en effet le site de Babylone en 1784 et il rapporte (page 802),
qu'un maçon du pays avait trouvé, huit ans avant sa visite :
« Une statue de grandeur naturelle », une *idole* que l'homme
s'empressa de rejeter dans les décombres. Trente-cinq ans plus
tard, en 1811, Rich dont on connaît les explorations, eut la
curiosité de rechercher le maçon de Beauchamps. Il le retrou-
va : c'était un vieillard qui indiqua le lieu de sa découverte.
Toute une journée fut nécessaire aux ouvriers de Rich pour
dégager un lion de granit gris commun, grossièrement sculpté, et placé sur un piédestal. « Il avait une taille colossale et
une ouverture circulaire à la gueule où l'on pouvait introduire
le poing » [1]. On est bien loin de la description de Beauchamps
et l'on s'explique alors le silence des prédécesseurs de Rich [2].

B. Fraser, qui le vit en décembre 1834, dit qu'il s'enfonce
de plus en plus dans les décombres et qu'il finira par y dis-
paraître. Il ajoute : « J'ai appris depuis que ce lion est un
éléphant dont la trompe a été brisée. » Cette erreur singuliè-
re provient, d'après J. Oppert, de ce que les Arabes appellent
tous les colosses de pierre « *el-fil* » l'éléphant, à cause de leur
masse [3]. Elle fut soutenue par le colonel Chesney qui dessina
la pièce en 1838 et en publia une mauvaise gravure où apparaît la trompe du soi-disant éléphant [4]. En août 1841, Coste
et Flandin purent voir eux aussi : « un fragment d'un lion
colossal en granit gris, grossièrement sculpté et en partie
couvert de décombres » [5].

Enfin, peu d'années avant l'arrivée de l'Expédition de Mésopotamie, Lottin de Laval vit aussi : « *un lion colossal dé-
chirant un homme, taillé dans un bloc de granit gris. Je l'ai
fait*, dit-il, *découvrir entièrement pour le dessiner, et j'ai vu
avec peine qu'il était privé de sa tête. La longueur du socle,*

1. Cité par F. Hoefer. *Babylonie*. Paris, 1852, page 211.
2. Tels que Pietro Della Valle, 1616; Nieburh, 1764; de Beauchamp,
1784; Olivier, 1794.
3 J. Oppert, *Expédition...*, tome I, livre II, chap. ii, p. 148.
4. Chesney, *Expédition to the Euphrater...*, tome II, p. 630.
5. P. X. Coste, *Notes et souvenirs de voyage*, tome I, page 388. Cayer,
Marseille, 1878.

qui est fort mince et ne dépasse pas les pattes du lion, est de deux mètres soixante-quatorze centimètres, et la hauteur d'un mètre quatre-vingt-cinq centimètres » [1].

Ainsi depuis le passage de Rich, les Arabes n'oubliaient pas cette source facile de revenus. Elle pouvait seule retenir un peu l'attention des voyageurs déçus par ces collines de poussière et de briques en morceaux, sillonnées de ravins et de précipices. A chaque explorateur on indiquait l'endroit de la statue ; pour lui, on déblayait cette merveille et la découverte ne pouvait se faire sans un fort *backchich*.

Ce lion, déclare Fresnel [2], fut... « trouvé (le 15 juillet) couché dans la poussière des décombres, sous un angle d'environ 45° et ne laissant voir que le flanc gauche. Prenant pour point de départ de nos conjonctures ce que nous avions vu (en mars) des palais de cette Ninive... nous supposâmes que le Lion colosse avait pu remplir à Babylone une fonction analogue à celle des taureaux humains (Sphynx ou *Chérubins*) de Ninive, c'est-à-dire, s'appuyer au chambranle d'une porte, dont il avait été un des gardiens. Cette idée préconçue impliquait nécessairement celle d'un second lion, faisant le pendant du premier. Les raisons qui nous ont fait abandonner cette conception ou qui, du moins, en ont singulièrement affaibli la portée, vont ressortir d'une description *complète* du colosse... S'il faut faire une réserve en faveur du Colonel Keppel qui visita ces lieux en 1824, n'est-il pas surprenant que les voyageurs qui l'ont suivi aient vu ou cru voir, dans le monument en question, tout autre chose que ce qu'il y avait vu lui-même?... Il ne s'est donc pas suffisamment expliqué, ou bien ses successeurs (et Fraser en convient pour ce qui le concerne) n'auront pu voir le monument que d'une manière très imparfaite.

« Depuis le 5 août, ce monument *unique* est debout, et parfaitement isolé, non sur un piédestal, mais sur sa plinthe,

1. Lottin de Laval : Empire ottoman. Exploration du sol de Babylone. *Revue de l'Orient*, 1847, page 466, et *Un an sur les chemins*, 2 vol. Paris, 1847.

2. Fresnel, suite du rapport n° 11, *loc. cit.*

laquelle repose elle-même sur un sol de décombres. Par suite
des glissades successives que le colosse a subies dans nos efforts
pour le dresser, il se trouve aujourd'hui à 5 mètres environ
au nord du gisement qu'il occupait le 15 juillet et à une profondeur de 3 m. 40 au-dessous de son dernier niveau.

« Le lieu où Rich le vit, en 1811, est déterminé par sa distance à deux points fixes, à savoir : 100 yards du « Ḳaṣr »
proprement dit... et 100 yards de l'Athlêh (tamarix orientalis),
arbre séculaire, qui domine toutes les ruines : — Mais je n'ai
pas encore pu savoir combien de translations le Lion a subies
depuis 1811, et nous n'avons pas encore mesuré la distance
où il se trouve aujourd'hui du point déterminé par Rich.

« Dans l'état actuel des choses sa tête regarde l'Est 15°
Nord (de l'aiguille aimantée de ma boussole), direction presque identique à celle qu'il avait en dernier lieu. On peut donc
dire qu'il a été mû parallèlement à lui-même. Une seule bar-
re de fer, cinq leviers de bois dont trois ont cassé, une corde
qui a eu le même sort, tout cela manœuvré par trente hommes,
nous a suffi à grand'peine... pour mettre sur pied un colosse de granit de 3 mètres de longueur (a) sur deux mètres de
plus grande hauteur (prise de la tête du Lion jusqu'à la surface intérieure de la plinthe) et un mètre de largeur maxi-
ma (b) prise d'une épaule à l'autre...

« A la première inspection du colosse couché et à demi-en-
terré dans les décombres du Ḳaṣr, le seul flanc gauche étant
en évidence, M. Thomas reconnut que le Lion de Babylone
foulait aux pieds un *homme* jeté à la renverse... La priorité
de cette observation appartient au colonel Keppel qui prit pour
du marbre noir (!) (Schwartzem Marmor) un granit ou soi-
disant granit, qui certes n'est pas susceptible d'un beau poli
et qui ressemble plutôt à du mâchefer qu'à du granit véritable [1]. Quant à son interprétation du sens que le groupe devait
représenter, et que voici : « *Daniel dans la fosse aux lions* »,
c'est une conception biblique, dont le colonel anglais doit

---

a) 2 m. 79 sans la plinthe, (selon M. Thomas).
b) Ou 94 centimètres sans la plinthe (selon M. Thomas).
1. Cette pierre noire et poreuse n'est autre chose que du *basalte*.

conserver tout l'honneur et en même temps toute la responsabilité [1].

« Le travail de ce morceau accuse, selon M. Thomas, une œuvre inachevée... Sans aucun doute les proportions du Lion sont belles, grandioses même, à ce point que M. Thomas y voit un travail grec de l'époque d'Alexandre, mais l'homme que le lion a terrassé n'est que très grossièrement ébauché...

« Son bras droit, dont l'avant-bras est étendu en dehors dans toute sa longueur, et dont la main s'appuie sur le côté gauche du Lion, n'offre assurément matière à aucun doute. Mais le *bras gauche*, dont on ne voit nulle trace sur le flanc droit du Lion, était plus difficile à reconnaître dans une ébauche aussi grossière, d'autant plus que le dos de la main gauche est fracturé. Le fait est qu'il se dresse en avant et entre les deux pattes du Lion... et que sa main est dirigée vers la mâchoire inférieure de la bête. C'est ici le lieu de dire que la gueule du Lion et presque tout le bas de la face ont été cassés à une époque assez *récente*... On peut en dire autant de l'oreille gauche du Lion et d'une portion du sommet du crâne, vers la droite... Enfin, une fissure (dont je ne prétends point fixer la date) part du côté droit inférieur de la face, coupe l'épaule droite en descendant et remonte vers la croupe où elle s'arrête du côté gauche.

« Selon le rapport de Rich, qui, en 1811, vit la tête du Lion *dans son intégrité*, la gueule offrait une ouverture circulaire où l'on pouvait loger le poing; mais il ne dit pas un mot de l'homme terrassé; il est certain *qu'il ne le vit pas* [2]... En somme l'attitude de la victime est très naturelle et le groupe parfaitement conçu et composé. Le vaincu étend instinctivement ses bras, l'un à droite et l'autre en l'air; mais le vainqueur est si sûr de sa victoire qu'il n'a pas l'air d'y penser.

1. Voir J. Keppel, *Personal Narative of Travels in Babylon*, etc. London, 1827-28, tome I, p. 213. Le voyage de Keppel date de 1824.

2. J. Cl. Rich, *Narrative...* et *Voyage de M. Rich aux Ruines de Babylone:* traduit et enrichi d'observations par M. Raymond, ancien consul de Bassora. Paris, 1818, p. 180 et suivantes. Les voyages de Rich datent de 1811, 1812 et 1821.

« La jambe gauche de l'homme est en évidence dans toute sa longueur, y compris le pied, et ployée entre les jambes droites du lion. Quant à la jambe droite de l'homme, elle est étendue avec une légère flexion du jarret sous le ventre du lion, dont la cuisse gauche cache le pied droit de l'homme. Ainsi, le groupe n'est point symétrique, mais son état d'achèvement ou d'inachèvement est le *même* des deux côtés, ce qui permet de croire qu'il fut destiné à l'isolement, et ne devait pas s'appuyer contre un mur [1]...

« La tête de l'homme est complètement et symétriquement renversée entre les deux pattes du lion... Un crâne extrêmement aplati, une chevelure ronde, peu saillante, un *faciès* informe, avec une énorme protubérance à la place du nez, des yeux à peine indiqués, un ensemble enfin qui réveille l'idée d'un nègre et nullement celle du Prophète Daniel, voilà l'Homme! Cet homme est vêtu, depuis les reins jusqu'à mi-cuisses, d'une tunique ou plutôt d'un caleçon...

« Les deux pattes antérieures du lion sont alignées perpendiculairement à l'axe de la plinthe (qui devait avoir une forme elliptique très allongée) mais la patte gauche postérieure est posée en avant de la droite... La queue du lion accompagne jusqu'à terre sa jambe droite postérieure et se termine par une courbe gracieuse... La crinière est indiquée par une saillie en forme d'écharpe dont les deux bouts vont se terminer et s'arrondir près des hanches. Tout cela est grandiose, monumental et parfaitement adapté à l'ornementation d'une place publique ou de la cour d'un Palais.

« Observons enfin, pour ne rien omettre des détails de ce morceau remarquable, qu'il est percé à jour (de droite à gauche) en quatre points dont deux sous la poitrine du lion, un troisième sous ses flancs et le quatrième sous les jarrets de l'homme terrassé, et remarquons avec Ritter (Géogr. l. l. p. 915) que selon le rapport des officiers français qui se trou-

---

1. Cette hypothèse de Fresnel a été pleinement justifié par les fouilles modernes qui ont laissé le lion sur une véritable plate-forme presque au niveau ancien des décombres. Il domine ainsi de plus de vingt mètres le niveau des rues de la ville.

vaient au service du Prince de Kermanschah à l'époque du voyage de Keppel, le même sujet ou le même groupe (un homme terrassé par un lion) se voit encore à Suze dans deux morceaux de marbre blanc. Il serait intéressant de savoir si les deux lions de Suze sont conjugués ou isolés....? »

Si un pareil groupe a jamais existé à Suse, sa ruine aura été, sans aucun doute, consommée par les indigènes, soit qu'il fut employé à une sépulture, soit qu'il ait fini meule ou gond de porte. En effet, ni Loftus, ni MM. Dieulafoy et de Morgan, n'ont jamais rien trouvé de semblable dans leurs fouilles. Les lions exhumés par la mission de Morgan sont en pierre, en terre cuite ou en bronze et aucun d'eux ne terrasse un homme sous lui [1].

Fresnel attribua le lion de Babylone à l'époque achéménide et il proposa au ministère son enlèvement. Le colosse aurait été tout d'abord halé jusqu'à l'Euphrate, dont il était éloigné de 320 mètres environ, puis, au moment de l'inondation, il aurait descendu le fleuve jusqu'à Bassorah. Il aurait attendu là les envois de V. Place et aurait été embarqué sur le même navire [2].

Le prix du transport jusqu'à Bassorah était évalué, par Fresnel [3], à 5 ou 6.000 francs. Mais, ainsi que le colonel Chesney, en 1838, il dut reculer devant la difficulté du transport d'une telle masse. Aussi, voyons-nous, encore aujourd'hui, le Lion de Babylone dominer les fouilles qui ont mis à jour les ruines de l'antique cité [4].

---

1. M. J. de Morgan a bien découvert, à Suse, deux lions de pierre blanche compacte, longs de 1 m. 00 et hauts de 0,48, mais ils ne peuvent être comparés, en aucune façon, au groupe de Babylone et la profondeur de 4 m. 60 à laquelle ils furent trouvés ne peut laisser de doute sur le fait qu'ils ne sont pas ceux vus par les officiers français dont parle Fresnel. Pour ces pièces voir : *Mémoires de la Délégation en Perse*, tome VIII, p. 160-162, pl. VIII et *Les antiquités de la Susiane* — MM. Pézard et Pottier, Paris, 1913, p. 72 nos 87, 87 *bis* et 88.

2. Fresnel au ministre. Rapport no 11, *loc. cit.*

3. Fresnel au ministre. Rapport no 17. Hillah, Babylone, 15 avril 1853.

4. J. Oppert dans son *Expédition...* ne consacre que quelques lignes à cette curieuse sculpture. T. I, l. II, ch. II, p. 148.

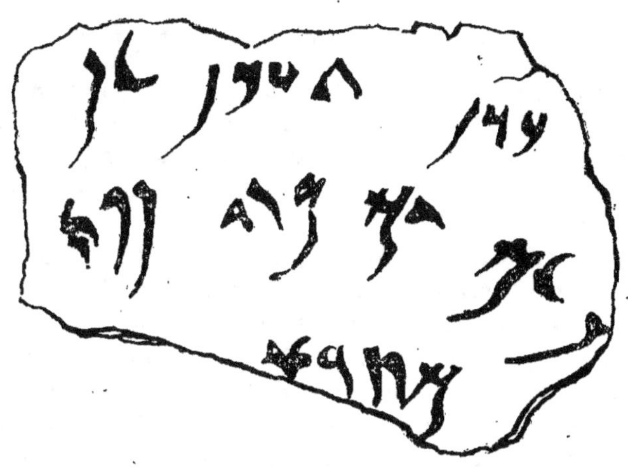

CHAPITRE VII

Découverte des inscriptions araméennes
et des briques émaillées de l'enceinte.

————

Fresnel découvrit dans ses premières recherches [1] quelques
fragments de poteries communes recouverts de caractères cur-
sifs tracés avec une sorte d'encre noire. « Ces spécimens d'une
écriture cursive babylonienne, n'ayant aucun rapport avec l'é-
criture lapidaire et monumentale, dite « cunéiforme », ont
fixé, je crois, dit Fresnel, l'attention des savants au moins depuis quelques années, et nous furent recommandés par M.
Longperrier [sic], le jour même de notre départ, d'une manière
toute spéciale. C'est vers l'angle N.-E. du tumulus [non loin

* Fig. VIII ci-dessus. — Ostrakon araméen, d'après un dessin inédit de
Félix Thomas. A. N.

1. J. Mohl, reçut de Fresnel plusieurs lettres au sujet de ses découvertes;
elles dataient de décembre 1852 à février 1853 et furent publiées en partie
dans le *Journal asiatique* : 5e série, 1853, tome I, pages 485 à 548 et tome II,
pages 5 à 78. Malgré les nombreuses coupures que fit J. Mohl, Fresnel
y apparaît prolixe et confus.

du lion de granit], que cette découverte a été faite tout récemment. — Jusqu'à ce jour aucun document complet ne nous a été présenté; nous ne possédons que des fragments d'inscriptions sur poteries communes au nombre de cinquante pièces environ[1]. »

« Cette collection, poursuit Fresnel[2], paraît d'ailleurs offrir *deux* styles d'écriture différents. Je n'ose affirmer que j'en aie rencontré un troisième sur un fragment de pot verni en dedans, et dont l'inscription fut évidemment tracée avant la cuisson de la terre de manière à former un cercle au fond du limbe. Les lettres et les ornements s'y détachent en rouge brique mat sur une couverte d'un blanc verdâtre. Malheureusement, l'arc de mon fragment n'est qu'un sixième (60°) de la circonférence entière et ne renferme que dix ou douze lettres d'une écriture fort élégante... J'ai trouvé ce fragment sur le petit tumulus de Soŭfär en revenant d'Ohâymïr, à environ deux lieues d'ici, — par conséquent dans la circonscription de Babylone ».

Ces débris dont nous donnons les fac-similés, d'après les dessins originaux de Thomas, sont des inscriptions araméennes semblables en tous points aux *ostraca* découverts par M. Clermont-Ganneau en Haute-Égypte[3].

« Les briques peintes, rapporte Fresnel[4], se rencontrent en très grande quantité à la surface des décombres, dans la partie orientale du Ḳaṣr et ont été observées, avant nous, par la plupart des voyageurs qui, comme nous, ont admiré la vivacité de leurs couleurs, et l'éclat de leur « couverte » ou émail. Il est remarquable, que dans la série de nuances qu'elles nous offrent, celles du rouge fassent complètement défaut. On dirait que la céramique babylonienne n'avait pas pu trouver le secret du rouge, ou l'excluait de ses peintures pour une raison qui nous est inconnue : car un ancien contremaître de

1. Fresnel au ministre, Rapport n° 11.
2. Suite du rapport n° 14.
3. M. Clermont - Ganneau auquel nous avons soumis les documents en a entrepris l'étude qu'il publiera bientôt.
4. Suite du rapport n° 11.

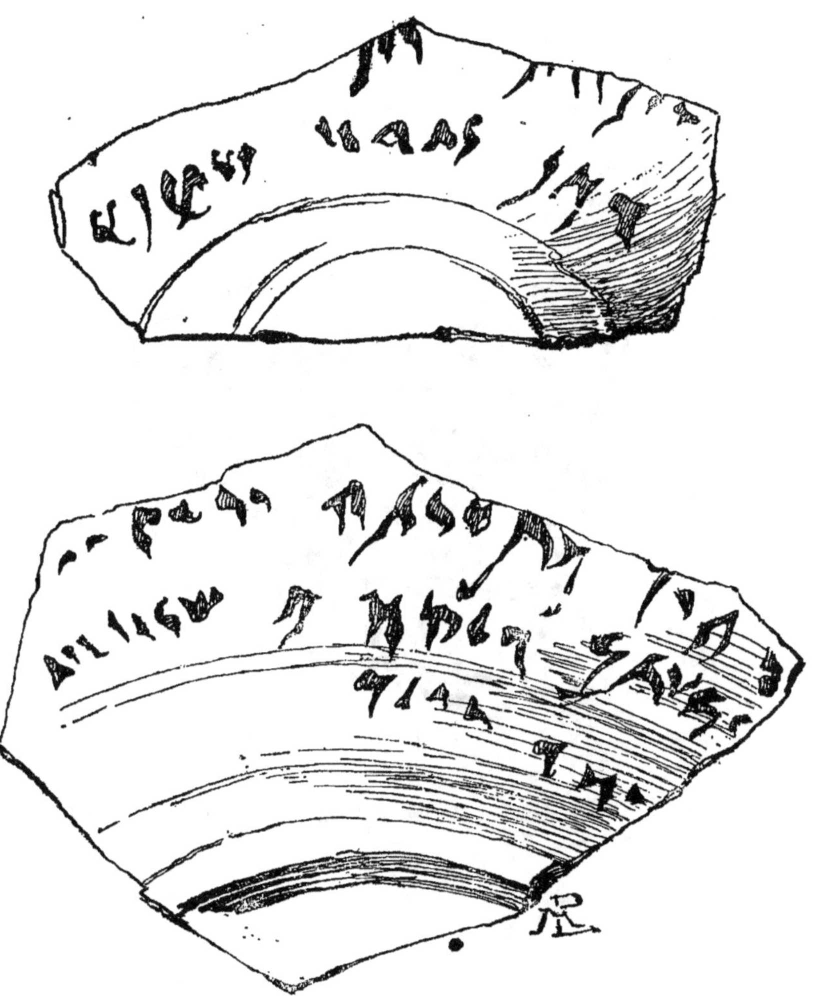

Fig. IX. — Ostraka araméens, d'après les dessins inédits de Félix Thomas. (A. N.)

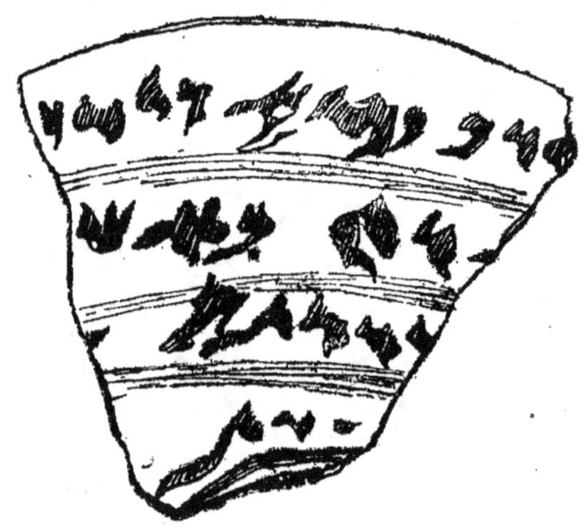

Fig. X. — Ostrakon araméen, d'après un dessin inédit de Félix Thomas. (A. N.)

Ṣaḵḵarah (carriers ou extracteurs de briques), de Hillah, m'a assuré que le rouge, couleur favorite des modernes orientaux, « ne se rencontre jamais sur les briques peintes ».

« Beauchamp [1], cité par le dernier éditeur de Rich, (Londres 1839), rapporte qu'un maître maçon lui disait avoir trouvé, sur le mur d'une chambre de ce même groupe du Ḵaṣr les figures d'une vache, du Soleil et de la Lune, composées de briques vernies. Et il cite à cette occasion, le passage de Diodore (Livre 2, chapitre 1ᵉʳ), qui coïncide avec le témoignage de nos yeux d'une manière irrécusable après tant de siècles!..

« En effet, la griffe de panthère, le sabot de cheval, l'œil humain (colossal) à iris bleu, l'œil du lion à iris jaune, ne conviennent-ils pas merveilleusement aux sujets de chasses royales qui, selon Ctésias et Diodore, son copiste, ornaient les murs intérieurs (murs d'enceinte) du grand palais. Fig. 8 et 9.

« M. Thomas ne donne pas comme certaines les déterminations proposées dans ce rapport pour les deux pieds d'animaux dont les peintures se trouvent ci-jointes. Ce que nous avons appelé « sabot de cheval » pourrait avoir été, dans l'intention de l'artiste babylonien, un pied d'antilope ou d'une gazelle, de proportions colossales. Remarquons que l'œil humain à iris bleu est colossal. Et, en effet, les peintures sur briques du mur d'enceinte intérieure du palais, et particulièrement celles des tours de la citadelle, ne pouvaient être vues d'en bas qu'à cette condition, (selon la description de Diodore) : car il ne s'agit pas ici des décorations intérieures d'un appartement. De même, « la griffe de panthère » pourrait bien n'être qu'une patte de chien. Quand à l'œil de lion, il paraît suffisamment accusé et par l'iris fauve et par la proportion ».

« J'ai l'honneur de vous transmettre, ci-joint, quelques spécimens de ces briques peintes, dessinés et peints par M. Thomas (fig. xvii et xviii).

---

1. De Beauchamp, *Journal des Sçavans*, année 1790, p. 802. Publié à nouveau par le P. V. Scheil, *Revue d'Assyriologie*, tome X, n° IV, p. 190, Paris, 1913.

« C'est encore lui qui a reconnu, au premier coup d'œil, et le sabot de cheval, et la griffe de panthère, et, ce qui est plus remarquable encore : le fragment d'inscriptions cunéiformes, blanc sur bleu (fig. xviii,4); qui devait faire partie intégrante des tableaux, selon l'usage assyrien... Il faut convenir toutefois que les fragments de briques offrant des parties de membres humains ou d'animaux sont, relativement, rares. La plupart ne présentent que des fonds sans reliefs, de différentes couleurs, où l'azur, le jaune et le blanc dominent. Mais il y en a beaucoup qui représentent des ornements répétés partout, comme fond réticulaire ou fond de losanges, de diverses couleurs et de diverses proportions, tels que ceux qu'on remarque, sans pouvoir les expliquer, dans les bas-reliefs de Koyoundjik (voir les aquarelles précédemment expédiées de Bagdad), comme palmettes, blanc sur bleu, répétées à l'infini » [1].

D'après les découvertes modernes, on peut constater que ces fragments émaillés proviennent de la grande porte d'Ischtar et de la voie triomphale des Processions.

La griffe de panthère est certainement un fragment des pattes de devant des griffons qui décorent les tours de la porte d'Ischtar, les pattes de derrière sont au contraire terminées par des serres d'aigle. D'après l'aquarelle de Thomas (fig. xvii, 1), c'est la griffe de la patte antérieure qui est posée en arrière; on ne peut la confondre avec l'une des griffes des lions grâce à l'ergot, presque vertical et à la naissance de la patte elle-même, plus fine et droite.

Le sabot de cheval est l'un des débris des taureaux de cette même porte; quant à *l'œil de lion*, il provient des bas-reliefs émaillés de la grande voie des Processions qui aboutit à la porte d'Ischtar.

Disons à ce sujet que le couronnement des tours de cette porte et des murs voisins est seul composé de briques émaillées, tandis que le reste des murailles est en briques cuites sans émaux. C'est ce qui explique que Fresnel ainsi que ses

---

1. Ces palmettes proviennent des revêtements émaillés de la salle du Trône.

devanciers, n'aient jamais trouvé que des fragments de briques émaillées, tandis que les fouilles modernes n'ont pu en reconstituer un seul sujet en entier.

Les animaux qui décorent la porte d'Ischtar sont de deux sortes : griffons et taureaux sont disposés en longues files de même espèce alternant en hauteur. Ainsi s'étagent de longues théories de griffons ou de taureaux passants et plusieurs centaines de ces sujets, non émaillés, ont été retrouvés à leur place primitive.

Les griffons et les taureaux ont à peu près 2 mètres de longueur et occupent 13 rangs de briques. La porte d'Ischtar comprend trois rangs de chacun de ces animaux, soit six rangs en tout, non émaillés, plus le couronnement émaillé où, après plusieurs bandeaux de couleurs diverses et de marguerites, se retrouvent des fragments des mêmes animaux recouverts d'émail.

Les lions, qui auraient été au nombre de 120, disposés par moitié de chaque côté de la voie triomphale, ont chacun 2 mètres de long et occupent 11 briques en hauteur (ceux de Suse 8 briques, celui de Khorsabad 9); tous sont émaillés et leur facture ressemble fort à celle des lions de Suse. Comme ceux de Babylone, ceux de Suse ont la tête ronde, la langue arquée ou *lampassée*, le mufle saillant, mais ceux de Babylone sont plus hauts sur pattes; ils ont la queue fouettante et la démarche plus vive.

En comparant les animaux de Suse et de Babylone (v\ :sup:`e` et vi\ :sup:`e` siècles avant J.-C.) avec le spécimen de Khorsabad (viii\ :sup:`e` siècle avant J.-C.) on est frappé de la décadence artistique déjà produite. Le mufle puissant terminé en pointe, la mâchoire cruelle, toute la masse enfin du redoutable carnassier de Sargon, s'est arrondie en quelques siècles. La chair est molle et comme abâtardie déjà.

A l'occasion de ces fragments, Fresnel cite le passage de Diodore (Livre II) relatif à la scène de chasse représentée sur les tours de la troisième enceinte du Grand Palais : « ... Sur les tours on avait figuré une variété infinie d'animaux sauvages, parfaitement imités par le relief et les couleurs. On y voyait particulièrement une chasse d'un grand nombre d'animaux divers, qui avaient plus de quatre coudées de haut » deux mètres environ; il y a là exagération, car les plus grands de ces animaux, les taureaux, n'ont que 1 m. 50 de haut (M. P.) « Au milieu de cette chasse, Sémiramis était représentée à cheval, lançant un javelot sur une panthère, et ayant à ses côtés son époux Ninus, qui frappait un lion avec sa lance... »

« Il est digne de remarque, continue Fresnel [1], que les fragments de figures d'animaux sur briques peintes se trouvent à *l'Orient* et non pas à l'Occident du fleuve. C'est une difficulté qui ne peut être levée que par une discussion très rigoureuse du texte de Diodore, où, selon l'observation de M. Oppert, « orient » aura peut-être été mis pour « occident » et vice-versa, par des copistes de l'auteur grec. Au reste, cette grande difficulté, qui a déjà donné lieu à tant d'hypothèses sur le changement du cours de l'Euphrate, disparaît complètement, ainsi que nos prédécesseurs l'ont déjà observé, si l'on veut bien s'en tenir au témoignage d'un historien qui vit les lieux lorsque Babylone existait encore, c'est-à-dire à celui d'Hérodote; car Hérodote ne parle que d'un seul palais dont il reste aujourd'hui des traces incontestables [et qui] ne peut être que celui qu'Hérodote a vu...? Il y a mieux; selon le témoignage de Diodore même, le grand palais, celui dont il raconte tant de merveilles, fut le dernier bâti par un roi d'Assyrie pour plaire à sa maîtresse (Livre 2, ch. x). Or il est bien vraisemblable que celui que nous avons sous les yeux n'est pas *l'ancien*, mais le *dernier*. M. Oppert observe à ce sujet que le roi auquel Diodore attribue la construction du Grand Palais est effectivement le fameux Nabuchodonosor avec qui s'éteignit la splendeur de la dernière dynastie assyrienne, puisqu'il lit (avec le Colonel Rawlinson) le nom de « Nabou-Koudrasor » sur toutes les briques qui ont été employées dans la construction du Ḳaṣr [2] ».

Ces briques « sont en général, d'une remarquable dureté,

---

1. Suite du rapport n° 11. *Post-scriptum.*
2. Fresnel au ministre. Rapport n° 11, *loc. cit.*

c'est-à-dire, bien cuites, et d'une couleur claire, jaune-paille, ou rose, ou gris verdâtre... la surface timbrée est toujours en-dessous » [1].

« Tout cela a été observé à la surface du sol. Peut-être en fouillant, trouvera-t-on quelques pans de mur avec son revêtement de briques peintes formant tableau, ou portion d'un de ces tableaux de faïence de mosaïque, décrit par Ctésias [2]...

« Jusqu'à présent, nous n'avons pu trouver une seule brique vernie dans son intégrité primitive. Nous n'avons que des fragments de briques peintes, et nous ne sommes pas plus heureux en céramique qu'en fait d'inscriptions cursives sur poteries communes. Les ruines que nous avons mission d'explorer et d'exploiter ne sont pas des ruines vierges comme celles de Ninive : ce sont de véritables carrières, d'où l'on extrait depuis des siècles et par un travail presque incessant, les matériaux employés dans les constructions de villes qui ont succédé à Babylone.

« On ne s'est pas borné à l'extraction des briques du tumulus de « Ḳaṣr ». Les pierres énormes qui ont été vues par Beauchamp et Rich, et qui recouvraient un passage souterrain de ce tumulus, ont servi, par ordre d'un Préfet de Hillah, à faire de la chaux pour les constructions modernes, selon le témoignage d'un des plus anciens *Ṣaḳḳarah* du pays. Nous possédons une dalle de la même matière. C'est un carré de 54 centimètres de côté, poli sur une de ses grandes faces, et portant une inscription latérale cunéiforme, dont j'aurai l'honneur de vous adresser un estampage. Cette dalle a été trouvée dans le déblai que nous avons dû exécuter autour du colosse.

« Quant aux petits objets d'art dont l'acquisition nous fut recommandée de la manière la plus pressante par le Conserva-

1. Fresnel au ministre. Rapport n° 14 — Djumdjumah (Babylone) 31 octobre 1852. —Remarquons qu'il doit y avoir inversion dans les n°[s] des rapports 13 et 14, où on lit n° 13, 13 novembre 1852; — n° 14, 31 octobre 1852. — Le n° 14 porte en titre : Deuxième rapport sur les travaux entrepris à Babylone par le Chef de la mission de Mésopotamie dans l'été de 1852.

2. Cette hypothèse a été pleinement justifiée ainsi que nous l'avons vu plus haut p. 66 et 67, par les fouilles qui ont été poursuivies depuis quelque dix ans sur le site de Babylone.

teur du Musée des Antiques, il est de toute évidence que nous ne saurions lutter par la voie des achats, ou du commerce, contre la concurrence que les Anglais nous opposent sur ce terrain; car ils ont à Bagdad une nombreuse et riche colonie. Nous sommes donc presque entièrement réduits à ce qui pourra sortir de nos fouilles... On m'a assuré que nous trouverons à Niffar une riche récolte, mais, en ce qui concerne les fouilles de Babylone, à moins qu'elles ne soient entreprises sur une très grande échelle, je ne pense pas qu'elles puissent être productives...

« Les ruines de Babylone étant de véritables carrières, dont la poussière est remuée mille et mille fois, il n'y a pas autant de chances d'y trouver des statuettes, cylindres, bijoux, etc. que dans les localités vierges, à moins de descendre à une très grande profondeur...

« J'ai déjà eu tout le temps de me convaincre qu'avec des ouvriers babyloniens tels que les nôtres, aussi indolents et faux que les Nestoriens de Mossoul sont. laborieux, soumis et consciencieux, il n'y a pas de travail sérieux possible, à moins d'infliger, au besoin les punitions corporelles... Je n'hésite donc pas à écrire au Gouverneur Général de la Province de Bagdad, avec lequel j'ai toujours les relations les plus amicales, pour le prier de m'envoyer un Inspecteur de son choix. C'est encore une nouvelle dépense, mais une dépense inévitable si l'on veut un résultat notable ».

CHAPITRE VIII

Découvertes de tombes parthes et de divers petits objets.

Ier Groupe. — *Dans le lit de l'Euphrate, près de la rive gauche.*
— Le 7 septembre, Thomas découvrit une vingtaine de sar-
cophages en terre cuite, en forme de sabot, dans un banc de
sable laissé à sec près de la rive gauche de l'Euphrate qui était
très bas à cette époque. Chacun d'eux renfermait quelques ossements et un vase de travail grossier ou un gâteau en terre
cuite à trois pointes; durant la nuit qui suivit, les Arabes bri-
sèrent ces tombeaux croyant y trouver quelques trésors ca-
chés [1]. Rich avait déjà trouvé des tombes semblables au même endroit et dans les mêmes conditions, mais Fresnel remarque que ce ne sont pas là des urnes cinéraires, comme le
croyait Rich, puisque, ni les ossements, ni les sarcophages ne
portaient les traces de l'action du feu.

Tel n'est pas l'avis d'Oppert qui dit au contraire (*Expédition...* t. I. liv. II. chap. V), que ces sarcophages contenaient
des urnes cinéraires, des ossements en partie carbonisés et
des débris de poteries grossières de toutes sortes. Les pots renfermaient des cendres et il attribue ces tombeaux aux Arsacides.

« Ils offraient, ajoute Fresnel [2], pour tout ornement exté-
rieur, une espèce de corniche avec moulures, outre une tor-
sade... dans la partie médiane, mais d'une exécution grossière. C'est surtout par l'étrangeté de leurs formes et l'exi-
guité de leurs dimensions qu'ils ont dû fixer l'attention de
mes collaborateurs ». En l'absence de Thomas, qui venait
d'être atteint d'un terrible accès de fièvre, « M. Oppert a pris

1. Lettre de F. Thomas à Mme Thomas. Bagdad, 25 septembre 1852.
2. Fresnel au ministre. Rapport n° 14, *loc. cit.*

les mesures de trois d'entre eux; hauteur du plus grand sarcophage, o^m5o; largeur maximum, o^m5o; largeur minima, o^m36; longueur, o^m4o. Un autre sarcophage offrait des proportions différentes : sa hauteur était de o^m3o; sa largeur variait de o^m55 à o^m48, mais sa longueur ne dépassait point 1^m15. Le troisième tenait le milieu entre ces deux extrêmes...

« Pour concevoir que l'on puisse loger un cadavre humain dans un espace aussi étroit, il faut le supposer ramassé et replié sur lui-même, en sorte que les genoux touchent au menton, les bras étant croisés entre la poitrine et les cuisses ». C'est l'attitude dite « fœtale », que l'on rencontre presque toujours dans les sépultures primitives. Quoique ces sarcophages soient dépourvus de toute inscription et ne renferment aucune pièce pouvant fixer leur âge, il y a donc lieu de croire qu'ils remontent à la plus haute antiquité.

IIe Groupe à Tell Amrân.

Les sakkarah ou carriers de Hillah parlaient souvent de tombeaux semblables aux précédents, qui se trouvaient, disaient-ils, en grand nombre au Tell Amrân, sur la rive gauche de l'Euphrate à un quart d'heure de Djumdjumah; ils dénommaient même l'endroit El-Koboûr, *les tombeaux*. Pendant une absence de Fresnel, Oppert ouvrit une tranchée en ce point, mais n'ayant rien découvert, il abandonna le travail au bout de quatre ou cinq jours. A son retour, le directeur de la mission reprit le travail et fit la découverte « d'une vraie nichée de tombeaux, dit-il [1], où nos ouvriers trouvèrent des squelettes bardés de fer et couronnés d'or. Les squelettes étaient presque entièrement consumés, mais le fer, quoique rouillé, et l'or de nos couronnes, étaient visibles, tangibles et pondérables.

« A proprement parler, la couronne d'or des restes humains que je rapporte aux Grecs d'Alexandre ou de leurs successeurs immédiats, n'est qu'un bandeau ou *frontal* de six feuilles de laurier (ou de peuplier) dont trois à droite et trois à gau-

---

1. Suite du rapport de Fresnel au ministre, n° 14, *loc. cit.*

che, ayant leurs pointes tournées vers le milieu du front. —
...Les grandes feuilles de nos couronnes gréco-babyloniennes
ont 4 centimètres de largeur à leur base, et 5 1/2 ou 6 centimètres de longueur; et j'avoue que ces proportions ne me
paraissent pas convenir aux feuilles du « laurier d'Apollon ».
Elles conviendraient mieux à celles d'un arbre qui croît sur
les bords de l'Euphrate et dont je puis donner la feuille, ainsi
que le nom arabe (Shârâb, sorte de peuplier), mais dont
j'ignore le nom botanique.

« Peut-être les Macédoniens durent-ils l'accepter dans leurs
fêtes guerrières et autres en remplacement du laurier de la
Grèce, de l'Asie Mineure, de la Syrie, qui ne croît point ici,
et ne pourrait pas tenir contre les étés de Babylone... Dans
toutes ces demi-couronnes, le travail de l'orfèvre est remarquablement bon et les nervures des feuilles y sont bien
accusées.

« Ce qui reste des cadavres qui furent déposés dans nos
tombeaux du temps d'Alexandre ou de Séleucus Nicator étant
réduit à un état presque pulvérulent (où l'on distingue pourtant, comme dans les sarcophages parthes quelques fragments de crâne, quelques vertèbres et de très belles dents),
il est presque impossible de donner une description exacte de
la position qu'occupaient, relativement aux morts, les objets
dont ils étaient revêtus ou environnés.

« Il paraît que le bandeau était fixé aux deux tempes par
deux plaques en fer, armées de pointes, que recevaient les
deux trous percés aux extrémités élargies et arrondies en
spatule, du ruban d'or qui portait les feuilles du même métal
dont j'ai donné la description.

« Au-dessous du bandeau se trouve toujours une petite
quantité d'or en feuilles excessivement minces (comme celles
qu'emploient les doreurs), qui servait à couvrir les yeux et
tenait lieu de masque d'or... »

Fresnel découvrit dans ces sarcophages une grande quantité
de fer dont il s'étonne : « Les bandes de fer, dit-il, qui
flanquaient ou bardaient quelques-uns de nos squelettes, sup-
posés macédoniens, ont, dans leur état actuel, 7 centimètres

de largeur sur un d'épaisseur. Aujourd'hui, rongées de rouille et d'une extrême fragilité, ces bandes métalliques ne me sont parvenues qu'en un nombre infini de fragments, qui, mis l'un au bout de l'autre, ont donné, pour le tombeau le mieux fourni, une longueur totale de 4 m. 4o. C'est évidemment plus qu'il ne faut pour former un cadre de fer autour du cadavre; mais il est impossible de rendre compte des grands clous droits, qui percent, de distance en distance, la bande en question...

« Il est digne de remarque que le fer ait été trouvé aussi dans des tombeaux de femmes, mais en très petite quantité, et seulement vers les tempes.

« Quant à la construction des tombeaux, c'est bien tout ce qu'on peut imaginer de plus simple et de moins chaldéen. Deux murs parallèles, distants l'un de l'autre de o m. 70, longs de 2 m. 70, partie en briques et *fragments* de briques et mortier de plâtre (non de chaux ou de bitume), les dits murs surmontés d'un toit double en rangée dièdre, dont les deux versants, ou côtés, sont formés de briques entières, juxtaposées à plat, et maintenues, tant par le plâtre que par leurs points d'appui supérieurs et inférieurs; voilà pour le dessus et les deux côtés d'un tombeau. La brique babylonienne étant, comme on sait, une dalle carrée de 12 pouces 1/2 ou environ o^m 34 de côté sur o^m o8 d'épaisseur, on conçoit que deux rangs de briques ainsi juxtaposées suffisent pour chacun des deux versants du toit et, comme l'angle dièdre qu'ils forment est à peu près droit, d'autres briques entières, scellées au plâtre, ferment exactement les deux bouts du tombeau, la tête et les pieds. La coupe verticale du toit donne en dedans, pour chacune de ces faces, o^m 53 de largeur et en dehors o^m 68 ou le double de la largeur d'une brique...

« Tandis que j'exploitais les tombeaux de la lisière septentrionale de Amrân, un homme d'Orfah [nommé Djum'ah], découvrait sur le versant occidental des tumulus de Amrân un tombeau de femme d'une construction identique à celle que je viens de décrire... Le contenu de celui de Djum'ah nous est acquis et se compose ainsi qu'il suit : 1° Une sta-

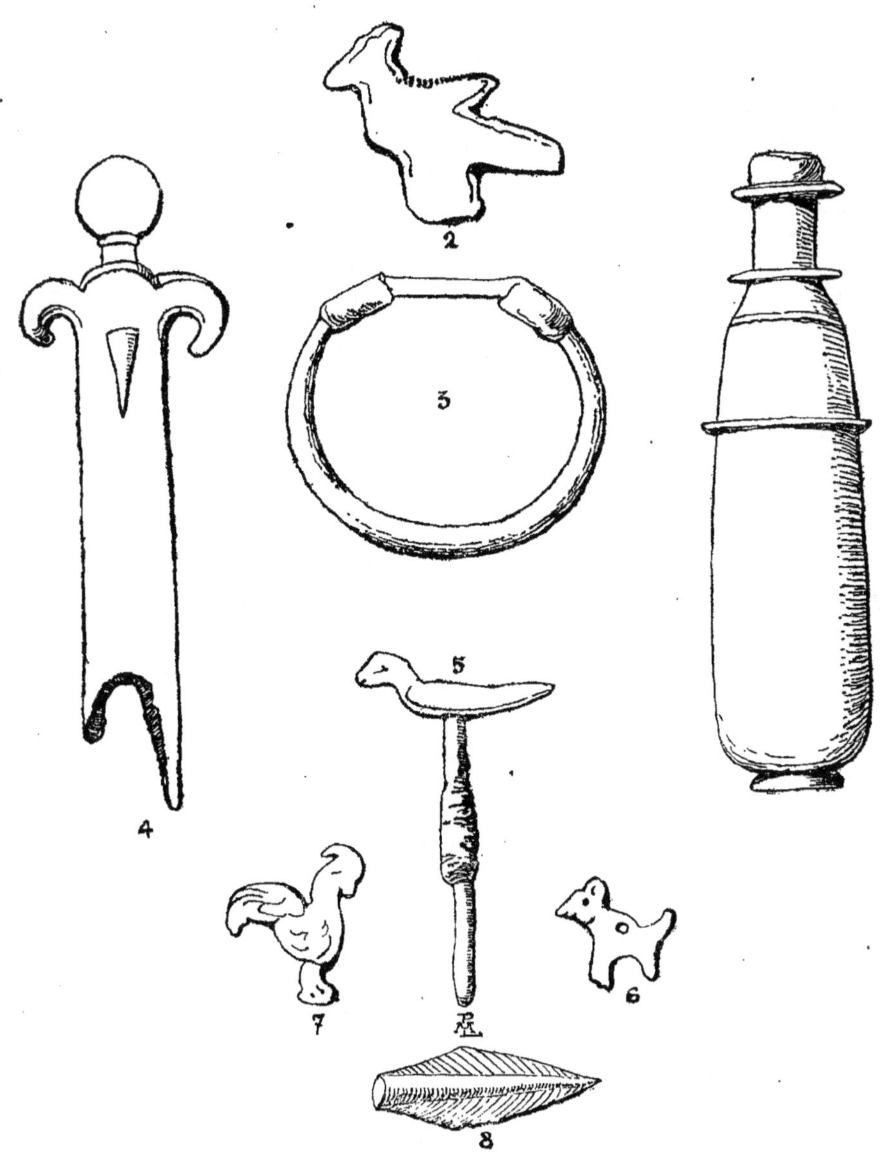

Fig. XI. — Petits objets trouvés par Fresnel dans les tombes parthes de Tell Amrân.
D'après les dessins inédits de Mes'oud-Bey. (A. N).

tuette de Vénus en marbre avec une tête d'albâtre anciennement rapportée, et en partie décomposée par suite de l'oxydation du tenon de fer implanté dans le col, statuette à laquelle il ne manque qu'une main... Cette Vénus, de 0^{m}22 ou 0^{m}23 de hauteur, est d'ailleurs toute nue.... (voir fig. xx). C'est une statuette dont le cachet grec n'est pas méconnaissable. On peut en dire autant : 2° d'une Junon en albâtre partiellement décomposée, qui se trouvait dans le même tombeau et : 3° d'une troisième figure, également en albâtre, mais d'une parfaite conservation (sauf l'absence du bras gauche). Cette dernière d'une belle roche translucide, est représentée, à demi-couchée, le torse appuyé sur le côté gauche, et se redressant avec mollesse. Elle est coiffée d'un bonnet phrygien à trois pans, dont deux tombent symétriquement sur les épaules, le troisième sur le dos... » (voir fig. xxv).

Dans ces tombeaux, Fresnel découvrit quelques statuettes et des bijoux qu'il décrit longuement, mais dont l'intérêt est minime. Des cylindres en petit nombre et de menues pièces furent achetées aux carriers du pays. Le peu de richesse des niveaux supérieurs du Kasr et d'Amrân poussa bientôt Fresnel à tenter l'exploration d'un autre site; mais il ne fut pas plus heureux à Ohaymir, d'où il ne rapporta que quelques fragments de pierre dure inscrits et des briques timbrées au nom de Nabuchodonosor. C'était peu pour des explorateurs qui désiraient surtout trouver des sculptures et des bijoux dignes de figurer au musée du Louvre. Thomas s'écrie que l'on ne trouve que des murs que l'on ne peut cependant pas transporter en Europe. Nous remuons, dit-il [1] « des tas de poussière fouillés déjà cent fois par nos prédécesseurs; nous ne trouvons que ce qu'ils y ont perdu; des fonds de bouteilles et des morceaux de verre, quand les travaux ont été faits par des Anglais; des fourneaux de pipes quand ç'a été des Turcs. »

Babylone pillée, incendiée, puis exploitée pendant des siècles par les habitants du pays, n'a pu, en effet, fournir aux

1. Lettre de F. Thomas à Mme H. Serpette. Babylone, 25 août 1852.

archéologues que de très rares objets mobiliers, mais le plan de ses énormes édifices et ses décors splendides de la porte d'Ischtar sont de précieuses découvertes que des fouilles profondes et persévérantes ont seules pu mettre au jour. Fresnel aurait-il pu atteindre à une aussi grande profondeur qu'il aurait été cependant déçu, ne rencontrant que peu d'objets capables de figurer dans un musée. « Nous ne trouvons ni statues, ni bas-reliefs ! » s'écrie Thomas [1].

D'ailleurs, ses prédécesseurs avaient été aussi malheureux que lui à Babylone; à Niffar, l'échec avait été plus grand encore, quoique Layard eût amené avec lui d'excellents ouvriers de Mossoul [2]. C'est ce que nous apprend Fresnel : « M. Layard, dit-il [3], vers la fin de 1850, travailla ici sans succès durant plus d'un mois, et déclara en s'en allant : « Qu'à moins d'une dépense de vingt-cinq mille livres sterling, il n'y avait rien à espérer des excavations que l'on entreprendrait sur le sol de Babylone, et qu'alors même que la dépense serait votée par le Parlement anglais, il solliciterait la faveur de *n'être point chargé* de l'emploi des fonds » (!!).

« Ceci est notoire à Bagdad et ressort des renseignements les plus positifs, fournis, tant par M. Durègne (qui visita pour la première fois cette localité avec M. Layard) — que par celui qui doit connaître mieux que personne les résultats de tous les travaux entrepris dans ces contrées — par le colonel Rawlinson.

« A cette question si souvent posée par M. Oppert : Qu'est-ce que M. Layard a trouvé à Babylone? — la réponse invariable du colonel a été : « Rien ! »

« De Babylone, M. Layard se rendit à Niffar, où il fut bien plus malheureux qu'ici... ayant été dépouillé par les Arabes, lui et tout son monde, sur les lieux qu'il voulait explorer.

« Il avait amené à Babylone, et emmené à Niffar, d'excellents ouvriers choisis à Mossoul, parmi les meilleurs terras-

---

1. Lettre de F. Thomas à Mme Thomas, Bagdad, 14 octobre 1852.

2. Fresnel, Rapport n° 14, *loc. cit.* et rapport n° 28 au ministre Fould, Bagdad, le 10 mai 1854.

3. Fresnel, Rapport n°14, *loc. cit.*

siers nestoriens, hommes soumis et infatigables, et bien différents de ceux auxquels je suis réduit.

« M. Layard avait tout pour lui..., au moins ici, et M. Layard n'a rien remporté d'ici. — On sait en France [1] depuis la dernière publication de M. Layard, *Discoveries in the ruins of Nineveh and Babylon*, le peu qu'il recueillit à Babylone et à Niffar.

« Il est d'usage en prononçant ce nom devenu célèbre, de ne rappeler que les succès et les brillantes découvertes de celui qui le porte; et, pour ma part, je trouve cet usage d'un très bon exemple. Quand on parle de M. Botta et de M. Layard, on ne doit penser qu'à Khorsabad, Koyoundjik et Nimroud : c'est justice. — Mais nous ne sommes pas à Ninive, à Ninive, naguère intacte; nous sommes attachés à la glèbe de cet ingrat et illustre siècle de Babylone, déchiré en tout sens par les Sakkharah depuis plus de deux mille ans. Ne puis-je donc pas aujourd'hui, en toute loyauté, invoquer une comparaison entre les trouvailles de nos devanciers et les nôtres, sur le *seul point qui nous soit commun?* »

1. Lettre de Fresnel à M. le Secrétaire perpétuel de l'Académie des inscriptions et belles-lettres, Bagdad, le 5 mai 1854 et Rapport n° 14.

CHAPITRE IX

**État sanitaire de la Mission. — Le drame de Hillah
Thomas quitte Fresnel
et exécute les relevés de Khorsabad**

La révolte arabe ne s'était apaisée que dans les derniers
jours de juin, et ce fut par les plus fortes chaleurs de l'été
que la mission commença ses travaux.

Les indigènes ayant alors terminé leurs récoltes se refusent
à tout travail et restent tranquillement couchés à l'ombre;
aussi les travaux de fouilles ne doivent-ils être entrepris
qu'après les semailles de l'automne et se terminer aux premiers jours de l'été. Durant l'hiver, en effet, les travaux
des champs sont nuls et la main-d'œuvre abondante et facile
à trouver, tandis qu'aux premières récoltes, chacun se hâte
de recueillir son bien ou de se louer chez quelque riche propriétaire, afin d'amasser le grain nécessaire à sa subsistance
pour le reste de l'année. Mais, en Mésopotamie, les campagnes
de fouilles sont encore abrégées par les inondations. Les crues
de l'Euphrate et du Tigre sont aussi brusques que variables;
cependant, c'est généralement en janvier que se produit la
première inondation causée par les pluies de l'hiver, mais elle
peut survenir dès octobre. La fonte des neiges provoque la
seconde au printemps, d'avril en août; en 1842, ce fut aux
premiers jours de mai que le Tigre atteignit son maximum [1].

Aucune digue ne s'oppose plus à ces inondations, aussi
l'exploration des sites de la Babylonie et de la Chaldée offre-
t-elle des difficultés presque insurmontables; car les tell et les
villages sont alors autant d'îlots au milieu d'un immense
marais.

[1]. Fresnel à de Persigny. Rapport n° 11. Djumdjumah (Babylone) 25 août
1852.

Enfin, il est dangereux de se hasarder au soleil quand le thermomètre oscille entre 40° et 45° à l'ombre; et l'Européen, dans ces contrées, doit alors s'abstenir de circuler aux heures chaudes de la journée. Nos explorateurs, pressés d'obtenir des résultat immédiats, furent cependant obligés de parcourir les ruines sans souci ni de l'heure, ni du soleil, et bientôt leur santé en fut éprouvée.

A Bagdad déjà, Oppert avait été « gravement malade pendant les neuf derniers jours de mai, d'une fièvre bilieuse continue, avec complications »[1], que Thomas présente comme une simple indigestion de son savant collègue[2]. De fait, Oppert fut vite rétabli, grâce aux soins du docteur Hyslop, le médecin de la résidence anglaise de Bagdad. Fresnel, quoique plus habitué à ces climats, tomba malade, lui aussi, à Bagdad, ainsi qu'il ressort du bordereau de dépenses pour le deuxième trimestre de l'année 1852, qui porte : « Maladies Oppert et Fresnel, 202 fr. 94 ». Le directeur de la mission ne parle pas de cette maladie dans ses rapports, mais Oppert écrira plus tard au ministre qu'il se rétablit, à Bagdad, du soleil et des dangers de l'année passée. « Je ressens maintenant, écrit-il[3], les conséquences de ces fatigues et émotions énormes ». Et Fresnel ajoute[4] : « Pour moi, qui avais déjà passé douze ans de ma vie au-delà du Tropique, j'ai été réduit à m'envelopper dans des draps mouillés, au grand effroi et malgré les vives remontrances de tout notre monde. »

Ces accès de fièvre, auxquels sont sujets tous les habitants de Bagdad, furent bénins, grâce à la science des docteurs Hyslop et Bernabey, qui jouissaient tous deux d'une grande

1. Fresnel à de Persigny. Rapport n°9. Bagdad, 8 juin 1852.
2. F. Thomas à Mme Thomas. Bagdad, 21 juin 1852. Arrivée à Paris le 19 juillet et à Nantes le 20, et lettre de Thomas à sa sœur (H. Serpette). Babylone, 25 août 1852, arrivée à Marseille le 15 octobre 1852 et à Nantes le 19.
3. J. Oppert, professeur au collège de Reims, membre de l'Expédition scientifique de Mésopotamie et de Médie à M. le Ministre... Bagdad, 14 juin 1853.
4. Fresnel au ministre. Rapport n° 14. Djumdjumah (Babylone) 31 octobre 1852.

réputation. Il n'en fut pas de même lorsque les explorateurs furent installés sur le site de Babylone : là, non seulement ils étaient privés de tous soins médicaux sérieux, mais encore ils devaient surveiller et diriger le travail de leurs ouvriers. C'étaient alors de longues et pénibles heures passées sous l'ardent soleil de l'Orient, reflété par les sables et les pierres des ruines. Un accident était à craindre, en septembre, il se produisit, fort grave.

Thomas avait, jadis, contracté les fièvres paludéennes, soit à Rome, soit dans la région de Nantes, et, avant de quitter Paris, il avait dû rassurer sa famille sur l'état de sa santé, qui n'avait jamais été si bonne, disait-il [1]. En outre, il était atteint depuis longtemps d'une hépatite que le climat de Babylone aggrava et qui le rendait presque hypochondriaque [2].

Dans le premiers jours de septembre 1852, le Simoûn souffla presque sans arrêt et le thermomètre ne descendait guère au-dessous de 45° centigrades. Pour calmer sa fièvre, Thomas prenait un médicament qu'il avait apporté de Paris, mais dont il ignorait la composition. Le 7 septembre, il venait de découvrir un lot d'urnes funéraires et de sarcophages dans le lit desséché de l'Euphrate, lorsqu'accablé de chaleur, il demanda une tasse d'eau à ses ouvriers. Il eut aussitôt un étourdissement. Revenu à lui, il crut qu'on avait voulu l'empoisonner et il prit le reste des pilules qu'il avait sur lui [3]. Dès cet instant, il fut obsédé par l'idée d'échapper au plus tôt à ces tentatives criminelles.

Le lendemain, 8 septembre, il surveilla les travaux comme s'il n'avait eu aucun projet; puis, au milieu de l'après-midi,

1. Lettre de F. Thomas à Mme Thomas. Paris, 26 septembre 1851; arrivée à Nantes le 28.

2. Lettre de F. Thomas à Fresnel. Bagdad, 28 septembre 1852. « Son hépatite remonte à dix ans peut-être » dit-il. Et lettre de Fresnel à M. Romieu, Directeur des Beaux-Arts, confidentielle. Bagdad, le 19 juin 1852.

3. Traduction du rapport de Djélal-ed-dîn-effendy (alias Jean Paulowitch), médecin en chef de l'hôpital militaire de Hillah, sur les événements du 8 septembre. Hillah, 28 septembre 1852. Pièce n° 2 du bordereau d'envoi des pièces de cette affaire, par E. Perreymond au ministre. Bagdad, le 9 octobre 1852.

il rentra à Djumdjumah [1]. Quelques instants après, il repartait à cheval, armé de deux pistolets et d'une carabine. Pour mieux détourner les soupçons et donner le change sur sa fuite vers Bagdad, il se dirigeait tout d'abord dans la direction opposée, vers Hillah. Ses ouvriers, qui l'affectionnaient pour sa bonté et sa sollicitude, avaient bien remarqué que le Mehendis-Bachi-el-Bey, l'architecte en chef de Fresnel, ainsi qu'ils appelaient Thomas, perdait la raison. Ils prévinrent son ami Hazhem, le cheikh du village, qui partit aussitôt à sa rencontre et le rejoignit.

Lorsque Thomas aperçut le cheikh, il vint à lui, lui tint des propos incohérents et l'invita à venir chasser en sa compagnie. Hazhem désirait aller chercher son cheval, mais Thomas ne le voulut pas, et le cheikh le suivit à pied. Au même moment, l'artiste lui donnait l'un de ses pistolets, puis jetait l'autre après avoir tiré en l'air. Le cheikh ramassa et garda l'arme, puis ils continuèrent à cheminer. Bientôt, ils rencontrèrent un ami, Abd-ul-Hamid, qui voyageait à âne, et le cheikh se sentant fatigué, monta en croupe. Tous trois arrivèrent ainsi à la bifurcation des deux chemins qui conduisent à Hillah.

Le soleil venait de se coucher [2] et le cheikh proposa de prendre le chemin qui longe le fleuve. Thomas, qui, jusqu'ici, riait et conversait bruyamment, eut l'idée subite que l'on voulait l'assassiner sans témoins. Une étrange fureur lui monta au cerveau, il tira à bout portant sur le cheikh, puis rechargea sa carabine, pour tirer sur le compagnon d'Hazhem. Celui-ci n'attendit pas le coup ; il se jeta dans

---

1. La déclaration de Hazhem dit 11 heures de jour, *heure arabe*, qui correspond à 3 h. 35 environ à cette époque de l'année, les Arabes comptant les heures de jour depuis le lever du soleil. Le 8 septembre 1852, à Babylone, et en temps moyen local, le soleil se leva à 5 h. 40, chiffre fourni par M. Roques-Desvallées, du bureau des Longitudes.

2. D'après la déclaration d'Abd-ul-Hamid. Pour le 8 septembre 1852, le coucher du soleil eût lieu à Babylone, en temps moyen local, à 6 h. 14 du soir, chiffre fourni par M. Roques-Desvallées du Bureau des Longitudes. Le drame se déroula donc entre 6 h. 1/2 et 7 h. du soir.

l'Euphrate, où Hazhem, malgré sa blessure, se jeta également, afin d'échapper à l'insensé. D'ailleurs, Thomas, après avoir ramassé ses armes, s'enfuyait déjà au galop vers le khân d'Hillah. Il s'y constitua prisonnier.

Dans le fleuve, les deux amis se secoururent l'un l'autre. Parvenus sur la rive opposée en s'aidant mutuellement, Hazhem se hissa sur l'âne et put gagner la maison du cadi Haggi-Abd-el-Kader [1].

A Hillah, Thomas dut rester au caravansérail soigné par Oppert et le docteur Djélal-el-dîn, qui ne quittaient pas son chevet. Fresnel était accouru de Bagdad dès la nouvelle de l'accident, après avoir rendu visite à Namyk-Pacha, lui avoir expliqué les faits, offert des excuses et demandé une escorte. Il fut reçu assez froidement par le pacha, qui lui refusa toute escorte militaire, et ce fut avec quinze Arabes, recrutés à ses frais et au hasard qu'il gagna Hillah, où la situation pouvait devenir critique. « Pour peu que les Arabes eussent eu des sentiments malveillants à l'égard des Français, dit Tavernier [2], l'occasion ne pouvait être plus propice pour tomber sur notre établissement et massacrer tout le monde ». Heureusement, il n'en fut rien, et la population resta paisible; d'ailleurs, Thomas avait agi sous l'empire de la folie, c'est-à-dire conduit par Allah, et l'on sait de quel respect les musulmans entourent la démence.

Le chirurgien de Hillah, Khalil-Agha, après un premier examen de la blessure de Hazhem, avait déclaré qu'elle était mortelle; il n'en fut rien, cependant; mais l'état du blessé était grave, et Rawlinson offrit d'envoyer auprès de lui le docteur Hyslop, médecin réputé de la résidence anglaise. Fresnel accepta avec empressement, et le docteur arrivait

---

1. Déclarations de Cheikh Hazhem et d'Abd-ul-Hamid-ibn-Ellewi-eg-Gerbi sur l'événement du 8 septembre. Hillah, 28 et 3o septembre 1852. Pièces n° 3 et 3 *bis* du bordereau du 9 octobre, *loc. cit.*, ces deux pièces rédigées en italien.

2. Rapport consulaire de Tavernier au marquis de la Valette. Bagdad, 22 septembre 1852. Annexe à la dépêche commerciale du 25 octobre 1852. N° 46. Parvenue au ministère des Affaires étrangères le 20 novembre.

bientôt, le 23 septembre, protégé par une puissante escorte
de quarante cavaliers. Il examina la plaie, s'étonna de ne pas
rencontrer de projectile, et souleva le doute d'une simple
blessure superficielle. La convalescence rapide du cheikh lui
donna raison et, malgré les dires de Thomas, il est certain
que le coup fut tiré à blanc et que la bourre seule causa la
blessure. Après avoir établi son rapport[1], Hyslop repartit le
24 au soir, pour Bagdad, à franc étrier. En moins d'un mois,
Hazhem, guéri, regagnait sa demeure et se déclarait très heureux des bons soins dont il avait été entouré. Fresnel lui fit
accepter une modeste indemnité, quoique cheikh Hazhem
ne prétendît à rien moins qu'à devenir « protégé et pen-
sionnaire de la France »[2]. Les dépenses occasionnées par les
soins donnés à cet Arabe se montèrent à 546 fr. 53, cette
somme comprenant l'indemnité qui lui fut remise[3]. L'arrangement avait été passé à l'amiable avec le cheikh, grâce au
Kâtib (écrivain arabe) de la mission : c'était un ancien
Kâtib-bachi de la douane de Mossoul, que Fresnel avait engagé à raison de 5oo piastres par mois (environ 1.5oo fr. par
an), pour payer les ouvriers et les domestiques [3 bis]

Quant à Thomas, un repos complet avait sensiblement
amélioré son état, et, le 19 septembre, il pouvait quitter
Hillah, en compagnie de Oppert et de Dureigne, ex-consul
de Bassorah[4]; le 22, ils parvenaient tous trois à Bagdad sans
acident. Cependant, écrit Thomas[5], « à sept heures de Bagdad, nous avons trouvé, à une heure d'intervalle, deux peti-

1. Assistant surgeon I. M. Hyslop... to M. Fresnel. Jumjuma, 24 septembre 1852. Pièce n° 4 du bordereau de Perreymond, *loc. cit.*

2. Fresnel au ministère de Persigny. Rapport n° 13. Hillab, 13 novembre
1852; arrivé le 3o décembre, et Rapport n° 16. Hillah (Babylone) 11 janvier
1853 (Fresnel a écrit 1852 par erreur). Arrivée à Paris le 22 février.

3. Bordereau des dépenses de l'Expédition pour le 4e trimestre de l'exercice de 1852.

3 *bis*. Fresnel au ministre. Rapport n° 6, *loc. cit.* Ce Kâtib s'appelait
Thômâs Bâboûsch.

4. Fresnel à de Lavalette, pièce n° 6. Djumdjamah (Babylone) le
27 septembre 1852.

5. F. Thomas à Mme Thomas. Bagdad, 25 septembre 1852. Arrivée à
Paris le 12 nov. et à Nantes le 13.

tes troupes de pèlerins persans et indiens qui venaient d'être
dévalisés à l'instant; on les avait laissés littéralement tout nus;
ils continuaient tranquillement leur pèlerinage avec une rési-
gnation dont les musulmans seuls sont doués. Notre troupe,
composée de plus de cent personnes, n'a pas été inquiétée
un instant. » Ces vingt lieues franchies en trois journées,
avaient épuisé le malade, qui déclarait arriver « plus mort
que vif » [1].

Dans la première quinzaine d'octobre, Thomas était déjà
assez bien rétabli pour pouvoir se promener, lire et dessiner [2].
Le docteur Bernabey, qui le soignait, déclara que l'accès d'alié-
nation mentale dont il avait été atteint provenait de son hépatite, développée sous l'influence du climat et par la fatigue
des travaux [3], et le docteur Hyslop qui le visitait de temps à
autre, l'engagea vivement à quitter la région avant le retour
de l'été. Fresnel, Oppert et Tavernier joignirent leurs instances aux prescriptions du docteur, mais Thomas suppliait qu'on
lui permît de continuer à collaborer aux travaux de l'expédition [4]. Il demanda même que l'on veuille bien lui envoyer
à Bagdad quelques-unes des découvertes, afin qu'il pût les
dessiner, et il obtint que Fresnel lui rendît les reçus d'une
somme de 3.000 francs qu'il avait signés durant son séjour
au khân d'Hillah; c'était une lettre de change qui devait pourvoir à ses frais de retour en France [5].

A l'occasion de cette pénible aventure, Rawlinson avait
montré toute sa courtoisie, car s'il n'avait pas hésité à envoyer
son docteur à Hillah, avec une forte escorte et il s'était refusé
à tout paiement des frais occasionnés par ce déplacement.
Il en coûta un millier de krans ou francs au consulat britannique, nous apprend Tavernier [6]. Tous ces soins grevèrent
l'expédition de plus de 3.000 francs, et les honoraires du doc-

1. Thomas à Fresnel. Bagdad, 28 septembre 1852, *loc. cit.*
2. Rapport consulaire de Tavernier à de Lavalette. Bagdad, 6 oct. 1852.
3. *Ibid.*
4. Thomas à Fresnel, 23 septembre, *loc. cit.*
5. Post-scriptum du 30 septembre 1852. Rapport n° 12, *loc. cit.* Et lettre
de Fresnel à Thomas. Djumdjumah, le 2 octobre 1852.
6. Rapport consulaire de Tavernier du 6 octobre 1852, *loc. cit.*

teur Bernabey entrent dans ce total pour une somme de
1.611 fr. 76 [1]. Enfin, Fresnel se trouvait privé d'un collaborateur dont il louait le talent, l'exactitude et la probité du dessin, la justesse des aperçus... le cœur, enfin, noble et généreux [2].

Fresnel, partagé entre le désir de conserver un artiste tel
que Thomas et la crainte de le voir revenir sur le lieu de
l'accident, laissa le consul Tavernier juge de la question,
mais celui-ci semble avoir préféré s'abstenir de toute décision.

Cependant, notre artiste avait été très déçu par la pauvreté
des villes renommées de l'Orient : « Il n'y a rien à dessiner
à Bagdad », écrit-il [3], et encore [4] : « Il n'y a qu'une belle
chose ici [à Bagdad] et vraiment curieuse à étudier, c'est la
population arabe, qui conserve encore la simplicité des temps
bibliques ». Aussi ses albums sont-ils remplis de fort beaux
croquis, de types arabes, de chevaux, etc. Sa maladie l'avait,
en outre, fort aigri contre son chef, et les lettres qu'il adressait
à sa famille ne sont qu'une longue critique amère et violente,
véritable diatribe, qui nous dépeignent l'explorateur sous les
couleurs les plus sombres [5]. Il en voulait surtout à Fresnel
d'avoir informé sa famille de l'accident dont il avait été vic-

1. En voici le détail :

Exercice 1852.

2ᵉ trimestre. — Maladies Oppert et Fresnel. Avril....	202 fr. 941
3ᵉ trimestre. — Voyage Thomas et Oppert de Hillah à Bagdad. Juillet. (environ)	255 fr. 762
4ᵉ trimestre. — Dépenses pour le scheick Harzein (blessé par Thomas). Octobre	546 fr. 529
Décembre. — Maladie de Thomas, frais de nourriture ...	512 fr. 064
Honoraires du docteur pour MM. Fresnel, Thomas et Perreymond	1.611 fr. 765
Soit au total	3.129 fr. 061

2. Fresnel à Thomas. Djumdjumah, le 2 octobre 1852.

3. Lettre de F. Thomas à Mᵐᵉ Thomas. Bagdad, 25 septembre 1852. Arrivée à Paris le 12 novembre et à Nantes le 13.

4. Lettre de F. Thomas à Mᵐᵉ Thomas. [Bagdad] 14 octobre 1852, arrivée
à Paris le 15 novembre 1852 et à Nantes le 16.

5. En particulier ses lettres du 15 octobre 1852, du 5 et du 11 janvier
1853.

time : son amour filial avait été profondément atteint par cette démarche de son chef, qui avait affolé sa mère.

Quoique s'ennuyant à Bagdad, Thomas y demeura tout l'hiver, remettant toujours son départ : le 11 janvier 1853, il écrit qu'il part le lendemain avec une forte caravane pour Mossoul, mais il n'en fait rien. Tout au contraire, vers la fin du même mois, il explora la Basse-Mésopotamie, en compagnie de Pétiniaud[1], descendit jusqu'à Bassorah et rapporta de Warka une petite statuette de terre cuite[2]. Il n'était de retour à Bagdad que le 29 février au soir et, le 2 mars, il quittait définitivement la ville des Califes pour retourner en France. Le 14 mars, il arrivait à Mossoul avec l'intention d'y rester deux jours seulement, mais, deux mois plus tard, il était encore dans cette ville, quoiqu'il écrivît en avril, puis en mai, qu'il partait le lendemain[3].

Ce sont les travaux de V. Place à Khorsabad qui le retinrent ainsi. Le consul de Mossoul avait estimé, en effet, que la rencontre de l'artiste était une bonne fortune qu'il ne fallait pas laisser échapper et, après lui avoir fait visiter ses fouilles durant une longue journée, il lui avait demandé sa collaboration[4]. Thomas se sentait assez robuste pour entreprendre ce travail, qui le tentait d'autant plus qu'il revenait les mains vides, ou à peu près de Babylone; d'ailleurs, la bonne humeur de ses nouveaux compagnons l'avait charmé et l'importance des découvertes l'avait rempli d'enthousiasme[5].

Place prit sur lui de retenir l'artiste et informa le ministre de cette décision, en le priant de vouloir bien y souscrire[6];

1. Lettre de L. Tavernier à Mme Thomas. Bagdad, le 21 janvier 1853. Et de F. Thomas à Mme Thomas. Divanieh, 27 janvier 1853.
2. Lettre de F. Thomas à Mme Serpette (sa sœur). Bagdad, 1er mars 1853; Beyrouth, 27 mars. Nantes 19 avril et note de frais de voyage présentée par F. Thomas le 19 septembre 1853.
3. Lettre de F. Thomas à Mme Amélie Serpette. Massoul, 14 mars 1853.
4. Lettre de V. Place à M. Thomas, architecte, chargé d'une mission archéologique à Mossoul, à Nantes, 3, rue Piron. Khorsabad, le 20 mars 1853.
5. Lettre de Thomas à Mme Serpette. Mossoul, 27 mars 1853.
6. Place au ministre Fould. Rapport n° 23. Korsabad, 16 mars 1853.

en moins de trois mois, le travail fut exécuté. Il fournira les planches du bel atlas de *Ninive et l'Assyrie*, qui parut en 1867. On admire aujourd'hui, chez M. R. Du Gardier, ces dessins si fins et si précis, pour lesquels l'Académie accorda un encouragement spécial à l'artiste[1].

Enfin, le 28 mai 1853, il quittait Mossoul pour rentrer en France, emportant une riche moisson de documents et quelques pièces précieuses que Place lui confiait pour le Musée du Louvre[2]. Le 6 juin, il était à Diarbékir, après dix jours de marche pénible, et arrivait le 3 août à Samsoun; puis il gagnait Constantinople, pour débarquer enfin à Marseille le 25 août, et à Paris, le 30.

Le ministre lui accorda pour cette mission spéciale son traitement mensuel de 500 fr., du 1er février au 30 août, soit 3.500 fr., et solda les frais de son retour en France, qui s'élevèrent à 1.569 fr[3].

---

1. *Mémoires de l'Institut impérial de France*, séance du 22 septembre 1854, tome XX (1861), page 102.

2. Lettre de Place à M. Thomas, architecte, chargé d'une mission archéologique à Mossoul. Mossoul, le 12 juin 1853. Pour les objets rapportés par Thomas, voir : M. Pillet, *Khorsabad*, chapitre VII, page 179, § IV.

3. Note de frais présentée par F. Thomas le 12 septembre 1853. Voir : Pièces annexes n° 11.

CHAPITRE X

Fresnel et Oppert poursuivent les fouilles.
Premières difficultés financières. — Arrêt des travaux.

Le départ de Thomas privait Fresnel d'un collaborateur
précieux, et il demanda au ministère que l'on veuille bien lui
envoyer un adjoint qui répondît aux besoins matériels et gra-
phiques de la mission. Il ajoutait que la mission ne possédait
ni « Daguerréotype ni Camera-Lucida » et réclamait enfin
« quelques instruments, tels que graphomètre perfectionné et
chronomètre... » « Comme dessinateur, disait-il [1], et sous le
rapport de la *pureté*, de la *vivacité* du trait, M. Thomas ne
peut être remplacé; c'est un artiste dans le sens le plus élevé
du mot, et même, si j'ose le dire, dans un sens trop élevé...
Il faudrait (à votre mission) un arpenteur — quelque chose
comme un architecte-maçon... Si, comme le capitaine Jones,
il était capable d'une triangulation, s'il pouvait, comme lui,
se servir du sextant et du chronomètre, il mettrait votre mission sur un pied tout à fait respectable en ce qui concerne
la topographie et même la géodésie. »

Fresnel se trompe en ceci, car son architecte-maçon aurait
été incapable de reconnaître les ruines découvertes, d'en distinguer les caractères particuliers qui pouvaient les faire
attribuer soit à des époques diverses, soit à une même construction; de démêler, en un mot, cet écheveau touffu que sont
ces ruines, où les constructions de tous les âges se rencontrent.

D'ailleurs, sans la science de Thomas, les plans de Khorsabad n'auraient pas vu le jour et c'est à lui que l'on doit la
partie la plus durable de l'œuvre de Place.

[1]. Fresnel au ministre. Rapport n° 14. Djumdjumah (Babylone) 31 octobre 1852.

Quoi qu'il en soit, lorsque cette demande de Fresnel parvint au ministre, les difficultés financières avaient déjà commencé et personne ne vint remplacer Thomas à Babylone.

De la fin de septembre à la mi-octobre, Fresnel resta donc privé de ses deux principaux collaborateurs, car Oppert avait dû accompagner le malade jusqu'à Bagdad. Cependant, les travaux ne furent pas interrompus et leur collection s'augmenta de quelques objets d'or et de plusieurs fragments de briques émaillées portant des restes d'une inscription cunéiforme, blanc sur fond bleu, et de quelques autres représentant des parties du corps humain ou d'animaux.

« Je me crois fondé à dire, ajoute Fresnel [1], que la collection de briques peintes à laquelle nous travaillons depuis deux mois, et que je regarde comme à peu près complète (eu égard à ce qui reste des revêtements décrits par Diodore) est une chose entièrement neuve, au moins pour Babylone, car je sais que M. Layard en a trouvé à Nimroud ; mais l'intérêt de notre collection est *classique* en ce sens qu'elle se rapporte à un palais sur lequel les auteurs grecs nous ont laissé les renseignements les plus curieux, sans savoir que c'était celui de Nabuchodonosor (chose incontestable, puisqu'on lit sur toutes les briques du Kasr : *Naboukadrezzar*, ce qui est, lettre pour lettre, l'orthographe du nom adopté par Ezéchiel). »

Oppert était revenu de Bagdad le 11 octobre et les fouilles avaient continué sans grand entrain, aucune découverte importante ne venant encourager les chercheurs. Fresnel ne pouvait, d'ailleurs, pousser activement les travaux, car, depuis la fin de mars, l'avance qui lui avait été faite était épuisée, et, malgré ses pressantes demandes, aucuns fonds nouveaux ne lui avaient été adressés. « Mais, dit-il, dans son rapport du 13 novembre [2], voici un nouveau crédit de 20.000 fr., affecté aux dépenses de 1852, ouvert à Paris par une circulaire

1. Fresnel au ministre. Rapport n° 12. Djumdjumah (Babylone) 29 sept. 1852.

2. Fresnel à de Persigny, ministre de l'Intérieur à Paris. Rapport n° 13. Hillah, 13 novembre 1853. Arrivée au ministère le 30 décembre 1852.

de M. Flury du 21 août, qui n'est parvenue à Bagdad que le 19 octobre. Assurément, nous n'aurons pas à craindre, cette fois, un empiètement d'une année sur l'autre. *Mais nous serons forcés de clore notre compte rendu par un déficit* [1] .... ce qui restait du crédit ouvert en septembre 1851 (20.000 fr.), a suffi pour couvrir toutes les dépenses de la mission jusqu'à la fin de mars 1852. y compris nos allocations personnelles et le loyer d'une maison (à Bagdad, notre quartier général) dont il a fallu, selon l'usage du pays, payer une année *d'avance*, eu égard à l'importance de l'immeuble.

« Ce premier crédit épuisé, fin de mars, et non renouvelé au commencement de cette année, que serait devenue votre mission, Monsieur le Ministre, si M. Flury-Hérard n'avait pas eu l'heureuse et généreuse idée de me donner, au moment de mon départ de Paris, une lettre circulaire *personnelle*, qui m'a permis de toucher 1.000 fr. par mois, à dater du 1er janvier 1852, et qui doit valoir pour toute la durée de la mission?... C'est cette circulaire qui a fait face à *toutes* nos dépenses *depuis le 31 mars jusqu'à ce jour.*

« Pour que les règlements de comptabilité fussent applicables à votre mission, M. le Ministre, il eût fallu que je me trouvasse en état de faire au Trésor une *avance de fonds...* ce n'était pas le cas.

« J'apprends que le Ministre de l'Intérieur n'a point tenu compte à M. Flury-Hérard des 6.000 fr. que j'ai dû tirer sur Paris pour les six premiers mois (1852) de mon allocation personnelle, et qu'ils doivent être en conséquence défalqués du crédit de 20.000 fr. affecté aux dépenses de cette année et réduit ainsi, par le fait, à 14.000 fr. C'est donc un nouveau débit de 6.000 fr. à ajouter à celui qui clôt mon compte-courant avec M. Flury-Hérard.

« Dans la situation financière qui m'est faite par le Département, je me vois, à mon grand regret, *forcé de suspendre les travaux jusqu'à nouvel ordre.* »

---

1. Ce déficit s'élèvera à la somme de 20.323 fr. 05. Bordereau des dépenses de l'exercice 1852 et Fresnel; rapport n° 27. Bagdad, le 25 mars 1854.

Nous ne trouvons plus trace, en effet, dans les comptes de la mission, de frais de fouilles à partir du mois de novembre 1852. Jusqu'à cette époque, les salaires des ouvriers employés aux travaux se montaient en moyenne à 700 ou 800 fr. par mois; il fut employé ainsi une somme de 2.614 fr. 26 [1] pendant les deux derniers trimestres de l'année 1852, alors que la dépense totale durant le même temps s'élevait à 22.897 fr. 322.

Ces chiffres mettent en évidence l'obligation où l'on se trouve d'engager de grosses sommes dans ces travaux scientifiques, si l'on ne veut pas voir la presque totalité des crédits absorbés par les frais de voyage, de nourriture et le traitement des explorateurs, ne laissant qu'une somme infime pour les travaux proprement dits. Les premières dépenses sont presque irréductibles; les secondes, plus importantes, sont variables suivant les crédits alloués; dans le cas de la mission Fresnel, il était évident que le crédit de 70.000 fr. alloué serait insuffisant.

En effet, en supposant que la mission ne durât qu'un an, les indemnités des membres de l'expédition, soit 27.000 fr., étant à défalquer du crédit, il ne restait plus que 43.000 fr. pour les frais de voyage et les fouilles elles-mêmes. Il fallait prévoir en outre une dépense de 500 fr. par mois et par personne pour les frais de voyage, de nourriture, etc., soit 2.000 fr. pour les quatre personnes de la mission ou 24.000 fr.

---

1. Voici les chiffres donnés par le bordereau pour les deux derniers trimestres de l'exercice 1852 :

3e trimestre. — Fouilles du 16 au 31 juill...............	152 fr. 588
— août	630 fr. 323
— septembre	807 fr. 352
4e trimestre. — Fouilles octobre	882 fr. 323
Achat d'antiquités	343 fr. 205
Traitement surveillant des ouvriers	141 fr. 176
Soit au total	2.957 fr. 467
Si l'on extrait de ce total, achat d'antiquités	343 fr. 205

il reste pour les frais de fouilles proprement dites durant les deux derniers trimestres de 1852 .... 2.614 fr. 262

par an; voilà donc nos 43.000 fr. réduits au modeste chiffre de 19.000 fr.[1]

Cette somme eût été cependant suffisante pour subvenir aux frais de fouilles sérieuses durant six mois environ. Il faut, en effet, deux à trois cents hommes au moins pour exécuter des fouilles de quelque importance; prenons le chiffre minimum de 200 comme base : à o fr. 5o par jour, c'est une dépense mensuelle de 3.000 fr., qui atteint 18.000 fr. au bout de six mois. Tel était le crédit dont disposait la mission. Mais, là encore, Fresnel se heurta à une formule administrative désastreuse, celle du morcellement du crédit alloué en petites avances. Voici en quoi consiste ce système : sur un crédit alloué, de 70.000 fr. dans le cas qui nous occupe, on fait une première avance (ici 20.000 fr.) à l'intéressé, qui, pour obtenir une seconde tranche du crédit, ou deuxième avance, doit justifier de l'emploi de la première, c'est-à-dire adresser toutes les pièces comptables sous bordereau, etc., à l'administration centrale. *Or, de Bagdad à Paris et retour, il fallait un minimum de quatre mois*, sans compter les quelques semaines nécessaires dans les bureaux du ministère; enfin, si certaines pièces étaient rejetées par la Trésorerie, il fallait faire exécuter au dossier un second ou même un troisième voyage. On voit par là quelle fut la situation de Fresnel qui, en quinze mois et demi, du 15 septembre 1851 au 31 décembre 1852, ne reçut que deux avances se montant à 40.000 fr.

Après tant de difficultés matérielles, arrivé enfin à pied-d'œuvre, il se vit donc condamné à l'inaction par manque de fonds, ce qui explique qu'au plus fort des travaux, en septembre et octobre 1852, il ne put employer que cinquante ou soixante ouvriers[2], c'est-à-dire dépenser 8oo fr. environ par mois. Encore, depuis avril, les membres de la mission ne

1. Voir à ce sujet : Fresnel, rapport n° 22. Bagdad, le 25 novembre 1853, arrivé au ministère le 10 janvier 1854. Le duplicata n'arriva que le 31 janvier 1854.

2. Fresnel donne le chiffre de 64 ouvriers. Post-scriptum (daté d'1 3o septembre 1852) au rapport n° 12, *loc. cit.*

touchaient-ils plus leurs indemnités, afin de réserver tous les fonds disponibles au paiement des dépenses de première nécessité.

Des discussions assez vives s'élevèrent à ce propos entre Fresnel et Oppert, qui écrivit au ministère la lettre suivante :

« M. le Ministre, dit-il [1], j'ai l'honneur de vous exposer ce qui suit : Ma lettre de nomination du 15 septembre 1851 m'allouait une indemnité de cinq cents francs par mois. Ce traitement m'a été payé jusqu'au 31 mars 1852; depuis cette époque, je n'ai plus rien touché de mes appointements.

« A la fin du mois de juin 1852, je versai tout ce dont je disposais dans la caisse de l'Expédition pour solder les dépenses que celle-ci avait faites pour moi, sans recevoir les appointements du trimestre échu. Un nouveau crédit a été ouvert à mon chef, qui s'est refusé au paiement de mon allocation, parce que la somme ordonnancée de 20.000 fr. ne saurait suffire, d'après lui, aux autres dépenses de la mission.

« La position pénible que ces circonstances ont faites à mon collègue malade et à moi m'oblige, M. le Ministre, à demander respectueusement le payement de notre indemnité, au moins en partie.

« Votre indulgence, M. le Ministre, me sera acquise, j'espère, par la position tout exceptionnelle dans laquelle je me trouve; après m'être exposé à tous les dangers du climat de Babylone, j'ai, par une résolution suprême, au risque de mes jours, sauvé l'existence et l'honneur de votre mission. »

Le ministre répondit à cette demande en donnant à Fresnel l'ordre de solder les indemnités en retard; mais le chef de la mission était hors d'état de payer, puisqu'il était déjà en déficit [2]. Voici donc les travaux de fouilles arrêtés, quelques mois à peine après avoir été entrepris, avant qu'aucune décou-

---

1. Jules Oppert, membre de l'expédition de Mésopotamie, au ministre... Babylone (Hillah) le 26 novembre 1852. — Arrivée au ministère le 11 janvier 1853.

2. Le ministre à Fresnel. Paris, le 6 avril 1854 et Fresnel. Rapport n° 29, *loc. cit.*

verte importante ait pu récompenser tant d'efforts; dorénavant, Fresnel se débattra dans une position financière de plus en plus critique, qui absorbera tous ses instants, tandis que Oppert poursuivra ses études sur le site de Babylone et sur les quelques antiquités découvertes.

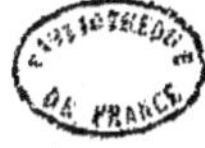

CHAPITRE XI

Les occupations des membres de l'Expédition durant l'arrêt des travaux.

L'Expédition possédait deux établissements, l'un permanent à Bagdad, siège des autorités de la région, et l'autre à Djumdjumah, lieu provisoire peut-être de leurs travaux. La bibliothèque de la mission, ses papiers et une grande partie de son matériel, avaient été installés dans la maison de Bagdad, dont la location avait été faite pour un an [1]. C'était un établissement fixe en même temps qu'une station de travail et de repos pour les explorateurs revenant de leurs expéditions en Chaldée. Nous avons vu que Fresnel s'y trouvait au moment de l'accident d'Hillah et Thomas dit qu'il y possédait pour sa part plusieurs pièces et un vaste atelier [2]. Oppert et Perreymond s'y établirent aussi après l'accident de Thomas pour lui prodiguer leurs soins, mais aussi pour se remettre des émotions qu'ils avaient éprouvées à Babylone, sous la plus accablante chaleur d'un rude été. Fresnel demeuré à Djumdjumah, les réclamait en vain, l'un ou l'autre, pour l'aider dans son travail, car, disait-il, il était vieux et écrasé de fatigue [3].

Lorsque les travaux furent arrêtés, c'est-à-dire en novembre, les membres de l'Expédition ne firent plus que de rares apparitions sur le site de Babylone, ils recueillaient alors les quelques briques inscrites ou les menus objets que les sakkarah avaient pu découvrir en leur absence [4]. Mais les plus belles pièces découvertes ainsi leur échappaient généralement, car les Arabes préféraient les apporter à Bagdad où les offres avantageuses ne manquaient pas.

Durant cet arrêt des travaux, Fresnel adressa au ministre

1. Voir plus haut, chapitre V, p. 42 et Fresnel. Rapport n° 16, *loc. cit.*
2. Lettre de F. Thomas à Mme Serpette. Bagdad, 15 mai 1852, *loc. cit.*
3. Lettre de Fresnel à Thomas. Djumdjumah, le 2 octobre 1852, *loc. cit.*
4. Fresnel au ministre. Rapport n° 17, Hillah, 15 avril 1853.

plusieurs rapports importants sur les découvertes de l'Expédition. Ce fut, le 31 octobre 1852 (rapport n° 14), une volumineuse description intitulée : « Deuxième rapport sur les travaux entrepris à Babylone... dans l'été 1852. » Nous en avons extrait les passages les plus importants concernant la découverte des tombeaux du Kasr et d'Amrân-ibn-Ali, ainsi que des briques émaillées; mais nous en avons retranché les longs passages concernant l'identification du site de Babylone et les considérations sur la tour de Bélus ou les jardins suspendus. Ces fragments ont d'ailleurs été déjà publiés par J. Mohl, dans le *Journal asiatique* en 1853 [1]. Un compte-rendu des premières découvertes de Fresnel fut aussi publié par le *Moniteur universel* dans son n° 85 du samedi 26 mars 1853, page 343, sous le titre de « Mission archéologique de Babylone ». Les Archives en possèdent deux rédactions différentes sur papier à en-tête du ministère de l'Intérieur.

Le 13 juillet 1853 (Rapport n° 20), Fresnel adressait encore un inventaire sommaire des collections acquises par l'Expédition et une dissertation sur l'emplacement et l'identification des anciens canaux de la Babylonie, Sindjâr (Schin'ar) et Doûrâ.

A Bagdad, Oppert put étudier à loisir les inscriptions découvertes, et adresser au ministre plusieurs rapports sur ses déchiffrements. Le 26 juillet 1853, un rapport au sujet d'un vase babylonien, en albâtre, sur lequel il lisait le nom de Narambêl; en avril, un autre mémoire au sujet des briques inscrites, adressé par Fresnel au ministre sous le n° 17; puis, au commencement de novembre, un inventaire des petits objets recueillis à Babylone [2]. Enfin, celui qu'il adressait en octobre 1853, était particulièrement volumineux; il décrivait les pierres gravées, les cylindres, les cachets et les inscriptions que l'expédition avait pu acquérir. Il étudiait aussi les

---

1. *Journal asiatique*, 5ᵉ série, tome I, juin 1853, p. 485 à 548 et tome II, juillet 1853, p. 5 à 78. Ce sont des extraits de lettres écrites par Fresnel à J. Mohl, de décembre 1852 à février 1853.

2. Oppert au ministre, Babylone (Hillah), ce 19 novembre 1853. Arrivé à Paris le 10 janvier 1854.

dimensions de Babylone, en comparant les diverses données des écrivains anciens avec les remarques qu'il avait pu faire sur le terrain. L'étude des mesures antiques faisait l'objet d'une longue dissertation où l'on trouve les premiers éléments de ses publications sur la métrologie antique qui soulevèrent dans la suite des polémiques si âpres, en particulier avec A. Aurès[1].

Oppert profita de ses loisirs pour reconnaître les sites les plus intéressants de la Chaldée. Le 19 février 1853, il quittait Bagdad pour se rendre à Kerbéla qu'il atteignait le lendemain soir; puis, après avoir visité les curiosités de la ville autant que faire se peut pour un Européen, il quittait la ville sainte le 22 et arrivait à Hillah à trois heures de l'après-midi[2].

En avril, il s'embarquait sur l'Euphrate, à Hillah, pour reconnaître les anciens canaux de la région et les limites de l'enceinte de Babylone. Il partit le 14 avril 1853, et il était de retour le 17, après avoir exploré la plaine de El-Medinah et poussé jusqu'à Tell Zouneh[3].

Le 20 septembre 1853, il partit en compagnie d'un Allemand de Bagdad, pour explorer les ruines d'Akarkouf, appelées aussi Tell Nimroud où ils parvinrent le lendemain matin[4].

Durant ces excursions, Oppert achetait, ainsi que Thomas, divers petits objets quand l'occasion s'en présentait, mais ce fut l'écrivain arabe, Baboûsch, qui fit les plus précieux achats[5]. En novembre 1853, nous trouvons Oppert seul à Babylone, exécutant le lever topographique du terrain à l'aide d'un graphomètre. « Cent dix triangles ont concouru, dit-il[6], au calcul de la base des opérations, c'est-à-dire, de la distance qui

---

1. Voir Oppert : *L'étalon des mesures assyriennes...* (*Journal asiatique*, 1872 à 1874); *Mémoire sur les mesures de Khorsabad*, *Revue d'Assyriologie*, 1895), etc. A. Aurès : *Essai sur le système métrique assyrien*. Paris, 1881 à 1888.

2. J. Oppert, *Expédition...*, tome I, livre II, chap. xii, pages 247 à 250.

3. J. Oppert, *Expédition...*, tome I, livre II, ch. xiii, pages 250 à 254.

4. J. Oppert, *Expédition...*, tome I, livre III, chapitre i, pages 255 à 258 et Fresnel. Rapport n° 21, *loc. cit.*

5. Fresnel, rapport n° 14, note, *loc. cit.*

6. Oppert au ministre. Babylone 19 novembre 1853, *loc. cit.*

sépare le Birs-Nimroud du minaret d'Hillah ». Fresnel avait
maintes fois insisté auprès de Thomas et d'Oppert pour l'exécution de ces levers mais ni l'un ni l'autre n'était préparé à
ce travail [1]. Thomas le commença avant sa maladie, mais il
semble bien que l'architecte se soit ensuite désintéressé de
cette besogne dont les résultats furent médiocres. On peut
en dire autant des essais de restauration que l'épigraphiste
tenta à l'aide des textes; car les fouilles n'avaient pas été assez
étendues, ni assez profondes, pour justifier ces hypothèses.

A la fin de janvier 1854, ces travaux étaient terminés. Oppert dressait l'inventaire des antiquités découvertes, puis il
annonçait au ministre son départ prochain pour l'Europe [2].

Quant à Thomas, nous avons vu plus haut (Chap. vii) qu'il
s'était remis peu à peu et que sa santé était assez robuste pour
que durant l'hiver de 1852 à 1853, il pût explorer la Basse-
Mésopotamie, puis exécuter les relevés de Khorsabad. Plus
tard, en 1854, le Colonel Mess'oud-Bey [3] offrit gracieusement
son concours et dessina quelques statuettes découvertes par
Fresnel : quoique celui-ci vante son exactitude [4], les quatre
feuilles de dessins, datées de Bagdad, mars 1854, que nous
retrouvons dans les cartons des Archives, nous font amèrement regretter l'habile crayon de Thomas.

Le drame qui s'était déroulé en septembre n'avait pas compromis l'existence de l'expédition, mais Namyk-Pacha exploita cette occasion pour lui créer des ennuis. Fresnel avait,
en effet, sollicité du pacha l'envoi d'un kawas ou janissaire,
chargé de surveiller les ouvriers et d'infliger au besoin des
punitions corporelles. Le pacha de Bagdad était alors en bons
termes avec l'expédition, il avait promis un homme de con-

---

1. Fresnel au ministre. Rapport n° 14, *loc. cit.* et rapport n° 25 au
ministre A. Fould. Bagdad, le 15 février 1854.

2. Oppert au ministre. Hillah (Babylone), le 20 janvier 1854. Arrivée
à Paris le 14 mars 1854.

3. Mess'oud-Bey était un ingénieur belge du nom de Schmidt. Il entra
au service de la Turquie et y vécut de longues années quoique sa famille
habitât Paris. C'est à l'obligeance de M. H. Saladin, architecte du Gouvernement, que nous devons ce renseignement.

4. Fresnel au ministre A. Fould. Rapport n° 25, post-scriptum, *loc. cit.*

fiance, mais il lui fallait le temps de le trouver. Sur ces entre-
faites, l'événement malheureux survint. Ce ne fut plus un
bon kawas aux ordres de Fresnel qui vint s'installer chez
les explorateurs, ce furent deux garnissaires imposés par le
Mutsellim de Hillah, avec l'approbation du pacha. Fresnel se
plaint d'une violation de son domicile par ce fonctionnaire
qui fit des recherches dans sa demeure de Djumdjumah, sans
y trouver toutefois les trésors attendus [1].

Enfin la situation politique de la région restait toujours
grave et on ne pouvait s'aventurer à faire le parcours de Hillah à Bagdad sans une forte escorte ou avec une importante
caravane. Le danger couru se réduisait d'ailleurs à celui d'un
pillage complet, de quelques coups et d'un dépouillement
total. Les malheureux étaient laissés sans un couffin, ni une
chemise, mais il fallait qu'un combat se fut engagé pour qu'il
y eut perte de vie humaine. Ce brigandage permanent, que
Ouadi avait instauré contre son adversaire Namyk-Pacha,
cessa dès le départ de ce gouverneur,

Dans les premiers jours de l'année 1853, Mohammed-Reschid
Pacha arrivait à Bagdad et, grâce à son habile fermeté, le
calme renaissait enfin : « Tous les schaykhs arabes, dit Fresnel (rapport n° 16), sont venus lui faire leur soumission. Le
plus grand ennemi du dernier pacha a été reçu à bras ouverts.
Tout est pacifié et les routes sont libres... » Le prince de Kermanschah, qui avait établi son camp à Zoäh et menaçait d'en-
vahir le territoire turc, avait été obligé de changer d'attitude
et de battre en retraite. Reschid disposait en effet d'un « beau
matériel d'artillerie de campagne (100 pièces), nous apprend
Tavernier [2]; une douzaine de mille soldats, dont huit mille
Albanais à cheval ayant fait leurs preuves dans le Kurdistan,
avec ces forces aidées des populations hostiles aux Persans,
on est en mesure de repousser toute insulte partielle persane

---

1. Fresnel à de Lavalette, n° 6, *loc. cit.*
2. Lettre de Lysimaque Tavernier à Fresnel. B., le 30 mars 53, signée :
Lysimaque. En réponse à une lettre de Fresnel du 13 mars; la traduction
d'une lettre de Mohammed-Reschid, datée 19 Djema Sani 1268, était jointe
à la lettre de Tavernier.

de ce côté-ci... Les Arabes se maintiennent tranquilles. Les Monteficks ont envoyé un million environ de piastres et les Beni-Lams, les seuls récalcitrants, ont vu qu'ils avaient affaire à un autre homme qu'à Namik et envoient aussi leur contingent.

« En général, les affaires marchent bien pour le moment; et Rechid poursuit son plan de pacification sur des bases solides; il a fait occuper Kout-el-hamera par trois mille Albanais qui surveilleront la navigation du Tigre, il établira des garnisons et des forts sur tous les points stratégiques des deux fleuves qui tiendront les Arabes en respect[1]. »

Cependant, le pillage était une coutume trop ancienne, parmi les tribus de la Basse-Mésopotamie, pour que ce calme ne fut autre chose qu'une sorte de trève tacitement conclue. Bientôt, pèlerins et caravanes furent à nouveau rançonnés. En mai 1853, Perreymond écrit : « On se plaint à Bagdad, de l'administration du Pacha et des voleurs qui sont, pour ainsi dire, maîtres de la ville et des environs.

« Quoique M. Tavernier, très favorable au gouverneur actuel dont il vante l'administration, puisse dire et faire, il n'en est pas moins vrai que deux kéleks provenant de Mossoul, chargés de marchandises, ont été intégralement dépouillés à la hauteur de Tékrit; que la grande caravane d'Alep, partie de Bagdad il y a un mois, n'ait perdu un quart de ses charges et tous ses *groups*, qui sont passés entre les mains des Arabes anazèks, et que les barques de M. Howard, venant de Bassorah, n'aient été attaqués et n'aient perdu cinq hommes. » Elles naviguaient pourtant sous pavillon anglais, plus respecté des Arabes que le pavillon ottoman, et M. Howard lui-même ne dut son salut qu'à l'arrivée du bateau à vapeur du consulat britannique.

Mais, que la sécurité régnât ou non, les chantiers de Babylone restaient déserts. Fresnel et Perreymond justifiaient les dépenses engagées et réclamaient des fonds. Les jours et les mois s'écoulaient ainsi monotones et angoissants, les protêts s'amassaient et la détresse de l'Expédition était grande.

---

1. Reschid-Pacha devint, dans la suite, grand-vizir et fut l'un des hommes d'État les plus considérables de Turquie.

TROISIÈME PARTIE

CHAPITRE XII

Les budgets de l'Expédition.
Frais de service des années 1851 à 1855.

Au cours de cette étude, nous avons déjà eu l'occasion de citer quelques chiffres extraits des états de frais de la mission ou de parler des difficultés financières que suscitèrent les formes administratives imposées à nos agents à l'étranger. Nous allons essayer maintenant de rassembler les documents, de les comparer entre eux. Nombreuses sont les pièces de comptabilité, plus nombreuses encore, sont les doléances de Fresnel et des bureaux de l'Intérieur ou des Finances.

Crédits. — Les crédits attribués à l'exploration de la Mésopotamie sont au nombre de deux. Nous avons déjà vu dans quelles conditions avait été accordé le premier, celui du 8 août 1851 [1]. Pour liquider le passif de la mission, Napoléon III signa le décret du 5 juillet 1854, qui mettait à la disposition du ministre d'État un nouveau crédit de 75.000 francs [2], portant ainsi l'actif de Fresnel à une somme globale de 145.000 francs.

1° — Loi du 8 août 1851, votée par l'Assemblée Nationale .... 70.000 fr.

2° — Décret impérial du 5 juillet 1854, signé à
Saint-Cloud, dont :
    a) imputable à l'exercice 1853   47.000
    b) imputable à l'exercice 1854   28.000

                                    75.000 »

            Total des crédits .... 145.000 »

1. Voir plus haut, chapitre 1 et pièces annexes n° 1.
2. Voir : Pièces annexes n° 14.

Il reste à étudier les comptes de l'Expédition, leur vérification par les bureaux du ministère et leur règlement. Maintes complications et maints retards ayant été apportés soit à l'acceptation, soit à la liquidation des dépenses engagées, il en résulta une confusion profonde et certaines pièces de l'exercice 1852 ne furent liquidées qu'en 1856, c'est-à-dire après la mort de Fresnel. Nous allons exposer d'abord les difficultés qui s'élevèrent, dès le départ de l'Expédition, par suite des règlements de finances, puis nous étudierons, séparément chaque exercice, ses dépenses et leur liquidation.

Avant le départ de la mission, Fresnel reçut au ministère des instructions tant écrites que verbales au sujet des pièces de comptabilité à produire [1]. De Mercey et de Cluys lui firent leurs recommandations qui : « m'offraient d'ailleurs, en perspective, écrit Fresnel [2], de trop grands embarras pour que je ne donnasse point à ces instructions ma plus sérieuse attention... Je me rappelle même très distinctement que M. le Sous-Chef du 1er Bureau, prenant en pitié ma perplexité, eut la bonté de m'indiquer un moyen pratique de satisfaire au Règlement de Comptabilité, en me conseillant de faire mes pièces de plus en plus fréquentes et de moins en moins importantes dans le dernier mois de 1851, en sorte que la dernière de toutes soldât le compte de fin d'année. — On ne pouvait être plus obligeant, ni plus explicite ». Une lettre du ministre de l'Intérieur adressée à l'explorateur, en date du 24 septembre 1851, fixait les règles de la comptabilité.

Parmi ces prescriptions, l'obligation de fournir les pièces justificatives, en double expédition, souleva dès le début les plaintes de Fresnel qui se plaignit de perdre un temps considérable à ce travail ingrat [3]. De Bagdad, il écrivit à ce sujet [4] : « Un Règlement du Ministre des Affaires étrangères, concernant les frais de service des agents politiques et consulaires

---

1. Fresnel au ministre. Rapport n° 13, *loc. cit.*
2. *Ibidem.*
3. Fresnel au ministre. Rapport n° 1, *loc. cit.*
4. Fresnel au ministre. Direction de la Comptabilité n° 1. Bagdad, 15 avril 1852.

(20 septembre 1838), porte au titre III (des formes de Comptabilité : art. 7, p. 9) « cette obligation... n'est applicable qu'aux *états de frais de service* seulement et ne s'étend point aux pièces justificatives des dépenses... Je serais heureux d'apprendre qu'au Ministère de l'Intérieur... l'obligation de la double expédition ne dût s'appliquer qu'aux États, à l'exclusion des pièces justificatives ».

« La lettre... du 24 septembre 1851, continuait-il [1], m'autorisant à certifier moi-même les reçus des parties prenantes et m'imposant en même temps l'obligation d'un certificat personnel, j'aurais pu me passer du visa des autorités consulaires sur les points où ces autorités sont établies ». Elles furent requises cependant assez souvent. « Au surplus, mon attestation particulière ne faisant défaut sur aucune pièce, il en résulte qu'elles satisfont toutes à l'exigence du paragraphe 2 de la lettre ministérielle... »

Cet article suscitera, durant toute la mission, les plus grandes difficultés et amènera le rejet de nombreuses pièces comptables. Fresnel dût cependant s'y soumettre, mais, par crainte de perte, il adressa les pièces par des courriers différents; en général par la poste anglaise où il jouissait de la franchise.

Un autre article, le quatrième, suscita lui aussi bien des difficultés lors des règlements, ce fut celui qui mettait à la charge des membres de la mission leurs frais de nourriture et de logement dans les villes. Cette prescription avait, sans doute, pour but de retirer à la mission le désir de s'attarder en route, mais elle était d'une interprétation délicate, voire même douteuse. Voici ce que Fresnel écrivit à ce sujet, dès novembre 1851 [2] : « Ce principe est-il applicable à toutes les villes par lesquelles nous passons pour nous rendre à notre destination et à tout le temps que nous y demeurons *forcément*, c'est-à-dire par des causes indépendantes de notre volonté?

« Une fois installés à Bagdad, il est évident que nous de-

---

1. Fresnel au ministre. Direction de la Comptabilité n° 2, Bagdad, le 30 avril 1852.
2. Fresnel. Rapport n° 1, *loc. cit.*

vrons y vivre de nos allocations personnelles, mais ne semble-t-il pas que notre nourriture dans les villes devrait être assimilée à notre nourriture de mer. » Fresnel suivit ce principe, en laissant à la charge de la mission la nourriture et le logement dans toutes les villes où il considérait son séjour comme obligatoire.

Nous l'avons vu quitter Marseille et prendre divers paquebots pour ne pas prolonger son séjour dans cette ville et à sa charge[1]. Les frais de séjour à Beyrouth où ils demeurèrent près de deux mois[2] furent imputés au budget de la mission, ainsi que ceux dans les autres villes du parcours jusqu'à Bagdad. Dans cette ville, le loyer de leur maison fut seul inscrit aux frais de service, mais non pas leur nourriture; puis, à partir de leur départ pour Hillah, le tout fut mis à la charge de la mission. Djumdjumah ou Hillah étaient-ils des villes? Ce sont à peine des villages et leur habitation était située au milieu des jardins, assez loin du bourg. Fresnel imputa dès lors à la charge de la mission les loyers de leurs maisons de Hillah et de Bagdad, où ils avaient conservé leur pied-à-terre, ainsi que leur nourriture en ces deux endroits.

Pour les deux premiers exercices, le ministre accepta la conception de l'explorateur, mais, en 1853, ces dépenses accessoires furent rejetées; puis, sur les instances de Fresnel et après observation, elles furent acceptées. « Mais, écrivit le ministre[3], aucun engagement n'avait été pris relativement à l'année 1853 et vous auriez dû, avant d'établir ce bordereau, solliciter de moi l'autorisation d'y faire figurer ces dépenses. J'ai consenti à les accepter cependant, quoique le chiffre en soit fort élevé (il dépasse la somme de 7.000 francs) ». — «Veuillez, dit-il, un peu plus tard[4], les réunir dans un état supplémentaire sur le paiement duquel je me réserve de prendre une décision après votre retour, si la situation du crédit de l'Expédition me le permet alors. » Conformément à ces or-

---

1. Voir plus haut, Première partie, chapitre II.
2. *Ibidem.*
3. Minute de la dépêche ministérielle du 21 juillet 1854.
4. *Ibid.*, 31 octobre 1854.

dres, Fresnel établit, pour l'année 1854, un état qui montait
à 1.794 fr. 35, et qui fut rejeté en partie, lors de la liquidation de sa succession [1].

Exercice 1851.

1re avance, 20.000 fr. — Dépenses, 10.975,86. — R. 9. 024,14.
Le ministre fixe les dépenses à 16.000 fr. ...... R. 4.000,00.
Fresnel adresse les justifications de Bagdad le 16 avril 1852.

Sur le crédit total de 70.000 francs, Fresnel avait reçu avant
son départ et par l'entremise du banquier Flûry-Hérard, une
première avance de 20.000 francs, qui devait suffire au voyage et aux premières dépenses de fouilles. Mais les longs retards qu'il apporta à gagner Bagdad, firent que l'Expédition
était encore à Beyrouth le 29 décembre 1851. Fresnel avait
dépensé, à la date du 31 décembre, une somme de 10.975,86
sur le crédit affecté à l'exercice 1851.

Régulièrement, il devait verser au Trésor le reliquat, mais
il n'avait pas reçu de nouveaux fonds pour l'exercice suivant;
d'ailleurs en quittant Beyrouth à la fin de décembre, il ne
pouvait partir pour un long voyage sans un avoir un peu important. Il y eut donc, du fait de ce retard, empiètement sur
l'exercice 1852; d'autre part, l'explorateur ne put, durant le
voyage adresser à Paris ses états de frais. Ces deux irrégula-
rités indisposèrent les bureaux dès le début de la mission.

Le 6 février 1852, le ministère réclama les comptes de 1851
et Fresnel n'avait pas encore reçu cette dépêche lorsque, le
10 mars, il écrivait en disant qu'il adresserait de Bagdad son
premier bordereau. Enfin, le 16 avril, il envoyait à Paris ce
bordereau et un exemplaire des pièces justificatives [2]. Toutes
les pièces établies par Fresnel, portent le change à 170 paras,
c'est-à-dire à 1 franc pour 4 piastres et 10 paras (4 1/4 piastres) ce qui met le piastre à 0,2439.

Quoique Fresnel affirmât que son long séjour à Beyrouth
fut nécessité par l'obligation où il était d'attendre ses bagages
en retard et de refaire des emballages, et qu'il se fit donner

1. Rapport du chef de la direction des Beaux-Arts au ministre, 5 mai
1858, cité plus loin, chapitre XXII, page 220.
2. Comptabilité n° 1, *loc. cit.*

une attestation dans ce sens par le consul de Lesparda, il n'en est pas moins certain que ces précautions multiples lui firent perdre plusieurs mois en vain. Ainsi, son collègue Victor Place qui avait pris l'itinéraire de Constantinople et de l'Arménie, à une saison où il est fort long et difficile, mit quatre mois pour arriver à Mossoul; l'Expédition, en passant par Beyrouth, en mit cinq. C'est ce retard qui causa, dans le principe, la première difficulté financière : celle du chevauchement sur deux exercices différents d'un crédit affecté aux seules dépenses de 1851.

Fresnel s'en défend ainsi : « Je devais partir (d'Alexandrette), dit-il [1], après avoir purgé ma quarantaine, pour un long voyage par terre tout hérissé d'éventualités inquiétantes; en de telles circonstances, il ne m'était pas permis de quitter Beyrouth sans emporter *une caisse* qui pût faire face (à tout le moins) aux éventualités *ordinaires* — ... Mais cette caisse indispensable, où aurais-je pu la trouver ailleurs que dans le Crédit circulaire de 20.000 francs ouvert par M. Flury-Hérard en 1851? — Il a donc fallu prendre à Beyrouth, fin décembre 1851, une somme qui ne devait être dépensée qu'en 1852.

« Lorsque nous nous embarquâmes à Beyrouth pour Alexandrette, nous n'avions plus que trois jours pleins pour atteindre la fin de l'année. Nous étions rendus en rade d'Alexandrette le 31 décembre — en sorte que pour nous, 1851 a fini et 1852 a commencé dans les circonstances les plus défavorables.

« Quand, par un heureux concours de circonstances, on se trouve à poste fixe, en *novembre* et *décembre*, sur un point où l'on peut obtenir à chaque instant, contre une traite sur Paris, tout l'argent dont on a besoin, je comprends que l'on doive se conformer strictement aux bienveillantes instructions de M. Cluys. Mais le moyen d'en profiter si l'on doit partir en *décembre* pour un voyage de plusieurs mois? — Il faut bien prendre à la fin de l'année, l'argent qui ne sera dépensé que l'année suivante; — et où le prendra-t-on si ce n'est sur le Crédit ouvert? »

---

1. Fresnel. Rapport n° 13, *loc. cit.*

Quant au retard apporté par l'explorateur à l'envoi de ses bordereaux, il ne peut lui être imputé à charge. Ce n'était pas, en effet, durant la traversée du désert qui sépare Alep de Mossoul, qu'il pouvait songer à établir des pièces justificatives et des états recevables.

Fresnel se justifie d'un autre grief : « Les instructions, à mon usage, dit-il [1], portent que « les reçus et autres pièces justificatives des dépenses faites jusqu'à et y compris le 31 déc. 1851, devront être « datées de 1851 ». Les reçus des parties prenantes, là où j'ai pu les obtenir satisfont nécessairement à cette condition; mais en écrivant mes propres déclarations à défaut de reçus, j'ai naturellement accusé la date du jour où je tenais la plume (ce que j'avais toujours fait dans le cours de ma carrière consulaire), si les dates de mes déclarations constituent une irrégularité dans l'espèce, elle n'a pas été commise de propos délibéré et ce ne serait, au plus, qu'une inadvertance, d'ailleurs très réparable. »

En outre des bordereaux de Fresnel, plusieurs factures avaient été réglées à Paris. Tout d'abord, ce furent les achats de matériel faits avant le départ, qui s'élevaient à 3.802 fr. et pour le règlement desquels le ministre signa 11 arrêtés à la date du 16 octobre 1851. Puis, divers achats de provisions effectués soit à Marseille, soit à Beyrouth, et dont les notes furent adressées à Flûry-Hérard pour règlement.

Bref, après diverses observations et rectifications, il fut reconnu qu'aucune distinction ne pouvait être faite entre les dépenses du dernier trimestre de 1851 et le premier de 1852, la mission étant alors en voyage à travers la Syrie. Le ministre, sur un rapport du directeur des Beaux-Arts, décida donc, le 12 février 1853, que les dépenses de l'exercice 1851 seraient portées au chiffre de 16.000 francs.

Exercice 1852.

Reliquat 1re *avance,* 4.000+2me *avance,* 20.000 = 24.000 fr. *Dépenses :* 49.347,20. — 5.024,15 *affectés* 1851=44.323,05. *Déficit au* 31 *décembre :* 20.323,05.

1. Comptabilité n° 1, *loc. cit.*

Nous venons de voir que Fresnel avait adressé en même temps les bordereaux du dernier trimestre de 1851 et ceux du premier de 1852. Dans sa lettre d'envoi, il ajoutait que le premier crédit de 20.000 francs avait été épuisé à Alep[1], mais, dans un autre rapport[2], il dit qu'il le fut le 31 mars, c'est-à-dire à Bagdad; puis, un peu plus tard[3], le 21 mars, c'est-à-dire à Mossoul. Ces contradictions apparentes peuvent aisément s'expliquer. D'après les frais de service de la mission, ce fut à la fin de mars que la première avance fut épuisée. Le total des deux bordereaux s'élevait alors à 19.541,35, mais, ni les achats faits à Paris, ni les appointements de Fresnel, soit 3.000 francs, n'étaient compris dans ces bordereaux. Les dépenses de l'Expédition devaient donc, au 31 mars 1852, dépasser de 8.000 francs environ la première avance. C'est pourquoi il peut dire que le premier crédit fut épuisé à Alep, le 10 janvier 1852.

Le premier bordereau de 1852, avec un exemplaire des pièces justificatives, avait été adressé par l'explorateur le 16 avril; les bordereaux des trois derniers trimestres de cette année ne furent expédiés de Bagdad que le 13 juin 1853, par le courrier anglais. Un long retard dû à la poste, entre Beyrouth et Paris, les fit arriver à Paris le 17 août seulement, alors que l'exercice était clos depuis le 31 juillet[4]. C'était une nouvelle difficulté administrative qui allait surgir.

La situation de Fresnel était déjà délicate. En effet, lorsqu'au premier jour d'avril, il eut épuisé son crédit jusqu'au dernier centime, il demeura sans autres fonds qu'une lettre circulaire personnelle que Flûry-Hérard lui avait remise avant son départ. C'était mille francs par mois qui représentaient son allocation; cette lettre lui permit seule d'attendre l'arrivée de la deuxième avance, montant à 20.000 francs, qui ne lui parvint que le 19 octobre. Durant six mois et demi, Fresnel était donc resté sans argent pour sa mission, comme sans traite-

---

1. Fresnel. Comptabilité n° 2, *loc. cit.*
2. Fresnel. Rapport n° 9, *loc. cit.*
3. Fresnel. Rapport n° 12, *loc. cit.*
4. Fresnel. Rapport n° 18, *loc. cit.*, et Rapport n° 21.

ment, ainsi d'ailleurs que les autres membres de la mission.

Voici ce que l'explorateur écrit à ce sujet[1] : « Le total général de mes dépenses... excède de 20.323,05 le montant des crédits qui m'ont été accordés (40.000 fr). — C'est donc une avance de pareille somme faite *en mon nom* au Trésor public.

J'aurais été heureux de pouvoir, comme par le passé... faire cette avance *de mes propres deniers*. Dans l'état d'épuisement de nos ressources personnelles, elle a dû être faite par M. Flury-Hérard qui s'y est prêté, il faut en convenir, avec un dévouement bien rare en matière de finances. Je vous supplie donc, Monsieur le Ministre, de le faire rembourser le plus tôt possible, puisqu'il est rigoureusement vrai... de proclamer « que nos missionnaires lui doivent leur salut »... jusqu'à ce jour... »

Par arrêté, en date du 1ᵉʳ août, le ministre remboursa au banquier de l'Expédition cette deuxième avance de 20.000 fr.[2]. — Dorénavant, la mission ne recevra plus d'avances. Le ministère n'effectuera que le solde des dépenses faites et les allocations mensuelles, elles-mêmes, resteront longtemps impayées.

Au sujet des dépenses de 1851 et 1852, le ministre adressait à Fresnel, le 7 avril 1853, une lettre où il lui transmettait les injonctions du Trésor relatives aux pièces comptables à produire. Il fallait :

1° Produire les quittances des créanciers réels, au lieu des déclarations signées de Fresnel.

2° — Faire acquitter plusieurs mémoires par les fournisseurs eux-mêmes, alors que des tiers sans pouvoirs légaux les avaient signés.

3° Produire des certificats de prise en charge du matériel acheté.

« A l'égard des productions réclamées par les paragraphes 1 et 2 de l'injonction du Trésor, ajoutait la lettre, M. le Ministre de l'Intérieur a décidé qu'il serait passé outre, attendu qu'en raison de la nature des dépenses en question et de la

---

1. Fresnel. Rapport m° 18, *loc. cit.*
2. Le ministre à Fresnel, 10 juin 1853.

diversité des lieux où elles sont faites, il y a impossibilité absolue à ce qu'il soit fait droit maintenant à la réclamation du Trésor, M. le Ministre s'engageant au surplus à vous donner des instructions conformes à la lettre du 3⁰ paragraphe de l'injonction.

« Il importe... que vous vous procuriez désormais, autant que possible, des pièces justificatives régulières de vos dépenses, afin de mettre l'administration à l'abri des réclamations ultérieures du Trésor et de la Cour des Comptes. » Il était recommandé à l'explorateur de ne plus empiéter d'un exercice sur un autre, puis la lettre continuait ainsi : « Vous prévoyez que le compte que vous aurez à rendre de vos dépenses pendant l'exercice 1852, sera clos en déficit. Il est regrettable que vons n'ayez pas donné, du moins approximativement, le chiffre de ce déficit. Ce manque de renseignement n'ayant pas permis d'apprécier la somme qu'il faudrait réserver sur le crédit afférent à l'Exercice 1852, le report de la différence à l'Exercice 1853 n'a pu être demandé.

« Toutes ces observations et celles qui vous ont été adressées précédemment ne sont faites que pour ordre et n'impliquent nullement, comme vous paraissez le craindre, des doutes sur votre conduite et votre bonne foi. Il est du devoir de l'Administration de redresser les comptes qui lui sont rendus par ses agents de l'emploi des fonds qu'elle met à leur disposition et de les rappeler à l'observation des règles tracées par les lois des Finances. Elle n'a été guidée, à votre égard, par aucun motif dont vous ayiez à vous alarmer.

« Aussitôt que vous m'aurez transmis le Bordereau de vos dépenses pendant les 2⁰, 3⁰, 4⁰ trimestres de 1853, il sera avisé aux moyens de vous ouvrir de nouveaux crédits pour la continuation de votre mission ». En effet, quand les règlements de l'exercice 1852 furent effectués, il ne resta plus qu'une somme de 17.877 francs disponible sur le crédit primitif de 70.000 francs [1].

---

1. Note du chef de la Section des Beaux-Arts pour M. le ministre, sans date (1854), signée de Mercey.

Exercice 1853.

Déficit au 1ᵉʳ janvier 1853 .... 20.323,05
Dépenses de l'exercice 1853 .... 42.547,88
Total du déficit au 31 *décembre* 1853 .... 62.870,93

L'année 1853 fut la plus critique pour l'Expédition, puisqu'elle s'ouvrit par un déficit important. En octobre, Fresnel écrit qu'il s'occupe de la traduction et de l'examen des comptes de 1853, dont la partie arabe était tenue avec la plus grande exactitude par Bâboûsch, l'écrivain indigène [1]. En novembre, n'ayant pu établir ses comptes définitifs, il adressa un état de prévisions qui se montait à 59.294,35, auxquels il fallait encore ajouter les frais de leur rapatriement et du transport des collections en Europe, si un vaisseau de l'État ne venait pas à Bassorah. Cependant, l'explorateur s'était privé d'un cheval et de deux domestiques par raison d'économie [2].

Aidé de son secrétaire, d'Oppert et de l'écrivain arabe, Fresnel adressa le bordereau de ses dépenses du 1ᵉʳ trimestre de 1853 en février 1854 seulement [3] et les trois autres partirent le mois suivant [4]. L'exercice était clos le 31 juillet 1854 et, les dernières pièces de l'Expédition n'arrivèrent à Paris que le 8 mai, ce qui ne permettait pas aux pièces rejetées un retour à la date fixée. Le déficit total, établi par les pièces comptables, se montait alors à la somme de 62.870,93 [5], encore devrait-on y ajouter les frais de retour de Thomas et d'Oppert qui furent payés directement, après leur retour à Paris, soit 1.569,00 d'une part et 1.819,97 de l'autre [6].

Pour se procurer les fonds nécessaires à ses dépenses, Fresnel avait dû tout d'abord ne payer aucun traitement à ses attachés ainsi qu'à lui-même et emprunter à Bagdad, en tirant sur Flûry-Hérard à Paris. Du mois d'août à celui de décembre

---

1. Fresnel. Rapport n° 21. Hillah, 21 octobre 1853.
2. Fresnel. Rapport n° 22. Bagdad, le 25 novembre 1853.
3. Fresnel. Rapport n° 25. Bagdad, 15 février 1854.
4. Fresnel. Rapport n° 27. Bagdad, le 25 mars 1854.
5. Pièces annexes n° 7 et n° 8. Exercice 1853.
6. Pièces annexes nᵒˢ 11 et 13.

1853, il signa ainsi trois traites se montant à 11.130 francs [1], mais le crédit de l'Expédition étant alors épuisé dans cette banque, les traites furent refusées et les protêts revinrent au créancier, Hanna Andréa et fils de Bagdad. Ce fut dans les premiers jours de janvier 1854, que Fresnel apprit cette douloureuse nouvelle.

Une autre difficulté surgit à propos d'un achat de provisions effectué, pour le compte de l'Expédition, par J. Sonnerat, de Marseille. Ces vivres avaient été embarqués le 4 avril 1853 et les notes remises le 5 mai à Emeric et Cie, correspondant de Fresnel, mais les factures présentées au ministère, par Flûry-Hérard, portaient toutes la date de 1852 [2]. Le montant de cet achat était de 2.367,70, auxquels s'ajoutaient 118,30 réclamés pour frais divers, par la banque Emeric, soit 2.486,00 au total. La liquidation de cette dépense ne fut opérée qu'à la fin de 1855, après une longue correspondance et la suppression des intérêts réclamés [3].

Enfin, Fresnel avait été obligé d'emprunter, sous le couvert de Tavernier, à Michel Sakazan, représentant à Bagdad de la maison Médawar de Beyrouth. Sakazan réclamait 2.423 fr. pour solde de compte d'avances et d'intérêts, représentant les frais de la mission pour les premiers mois de 1853. Après discussion, il consentit à un règlement amiable qui réduisait sa demande à 1.140,25 [4]. Perreymond porta cette somme au passif de l'exercice 1853 et cela suscita des difficultés nouvelles dont le secrétaire se défendit ensuite en protestant de sa bonne foi, attestée par les bordereaux [5].

Fresnel, après s'être plaint de l'inaction forcée où l'a tenu

---

1. Traites en date des 1er août, 13 octobre et 31 décembre 1853, lettre de Flûry-Hérard au ministre d'État. Paris, le 26 août 1854.

2. Fresnel. Rapports n° 29 et n° 30, *loc. cit.*, et dépêche ministérielle adressée à Fresnel. Paris, 21 juillet 1854.

3. Le ministre à Fresnel, dépêches des 21 juillet et 31 octobre 1854, et lettres du chef de la section des Beaux-Arts à Flûry-Hérard en date du 13 juillet 1854 et du 23 avril 1855.

4. Fresnel. Rapports n°s 18, 22 et 29.

5. Dépêche ministérielle du 21 juillet 1854, *loc. cit.*, et addition de Ferreymond au rapport n° 31.

cette crise financière au printemps, c'est-à-dire à la saison des fouilles [1], insiste sur l'insuffisance notoire du crédit primitivement alloué, puis il ajoute [2] : « Après tout, la plus cruelle de toutes mes peines est celle qui résulte *d'un crédit douteux à l'Étranger*. La comparaison incessante que font les indigènes entre la pénurie française et le luxe effroyable de la Résidence anglaise est poignante pour un cœur français ». Déjà il avait écrit [3] : « ... la guerre éternelle entre les Turcs et les Arabes... n'entraverait point sensiblement mes opérations, si mon *crédit* financier était établi dans cette contrée au niveau du crédit anglais... Je pourrais alors travailler avec le concours et la protection *des Rebelles* aussi bien et *mieux* qu'avec la protection illusoire et trop souvent insultante, des « Autorités nominales constituées ».

« En de telles circonstances, il me semble que la seule question à résoudre est celle de savoir si *je mérite* votre confiance et celle du Gouvernement.

« J'ose encore espérer que nous ne serons pas réduits à mettre en gage [notre collection d'antiques] pour nous procurer du pain. — En vérité, ma situation actuelle aurait pour moi le charme de la nouveauté, si elle n'était honteuse pour notre pays. Autrefois, des négociants étrangers « *se disputaient entre eux* » mes traites sur Paris. A présent, personne ne veut plus de ma signature, et notre vice-consul de France à Bagdad, auquel je me suis officiellement adressé pour les fonds dont la mission peut avoir besoin *laisse sans réponse* une lettre dans laquelle je lui exposais la situation critique où je me trouve. » Lysimaque Tavernier avait été cependant la cause du refus des traites de Fresnel, car, après avoir accepté de l'explorateur un reçu de 20.000 francs, daté de décembre 1852, il avait divisé cette somme en traites sur Paris, mais sa lettre d'avis était datée du 23 février 1853 [4]. Ces effets fu-

1. Fresnel. Rapport n° 21, *loc. cit.*
2. Fresnel. Rapport n° 22, *loc cit.*
3. Fresnel. Rapport n° 18, *loc cit.*
4. Fresnel. Rapport n° 18, *loc cit,*

rent donc imputés à l'exercice 1853 et refusés, alors qu'ils auraient pu être touchés sur l'exercice précédent.

Dans une telle situation, Fresnel écrit[1] : « Je puis donc me considérer désormais comme un homme « en charte privée »; et encore[2] : «Je ne saurais jamais vous exprimer, Monsieur le Ministre, la déconsidération qui résulte pour la France de notre système, évidemment basé sur une *honteuse* méfiance; les Étrangers ne s'y trompent pas et *nous estiment d'autant*. Pour un Agent placé comme Chef de votre mission de Mésopotamie, les exigences réglementaires de la Division de Comptabilité sont absolument inadmissibles. »

« M. Flury-Hérard nous écrit[3], à la date du 28 décembre 1853 : « ... Mon découvert avec la Mission est considérable, vous le savez, et le Ministère persiste dans la défense qu'il m'a faite de consentir à de nouvelles avances... » — M. Flury-Hérard nous déclare, en outre, qu'il n'acceptera point notre deuxième traite de 4.000 francs, tirée de Hillah le 19 octobre comme il a refusé celle du mois d'août (4.130 francs) dont le protêt est revenu ici... Notre crédit personnel est épuisé, notre détresse actuelle est extrême, et les envoyés du Gouvernement de la France, privés de tout moyen d'existence, sont devenus un objet de pitié pour les habitants de Bagdad ».

Cependant, malgré ces difficultés, les comptes de l'Expédition étaient enfin acceptés, en juillet 1854, sur le rapport du Chef de la division des Beaux-Arts, qui écrivait au ministre d'État[4] : « Peut-être M. Fresnel a-t-il abusé de l'autorisation qui lui était accordée [d'attester lui-même ses dépenses], mais comme au résumé, la moralité et la probité de cet agent sont incontestables, je crois qu'il y a lieu d'accepter, pour 1853, les justifications qu'il a produites. » Les fonds votés par l'Assemblée nationale étant épuisés, il fallut alors pourvoir au solde de ces dépenses à l'aide d'un crédit nouveau.

1. Fresnel. Rapport nº 18, Primata. Copie anticipée. Hillah, 15 mai 1853.
2. Fresnel. Rapport nº 18, *loc cit.*.
3. Fresnel. Rapport nº 25, *loc. cit.*
4. Minute de ce rapport du 21 juillet 1854.

CHAPITRE XIII

Dislocation de l'Expédition.
Les ordres de retour adressés à Fresnel.

Le départ de Thomas avait, dès l'année 1852, porté à l'Expédition un coup sensible; après celui d'Oppert, le 4 février 1854, la mission était morte. Perreymond restait seul auprès de Fresnel afin de liquider une situation financière difficile, pour soutenir son chef dans le malheur et assurer le transport des collections en Europe.

Oppert, avons-nous dit plus haut, partit pour la France sans l'autorisation de son chef, mais avec l'assentiment de l'agent consulaire de Bagdad. Lui-même écrit qu'il revint comme Ulysse, seul, sans les amis avec lesquels il était parti pour l'Asie [1]. Fresnel rapporte ainsi le départ de son collaborateur [2] : « Je ne dois pas laisser ignorer à votre Excellence que M. J. Oppert, se fondant sur une fausse interprétation de la dépêche ministérielle du 10 juin (que j'avais dû lui communiquer, dans ma détresse, ainsi qu'à M. le vice-consul de France à Bagdad) — est parti pour la France, *proprio motu*, et sans mon autorisation. — Il eut été parfaitement inutile de protester contre son départ, sa résolution étant appuyée par le Vice-Consul (L. Tavernier). — Je joins à ma dépêche le règlement de comptes arrêté entre M. Oppert et l'agent comptable... »

La dépêche ministérielle dont il est question ici est celle qui mit quatre mois et dix jours à parcourir le chemin de Paris à Bagdad puisqu'elle ne toucha Fresnel que le 19 octo-

---

1. J. Oppert, *Expédition...*, tome I, page 360.
2. Fresnel au ministre Fould. Rapport n° 25. Bagdad, 15 février 1854. Arrivé au ministère le 8 avril.

bre 1853, à Hillah. Elle ordonnait à l'explorateur de rassembler ses collections et de rentrer en France par les voies les plus rapides. Oppert ayant reçu communication de cette lettre s'empressa, avec raison, de réunir et de compléter ses études; puis, après avoir établi l'inventaire des antiquités de la mission et discuté avec son chef au sujet du règlement de ses comptes [1], il prit le chemin du retour. Il quittait Bagdad le 4 février 1854 et arrivait à Paris le 1er juillet suivant, avec ses plans, ses notes et les quelques antiquités qu'il avait été autorisé à emporter [2]. « En revenant avant mon ancien chef, je crois, dit-il [3], avoir fait preuve d'obéissance et d'abnégation. »

Pour étudier les divers ordres de retour envoyés à Fresnel par le ministre, nous croyons utile d'indiquer la cause des longs retards subis par la correspondance officielle.

A la fin de l'année 1854, le chef de l'Expédition resta plusieurs mois privé de toute dépêche ministérielle pour la raison suivante : « M. J.-B. Nicolas, nous apprend Fresnel [4], gérant titulaire du Consulat général de France à Bagdad, parti pour Téhéran, le 18 novembre 1854, avait donné ordre à son remplaçant provisoire, M. Achille Murat, second drogman et gardien des Archives, de lui expédier à Téhéran tous les plis qu'il recevrait à son adresse... M. Achille Murat n'avait pas la permission de décacheter un seul pli à l'adresse de son chef, d'où il résulte évidemment que M. Nicolas ne s'était aucunement préoccupé des lettres incluses, *expédiées sous son couvert* et dont la distribution immédiate pouvait être d'un intérêt majeur pour les destinataires. » — « Or, ajoute Fresnel [5], le Département me fait parvenir ordinairement ses dépêches

1. Lettre de J. Oppert au ministre. Bagdad, le 25 janvier 1854. Arrivée au ministère le 14 mars.

2. J. Oppert, *Expédition...*, tome I, page 360.

3. Lettre de J. Oppert au ministre Achille Fould. Paris, ce 11 octobre 1854; signée : J. Oppert, 38, rue de Lille.

4. Fresnel au ministre Achille Fould. Rapport n° 31. Bagdad, le 31 janvier 1855.

5. Lettre de Fresnel à Flûry-Hérard, banquier à Paris. Bagdad, le 18 janvier 1855. Arrivée le 8 mars et transmise au ministère le 17 mars 1855,

sous le couvert du Consulat. Si quelquefois il a jugé superflu de prendre cette précaution, l'Ambassade de France à Constantinople et les Consuls de Beyrouth et de Damas y ont suppléé, de manière qu'aucun pli ne m'est jamais parvenu que sous l'enveloppe et avec l'adresse du Consul de France à Bagdad. » C'est pourquoi nous voyons la dépêche ministérielle du 31 octobre 1854 revenir à Bagdad le 22 janvier 1855, après avoir été à Téhéran. On ignorait d'autant plus ces retards à Paris, que la correspondance de Fresnel parvenait régulièrement, ainsi que nous le verrons plus loin, en 30 ou 35 jours. On fit donc grief à l'explorateur de ces lenteurs et de la confusion extrême qui en résulta, quoiqu'il leur fut bien étranger.

Pour faire comprendre cette situation au ministère et se couvrir en même temps, Fresnel se fit remettre par Achille Murat une attestation revêtue du sceau consulaire. Il résultait de cette pièce officielle que, depuis le 18 novembre 1854, jour du départ de Nicolas pour Téhéran, jusqu'à la date du 17 janvier 1855, aucun pli n'avait été remis au chef de l'Expédition. Fresnel l'adressa à son banquier Flûry-Hérard, avec sa lettre du 18 janvier afin qu'il en informât le ministre.

Maintenant que nous savons dans quelles conditions parviennent les ordres ministériels, nous allons les étudier successivement. Du 10 juin 1853 au 31 octobre 1854, c'est-à-dire du premier ordre à la dernière injonction adressée par le ministre à Fresnel, on ne compte pas moins de six ordres de plus en plus impératifs. Pour la clarté, nous leur assignerons un N° d'ordre.

Ordre N° 1. — Le 10 juin 1853 [1] le ministre écrivait à Fresnel : « Mon intention n'étant pas, Monsieur, de demander un nouveau crédit pour continuer l'exploration dont vous avez été chargé en Mésopotamie et en Médie, je suis forcé de vous inviter à cesser immédiatement tous travaux et à vous mettre en mesure de revenir en France avec le personnel de votre mission. Vous devrez ne vous occuper, à la réception de la

---

1. Minute de ce rapport. Rédacteur M. Cluys.

présente lettre, que de la mise en ordre et du transport des objets découverts, de dresser le devis des dépenses que cet envoi pourra occasionner, et me faire connaître le nombre des caisses dont il devra se composer, ainsi que leur importance et leur poids. »

Cette dépêche ne parvint à Fresnel que le 19 octobre, sans qu'aucun agent consulaire puisse expliquer ce retard injustifiable, aussi le rapport n° 20 que Fresnel adressait de Hillah le 13/15 juillet, ne parlait-il pas d'un départ imminent. On dût s'en étonner au ministère où ce rapport parvint le 1er septembre, mais on patienta cependant.

Ordre n° 2. — Ne recevant aucun accusé de réception de son ordre précédent, le ministre adressait, le 15 décembre 1853 [1], une nouvelle dépêche qui reproduisait l'ordre n° 1. Puis il ajoutait à ce sujet : « des objets du matériel acquis pour le service de votre mission, tels que pioches, outils, planches, etc., ... restent entre vos mains. Vous devrez en effectuer la vente sur les lieux et en porter, en y joignant un état détaillé, le produit en recettes sur le premier bordereau que vous aurez à m'adresser. Vous excepterez cependant de cette vente les ouvrages d'art et de science que vous avez emportés de Paris ou que vous avez pu acheter depuis, lesquels devront être reproduits, sauf ceux qui se seraient perdus ou usés, après l'accomplissement de votre mission. — A l'égard des objets du matériel que vous ne pourriez restituer, par suite de perte, d'usure ou de toute autre cause, vous en dresserez également un état accompagné d'une déclaration explicative de ces empêchements. » Il demandait enfin, à l'explorateur, sur quel port le plus voisin de ses fouilles, il comptait diriger ses antiquités, afin qu'il puisse s'entendre avec son collègue de la Marine au sujet de l'envoi d'un bâtiment de l'État.

Par suite d'une coïncidence fâcheuse, le rapport n° 21 de Fresnel entrait au ministère le jour même du départ de cet ordre nouveau qui allait mettre deux mois, jour pour jour, à parvenir à Bagdad.

---

1. Minute de ce rapport.

Le Commandant de la Corvette qui doit être
expédié à Bassora pour embarquer la Collection archéologique de M. Place a-t-il l'ordre de me recevoir à son
bord avec tout mon personnel ? — Je l'ignore et
supplie Votre Excellence de vouloir bien m'édifier
à cet égard.

J'ai l'honneur d'être, avec un profond respect,
de Votre Excellence,
Monsieur le Ministre,
le Très-humble et très-
et obéissant serviteur

F. Resnel

La réponse de Fresnel (rapport n° 21) à l'ordre n° 1, contenait ceci : « Selon les ordres précis que je viens de recevoir, le règlement des comptes de 1853 et l'emballage des objets acquis, doivent être ma seule et unique occupation jusqu'au moment *où les moyens* de transport de notre collection, et de rapatriement du personnel de la mission, auraient été *arrêtés et alloués.* J'aurais vivement souhaité que des dessins des objets les plus intéressants eussent pu être expédiés en France avant l'emballage, vu que la majeure partie des objets *d'art*, de ceux *qui intéressent le musée du Louvre* est extrêmement fragile. »

Il regrettait que les recherches en Chaldée soient ainsi abandonnées : « Les voies étaient préparées, disait-il, et j'y eusse été bien accueilli par les Arabes de la localité. J'en ai la certitude. Un excavateur de profession, qui passe sa vie à chercher des parcelles d'or dans la poussière des tombeaux pour les vendre aux Juifs de Hillah, a été parfaitement reçu des Arabes de Niffar *en se servant de mon nom,* sans mon autorisation, et prétendant qu'il travaillait pour mon compte. » Enfin, il ajoutait que pour « l'exploration de la Babylonie et de la Chaldée, il était impossible de souhaiter un meilleur établissement que leur « campement d'Hillah ». C'est une maison ancienne, disait-il, à murs épais, parfaitement construite en briques babyloniennes et où « quatre maîtres » — deux Savants et deux Artistes — pourraient être logés à l'aise; — et cette maison, dont la construction coûterait aujourd'hui 50.000 piastres, est à vendre... pour 6 à 7.000 piastres... 2.000 fr.! »

Il terminait en disant qu'Hillah était un centre de rayonnement pour les travaux archéologiques et qu'il avait espéré que le gouvernement achèterait cette maison commode et agréable. Toutefois, il s'inclinait devant l'ordre reçu : il faisait ses préparatifs de départ et terminait ses comptes. Enfin, il ignorait si le commandant du bateau qui devait venir à Bassorah avait reçu des ordres pour embarquer sa collection.

Au commencement de l'année 1854, Fresnel n'avait encore reçu aucune précision au sujet de ce navire, et il écrivait de

Bagdad, le 11 janvier [1] : « Votre Excellence ne m'ayant point fait savoir quelle voie devait suivre cette collection [d'antiques], j'ai dû supposer que le bâtiment de l'État attendu à Bassora pour y charger les antiquités de M. Place, aurait l'ordre de recevoir nos caisses à son bord... Le transport sur l'Euphrate, de Hillah à Bassora, coûtera, selon l'évaluation la plus modérée, 5.000 piastres environ, soit 1.250 fr.

« M. Flury-Hérard n'ayant point honoré de son acceptation ma traite du mois d'août 1853 (4.130 fr.), je ne sais pas encore... s'il me sera possible de trouver cette somme à Bagdad... »

Ce ne fut qu'en février 1854, que l'ordre ministériel n° 2 parvint à Fresnel; il répondit aussitôt [2] en donnant le contenu et le poids de ses quarante caisses d'antiquités. Il annonçait aussi que leur transport à Bassorah n'avait pu s'effectuer, Oppert n'ayant pas été en mesure d'avancer les frais. Sa collection venait d'arriver saine et sauve à Bagdad par la voie des caravanes et elle attendrait le départ du convoi de Victor Place. Il ajoutait : « L'envoi d'un bâtiment de l'État à Bassorah étant évidemment indispensable au transport des monuments de M. Place, je m'estimerais heureux d'obtenir de Votre Excellence, tant pour moi que pour M. Perreymond, l'autorisation d'effectuer notre retour en France à bord de ce bâtiment. » Il signalait enfin le départ d'Oppert pour la France, le retour à Bagdad de ses traites protestées à Paris, sa détresse extrême et son état de santé précaire.

Cette lettre parvint au ministère le 8 avril suivant, deux jours après l'expédition d'un ordre nouveau.

Ordre n° 3. — Le 6 avril 1854, en effet, après un mois et demi de silence, le ministre répondait au rapport n° 25 que lui avait adressé Fresnel. Il discutait les chiffres des bordereaux de l'année 1853, qu'il avait réduits, après vérification, puis il ajoutait, au sujet du transport des antiquités en

---

1. Fresnel au ministre Achille Fould. Rapport n° 24. Bagdad, le 11 janvier 1854, arrivé au ministère le 22 février.

2. Fresnel au ministre A. Fould. Rapport n° 25. Bagdad, 15 février 1854, arrivé au ministère le 8 avril.

France[1] : « Je pense que vous avez pris des mesures pour expédier ces objets à Bassora. Aussitôt qu'ils y seront arrivés, vous aurez à les faire emmagasiner, afin de les préserver de tous dommages, jusqu'à ce qu'ils puissent être embarqués dans ce port pour être transportés en France.

« M. le Ministre de la Marine, dont j'avais réclamé le concours à cet égard, ne pouvant, dans les circonstances actuelles, mettre à ma disposition aucun bâtiment de l'État, j'ai dû entrer en négociation avec la marine marchande. Ces négociations ne sont pas encore terminées. Mais je puis vous informer dès à présent que votre retour en France avec le personnel de votre mission sera signalé dans le traité à intervenir entre mon administration et l'armateur d'un de nos ports, qui se chargera de l'envoi d'un navire à Bassora. »

Cette dépêche du 8 avril toucha Fresnel à Bagdad le 19 mai[2]; il répondit le 25 du même mois par son rapport n° 29. Après avoir justifié de ses dépenses, il ajoutait au sujet de son passage sur le bâtiment de l'État qui devait venir à Bassorah : « Ma reconnaissance est d'autant plus profonde que, dans l'état actuel de ma santé et de mes forces, qui vont s'affaiblissant chaque jour, il m'eût été absolument impossible de supporter les fatigues d'un voyage par terre. »

Ordre n° 4. — Une nouvelle dépêche ministérielle quittait Paris le 8 juillet 1854, à l'adresse de Fresnel. Entre cet ordre et le précédent, trois rapports de l'explorateur étaient parvenus au ministère; c'étaient les n°ˢ 26, 27 et 28, datés 6 et 25 mars, 10 mai, qui étaient arrivés respectivement le 18 avril, le 8 mai et le 14 juin 1854. Tous trois signalaient la détresse de plus en plus profonde de l'Expédition. L'ordre du 8 juillet disait, entre autres choses : « Il n'y a encore rien de déterminé quant au mode de transport en France, des objets d'antiquités découverts par M. Place, et comme il peut se faire qu'une décision ne soit pas prise avant quelque

1. Minute de la dépêche ministérielle du 6 avril 1854, en tête l'annotation suivante au crayon : « C'est bien, on peut expédier. »

2. Fresnel au ministre Achille Fould. Rapport n° 29. Bagdad, le 25 mai 1854, arrivé au ministère le 9 juillet, le duplicata n'arrivant que le 29 juillet.

temps, il ne faut pas songer à profiter, pour effectuer votre retour, du navire qui pourra être envoyé à Bassorah. Veuillez donc faire sans délai vos préparatifs de départ et procéder à la vente sur les lieux des objets composant votre matériel... »

« Quant aux objets d'antiquités découverts par vous, ils sont sans doute arrivés maintenant à Bassorah... Vous devrez rapporter avec vous les morceaux les plus précieux et les plus portatifs; les autres pourraient être laissés sans inconvénient à Bassorah, jusqu'à l'arrivée du vaisseau qui viendra chercher les antiquités découvertes par M. Place.

« Je vous prierai, Monsieur, de mettre la plus grande économie dans les dépenses qui vous restent à faire. Je tiens essentiellement à ce que le crédit qui m'est ouvert ne soit pas dépassé, car je ne consentirai plus maintenant à demander de crédit supplémentaire. »

Ordre n° 5. — L'ordre précédent venait de partir, lorsque le lendemain, 19 juillet, le rapport de Fresnel n° 29, entrait au ministère. Il répondait à la dépêche du 6 avril, comme nous l'avons vu plus haut. Ainsi se croisaient les lettres, à un ou deux jours près, et la confusion s'en augmentait d'autant.

Le ministre annotait ainsi le rapport de Fresnel : « Il faudra dire à M. Fresnel de prendre passage n'importe sur quel bâtiment revenant de Bassorah en France. On ne peut éterniser sa mission. » De fait, le 21 juillet 1854, une nouvelle dépêche ministérielle quittait Paris : « Vous avez sans doute, disait-elle [1], d'après les instructions de ma dépêche du 8 du courant, commencé vos préparatifs de départ. Veuillez faire en sorte d'effectuer, vous et M. Perreymond, votre retour en France le plus promptement possible. Votre lettre du 25 mai m'informe que l'état de votre santé ne vous permettrait pas de supporter les fatigues d'un voyage par terre. Vous aurez donc à prendre passage sur un bâtiment revenant de Bassorah en France. Mais profitez du premier navire, n'importe lequel, qui partira de Bassorah; je tiens essentiellement...

1. Minute de cette dépêche.

à ce que le crédit qui m'a été ouvert ne soit pas dépassé... '

« Il reste bien entendu, cependant, que vous ne négligerez aucune des précautions indispensables pour la conservation des objets d'antiquités découverts ou acquis et que vous rapporterez avec vous les morceaux les plus précieux et les plus portatifs. »

Le 13 septembre, Fresnel répondait ainsi[1] : « J'ai reçu à Bagdad les 11 et 30 août, les deux dépêches que Votre Excellence m'a fait l'honneur de m'adresser à la date des 8 et 21 juillet. »

Puis, après avoir justifié le peu de régularité apparente de ses pièces comptables, il ajoutait au sujet du retour : « La même dépêche (du 8 juillet) me faisait savoir que je ne devais pas songer, pour effectuer mon retour en France, à profiter du navire qui sera envoyé à Bassorah. Cet ordre m'avait consterné... [Il] me condamnait — sinon à la mort — au moins à un exil perpétuel. Mais quand cette décision fut prise, ma dernière dépêche n'était point encore parvenue au Département, et, dès que Votre Excellence a su que l'état de ma santé ne me permettrait pas dë supporter les fatigues d'un voyage par terre, Elle a voulu, avec un généreux empressement, prendre en considération les égards dûs aux infirmités d'un serviteur sexagénaire, en m'autorisant à profiter du premier navire qui partira de Bassorah pour rentrer en France....

« Le comble de mes vœux eût été de partager les dangers maritimes de ma collection *et de ne m'embarquer qu'avec elle*; mais, jusqu'à ce qu'un navire français ait fait son apparition au fond du Golfe Persique, je conserve l'espoir de voir arriver celui que vous expédierez infailliblement pour venir chercher les trésors archéologiques de M. Place, et j'ose espérer que, le cas échéant, le commandant ne se refuserait pas à me recevoir à son bord avec mon petit bagage. »

Ce rapport arriva au ministère le 12 octobre 1854. On

1. Fresnel au ministre Achille Fould. Rapport n° 30. Bagdad, le 13 septembre 1854, arrivé au ministère le 12 octobre.

s'étonna fort, à Paris, que Fresnel ne fût pas déjà à Bassorah avec sa collection, prêt à partir pour l'Europe, et le dernier ordre adressé à l'explorateur fut une injonction expresse d'avoir à rejoindre la France dans le plus bref délai possible.

Cet ordre, *notre* n° 6, ne parvint à destination que le 22 janvier 1855. Fresnel était alors à tel point souffrant et accablé de chagrin, qu'il avait décidé de ne plus quitter Bagdad où il s'était formé un petit groupe d'élèves qui étaient aussi ses amis. Mais, avant de lire l'émouvant testament par lequel l'explorateur répondit aux derniers ordres qu'il venait de recevoir, il nous reste encore divers sujets à étudier.

CHAPITRE XIV

Le transport des collections à Bagdad.
Leur inventaire et leur perte dans le Chatt-el-Arab.

Il y avait un an déjà que les fouilles étaient interrompues lorsque Fresnel reçut, le 19 octobre 1853, l'ordre formel du ministre (dépêche du 10 juin), de rassembler ses découvertes et de se préparer à regagner la France [1].

Fresnel prit alors les dispositions nécessaires au transport de ses antiquités. Il écarta tout d'abord le voyage par caravane de Hillah à Alexandrette sur la côte de Syrie, ou à Samsoun, sur la mer Noire, à cause des dangers de toute espèce qu'il ferait courir à ses collections. Il croyait préférable de les conduire directement à Bassorah par le moyen de l'Euphrate. Elles gagneraient ensuite la France par la voie de mer, en passant par le cap de Bonne-Espérance, afin d'éviter les transbordements de Suez et d'Alexandrie.

Il avertit le ministre de ses intentions et lui demanda des ordres à ce sujet. Il ajoutait [2] : « J'apprends (indirectement) qu'un bâtiment de l'État doit être expédié à Bassorah pour recueillir le produit des fouilles de M. Victor Place. Bien que je n'aie à cet égard aucune instruction, aucun ordre officiel, il me semble que je *devrai*, le cas échéant, profiter de cette occasion. »

La contrée que devait traverser le convoi, pour gagner Bassorah n'était pas très sûre, mais jouissait cependant d'un calme relatif à cette époque. Fresnel pria donc Oppert, qui terminait

---

1. Minute de la dépêche ministérielle et Fresnel au ministre Fould. Rapport n° 25. Bagdad, 15 février 1854.

2. Fresnel au ministre Fould. Rapport n° 21. Hillah, 21 octobre 1853, arrivé au ministère le 15 décembre.

le lever topographique de Babylone, de s'occuper de ce transport et de l'accompagner jusqu'à Bassorah.

Mais son collaborateur aurait été obligé de faire l'avance des frais, se montant à 1.000 ou 1.250 francs, et il déclara qu'il ne le pouvait faire. Oppert avait, en effet, déjà versé ses appointements au fonds commun pour subvenir aux premiers besoins et remédier ainsi à une situation financière très incertaine [1]. Cependant, les collections avaient été emballées par les soins d'Oppert et du Khawâdjah Tômas Bâboûsch, l'écrivain arabe de la mission; elles remplissaient trente-cinq caisses.

Le ministre avait souscrit à l'idée de Fresnel de transporter directement ses découvertes à Bassorah et en lui écrivant, le 16 décembre 1853 [2], il ajoutait : « Je vous serai très obligé de m'indiquer le port de l'Asie, le plus voisin de votre centre d'exploration (Bassorah sans doute), sur lequel vous comptez diriger les caisses contenant les objets d'art découverts, et lorsqu'elles y seront arrivées, m'avertir, afin que je puisse m'entendre avec M. le Ministre de la Marine pour les faire transporter en France par un bâtiment de l'État.» Enfin, plus tard, le 31 octobre 1854, le ministre renouvelait son ordre : « Quant aux caisses qui contiendront les autres [antiquités moins précieuses], disait-il [3], elles devront être déposées chez le consul anglais à Bassorah, qui les remettra à M. Place, lors de son arrivée dans cette ville, afin qu'il puisse les joindre à son envoi. »

Devant le refus de son collaborateur, Fresnel se disposait à se rendre à Hillah pour accompagner lui-même ses collections, lorsqu'il eut l'occasion d'une caravane qui s'en retournait à Bagdad sans chargement [4].

C'était, dès lors une opération peu onéreuse, puisque le

---

1. J. Oppert au ministre. Hillah (Babylone), le 20 janvier 1854, arrivée au ministère le 14 mars.

2. Minute de la dépêche ministérielle du 15 décembre 1853, parvenue à Fresnel le 15 février 1854.

3. Minute de la dépêche ministérielle du 31 octobre 1854, parvenue a Fresnel le 22 janvier 1855.

4. Fresnel. Rapport n° 25, *loc. cit.*

transport des antiquités et du mobilier de Hillah à Bagdad,
ainsi que les faux-frais de route, de chargement et de porteurs
n'atteignirent que le somme de 117 fr. 88 [1]. Aussi Fresnel
donna-t-il à Bâboûsch l'ordre d'en profiter et les collections
parvinrent à Bagdad, dans les premiers jours de février, sans
accident. Oppert, en revenant d'Hillah, avait pris avec lui une
petite caisse d'antiquités qui étaient, dit-il [2] : « dignes d'être
envoyées en France. A mon arrivée à Bagdad, je donnai avis
à M. Fresnel et du transport heureux de la caisse et de mon
projet de l'emporter à Paris, dans l'intérêt du service.
M. Fresnel ne l'accorda pas et je lui ai remis la caissette (sic).
J'aurais souhaité qu'elle parvînt au Musée d'une manière
plus sûre et plus rapide, tandis qu'elle restera maintenant en
chemin pendant une année encore. »

Nous ne savons si le contenu de cette caisse fut réuni à
une autre, ou si l'on doit le faire figurer en supplément de
celles qu'énumère l'inventaire des antiquités dressé à Bagdad,
le 12 mai 1854 [3]. En tous cas, l'envoi de Fresnel comptait
alors quarante caisses au lieu de trente-cinq qui partirent
de Hillah; ce qui tient, sans doute, à l'emballage nouveau
effectué à Bagdad [4].

Dans l'énumération des découvertes, nous relevons quatre
caisses remplies de petits objets de diverses matières, or,
ivoire, bronze et albâtre; l'une d'elles, le n° 1, renfermait
80 pierres gravées, 43 cylindres en pierre dure et quelques
monnaies antiques. Deux autres, les n°ˢ 13 et 21, contenaient
des poteries, dont 50 fragments couverts d'inscriptions araméennes, et des fragments de fer provenant de Amrân-ibn-Ali.
Trois, enfin, les n°ˢ 24 à 26, renfermaient la collection de
briques émaillées, dont 14 fragments de l'inscription cunéiforme [5] et cinq autres, les n°ˢ 31 et 36 à 39, des débris de mar-

---

1. Voir pièce n° 9. Frais de service. Exercice 1854, 1ᵉʳ trimestre.
2. Lettre de J. Oppert au ministre. Bagdad, le 25 janvier 1854, arrivée à
Paris le 14 mars.
3. Voir pièce n° 12. *Inventaire des antiquités.*
4. Fresnel au ministre Achille Fould. Rapport n° 29. Bagdad, le 25 mai
1854.
5. Fresnel. Rapport n° 12 et 14, *loc. cit.*

bre. Le reste, soit vingt-six caisses, renfermait des briques inscrites; le tout pesait 2.000 kilos environ.

A l'aide des rapports de Fresnel, on peut tenter un essai d'inventaire. Ainsi : les trois premières caisses de petits objets contenaient quantité de statuettes en terre cuite, plus ou moins mutilées; elles étaient chaldéennes, parthes ou sassanides, et plusieurs se rapportaient au type *Nana*, si fréquent dans toutes ces régions [1].

Amrân avait fourni quelques sujets moins abîmés. C'était, tout d'abord, une statuette de Vénus en marbre, avec une tête en albâtre rapportée (voir fig. xx); cette pièce, haute de o m. 22 à o m. 23, était de travail grec. Puis c'étaient une Junon en albâtre [2] et une statuette taillée dans une roche translucide, représentant un personnage étendu sur un lit de repos et coiffé d'un bonnet phrygien [2]. Un dessin de Mess'oud-Bey (fig. xxv), nous en montre une autre du même genre, mais accoudée.

En tout, c'était une trentaine de pièces de valeurs diverses, dont quelques-unes avaient gardé, sur un enduit de plâtre, des traces bien visibles d'une belle couleur pourpre [3].

Ces caisses contenaient aussi un grand nombre de breloques, bagues, bracelets et pierres précieuses telles que rubis et billes de cornaline, d'agathe, d'onyx ou de jade. Enfin, parmi les objets d'or, il faut rappeler un petit oiseau et les débris des plaques d'or ou des couronnes de lauriers, trouvés dans les tombeaux d'Amrân.

Les dossiers de l'Expédition renferment aussi deux inventaires des découvertes de la mission; tous deux furent dressés par les soins d'Oppert. Nous venons d'extraire quelques chiffres de l'énumération des caisses déposées à Bagdad en attendant leur départ pour l'Europe. Malheureusement, elle ne contient aucun renseignement archéologique qui puisse nous fixer sur la valeur des pièces elles-mêmes. Dans sa publica-

---

1. Fresnel. Rapport n° 14, *loc cit.* et 20. Hillah (Babylone), 13/15 juillet 1853.

2. Fresnel. Rapport n° 14, *loc. cit.*

3. Fresnel. Rapport n° 20, *loc. cit.*

tion, Oppert, qui s'attache à des démonstrations philologiques du plus haut intérêt, analyse les grandes inscriptions cunéiformes alors connues. Les textes de Bisoutoun, ceux découverts par Layard ou Rawlinson, les pièces du British Museum ou de la Compagnie des Indes, sont tour à tour étudiés; mais les travaux de la mission ne lui fournirent que deux inscriptions de Nabuchodonosor et des fragments d'autres textes déjà connus par des originaux complets. Dans les nombreuses études qu'il publia dans la suite, on retrouve aussi des notes tirées de ces découvertes, inscriptions de cylindres ou de cachets, mais aucune liste des trouvailles de l'Expédition ne fut jamais publiée.

C'est pour combler cette lacune que nous donnons ici l'inventaire qu'Oppert adressait de Babylone, en octobre 1853. Nous l'avons complété à l'aide des rapports de Fresnel et de « L'Expédition scientifique en Mésopotamie », où ces renseignements étaient disséminés. Ainsi, l'œuvre de la mission pourra être mieux appréciée.

INVENTAIRE

I. — CYLINDRES.

« Les cylindres, écrit Oppert, ont été employés comme cachets et comme amulettes. Les cachets sont reconnaissables à l'inscription gravée à rebours et exprimant généralement les noms du propriétaire et ceux du père et de la divinité, sous la protection de laquelle il s'était placé. Il est évident que l'on fabriquait d'abord ces objets, sur lesquels les acheteurs faisaient graver leurs noms : ceci est prouvé par l'espace vide qui s'aperçoit sur beaucoup de ces antiquités. On s'expliquera par ce fait comment il se trouve des cylindres babyloniens couverts d'inscriptions sémitiques, voire même himyariques.

« J'abandonne ici toute discussion sur la lecture des inscriptions comme étrangère au but du catalogue.

1°. — Cylindre en cristal de roche, provenant de Cutha, d'un travail très fin, représentant l'arbre sacré flanqué de deux figures ailées. — Sans inscription.

2°. — Cylindre en cristal de roche, représentant deux groupes, un combat de lion et un combat de bélier. — Inscription archaïque de trois lignes.

3°. — Cachet d'un certain Ouziya, avec invocation au soleil. Inscription de six lignes. Figure assise sur un trône. — Pierre dure rouge.

4°. — Cachet d'un certain Boulimap.

5°. — Cylindre en pierre dure, brune à veines blanches. Deux sphinx ailés et couronnés, des deux côtés d'un palmier. Destiné jadis à recevoir une inscription qui n'y a pas été apposée.

6°. — Beau cylindre en pierre noire, cachet d'un homme. Une figure assise; devant elle deux grandes figures et deux petites, se tenant debout.

7°. — Cylindre de pierre blanche à veines brunes, endommagé. Inscription de quatre lignes.

8°. — Deux figures, l'une assise, l'autre debout; entre elles plusieurs symboles. — Inscription de trois lignes.

9°. — Pierre noire, scène de combat, travail grossier.

10°. — Même sujet, pierre blanche, mal conservé.

11°. — Cylindre en pierre noire, même sujet, travail grossier.

12°. — Pierre noire à veines vertes; une figure comme assise et une autre debout, tournant le dos à un palmier.

13°. — Cachet d'un certain Faramud, fils de Belabi, invoquant Belus. — Pierre noire.

14°. — Cylindre portant l'inscription de « Dieu Belus », représentant une figure assise devant laquelle est représenté un croissant; elle semble accueillir les deux autres.

15°. — Cylindre en pierre noire, fort mal conservé.

16°. — Petit cachet en pierre noire, portant une inscription de trois lignes.

17°. — Petit cylindre en pierre noire, d'un travail très fin.

18°. — Petit cylindre en pierre noire, avec une grande quantité de figures.

19°. — Petit cylindre en pierre noire, brunâtre.

20°. — Petit cylindre en pierre noire, noir.

21°. — Cylindre en lapis-lazuli, représentant une scène de combat et l'inscription que voici :

ƎΘΣ

22°. — Cylindre en pierre grisâtre, portant les noms de deux dieux.

23°. — Petit cylindre en pierre noire, portant plusieurs figures, et, au lieu de l'inscription, des traits semblables aux « postes » grecques.

24°. — Cachet d'un certain Ludutamar, en pierre noire, détérioré.

25°. — Petite amulette en pierre jaune fort dure.

26°. — Cylindre en pierre noirâtre.

27°. — Cylindre verdâtre, peu important.

28°. — Autre cylindre, de la même couleur.

29°. — Amulette en pierre noire, représentant probablement un sacrifice.

3o°. — Petit cylindre à trois figures, destiné jadis à recevoir une inscription.

31°. — Petit cylindre en pierre noire, travail grossier.

32°. — Beau cylindre en pierre brunâtre, d'un travail très fin, avec trois figures, le soleil et le croissant, au-dessous desquels on voit un animal ressemblant à un hérisson. Ce cylindre porte, comme les cinq cylindres suivants, l'inscription : « Soleil et Lune ».

33°. — Cylindre de pierre noire représentant l'adoration du soleil et de la lune.

34°. — Cylindre de pierre noire, fort abîmé, représentant une danse en l'honneur de deux astres.

35°. — Beau cylindre. L'inscription ne se trouve pas entre deux lignes, les signes qui la composent étant éparpillés par-ci, par-là.

36°. — Cylindre en pierre brune, mal conservé.

37°. — Petit cylindre noir.

38°. — Fragment d'un cylindre de cristal de roche, portant une inscription tronquée.

39°. — Cylindre en pierre noire, portant une inscription
  sémitique.

40°. — Petit prisme octogonal fort curieux, en pierre blan-
  châtre, translucide, de o m. o2 de largeur. Deux faces
  opposées l'une à l'autre, portent des figures; deux autres
  des arbres, et les quatre autres sont couvertes d'inscriptions sémitiques.

41° à 46°. — Six petits cylindres.

47°. — Cylindre en pierre rosâtre; non percé dans l'axe,
  mais muni d'une anse ».

Soit 35 cylindres au total. Huit furent donc acquis dans
la suite, l'inventaire du 12 mai 1854 comptant 43 cylindres.
Nous avons ici 12 pierres gravées ou cachets, mais l'inventaire suivant en porte le nombre à 6o. Vingt autres furent
donc acquis ensuite, l'inventaire de mai 1854 en donnant 8o.

II. — Petits objets en pierre.

1°. — Figure de bélier de o m. o8 de longueur, assez lourde.
  Cet objet, comme tous les autres, est percé d'un trou,
  pour être porté au cou.

2° à 12°. — Figures d'animaux, en lapis-lazuli, albâtre,
  pierre, etc.

13°. — Figure d'éléphant, grossièrement exécuté en pierre
  rouge.

14°. — Figure de cochon.

15°. — 16°. — Deux figures de singes.

17°. — Figurine en pierre rouge, trouvée à Babylone, mais
  évidemment bouddhiste.

18° à 20°. — Têtes d'animaux difficiles à distinguer au point
  de vue zoologique.

21°. — Tête de bélier.

22°. — Cachet en pierre translucide, bien gravée, représentant un prêtre sacrifiant. — Forme d'un paraboloïde.

23°. — Beau cristal de roche, portant une croix phallique,

avec traces d'une inscription phénicienne, provenant d'Amrân.

24°. — Cachet grossier.

25°. — Amulette en forme de cylindre peu élevé, avec figures sur les bases et percé perpendiculairement à l'axe.

26°. — Pierre rouge en forme de cylindre; sur une base, on voit une idole en forme d'oiseau.

27°. — Pierre translucide avec un symbole formé d'un point d'où partent onze rayons.

28°. — Cristal de roche représentant un prêtre sacrifiant.

29°. — Cachet en forme elliptique, mutilé.

30°. — Cachet en pierre brune, mutilé.

31°. — Cachet muni d'une anse.

32°. — Amulette en carnéole, provenant de l'Ohéimir, formée d'un visage monstrueux, surmonté d'une anse.

33°. — Cachet assyrien portant une figure ailée.

34°. — 35°. — Deux scarabées égyptiens.

36°. — Un scarabée en pierre noire, représentant un vaisseau, avec l'inscription phénicienne : בדתלת.

37°. — Cachet sassanide en pierre blanche avec une tête et une inscription pehlevie. Le cachet est travaillé avec soin, la partie postérieure est ornée de facettes méplates.

38° à 48°. — Cachets et amulettes sassanides en carnéole, pierre sanguine, etc., etc.

« En outre, une grande quantité de petits objets en pierres de différentes espèces et de différentes formes, non susceptibles de classement. Enfin, une quantité de petites pierres gravées de valeurs fort diverses. L'objet le plus remarquable est une tête de Mercure en carnéole. Nous ne rendons pas compte ici des vases et des figurines. Je me borne seulement à mentionner l'acquisition d'un flacon en verre antique, haut de o m. 25.

« Nous avons acquis, en outre, écrit Oppert en terminant, une certaine quantité de médailles séleucides, arsacides et sassanides comme quelques monnaies de la Choracène. »

Les objets d'art, de bijouterie et les figurines ont été décrites dans les précédents rapports de Fresnel, mais nous n'en possédons pas d'inventaire précis. Il nous a été impossible aussi de retrouver le rapport d'Oppert, celui du 26 juillet 1853, où il étudiait un vase babylonien qu'il attribuait à une haute antiquité et où il lisait le nom de Narambēl[1].

III. — INSCRIPTIONS BABYLONIENNES.

a) *Style hiératique.*

1°. — Fragment d'un cylindre de pierre noire, provenant de l'Ohéimir.

2°. — Fragment d'une grande inscription en pierre noire, provenant de l'Ohéimir, remarquable comme type de calligraphie cunéiforme.

Ces deux morceaux sont tellement fragmentaires que, malgré la beauté de leurs caractères, il est impossible d'y lire seulement un mot en entier, sauf quelques déterminatifs, comme *métal*, dieu, etc...

3°. — Fragment d'un cylindre en pierre noire, évidemment du même contenu que l'inscription du Musée de la Compagnie des Indes ».

Au sujet de cette pièce, voici ce qu'écrivait Fresnel dans son rapport n° 14 : C'est, dit-il, « un petit fragment de grand cylindre en une pierre très dure, spécifiquement pesante, de couleur verdâtre. — Cylindre qui, d'après l'arc que nous possédons, devait avoir 11 centimètres de diamètre. Notre fragment offre une partie de l'inscription bien connue que l'on peut appeler le cachet ou le timbre du règne de Nabuchodonosor. Il est digne de remarque qu'un autre fragment de *ce même cylindre* fut trouvé ici [Le Kasr ou Amrân], par Ker-Porter, en 1818. Il a été publié dans sa relation in-4° (T. II, Pl. 77 A) et paraît devoir se raccorder avec le nôtre. »

---

1. J. Oppert au ministre. Bagdad, le 14 juin 1853, post-scriptum, arrivée au ministère le 29 juillet et *ibid.* Bagdad, ce 26 juillet 1853, arrivée au ministère le 7 novembre.

4°. — Fragment d'une inscription de Nabuchodonosor, en cinq lignes, gravée sur le côté étroit d'une brique.

b) *Style cursif*.

5°. — Inscription d'Esarhaddon, roi d'Assyrie, de Kidir (Arabie) et de Babylone, gravée dans le sens de la largeur, sur le côté étroit d'une brique. Trouvée à Hillah même.

6°. — Onze fragments d'une inscription de Nabuchodonosor, en petits caractères, en huit lignes, toujours gravés sur le côté étroit des briques. Ces fragments reconstituent toute l'inscription contenue du reste dans celle de Londres. Elle rend compte des grands travaux du roi. Quoique brève, son texte est complet. »

Oppert en donne, dans l'*Expédition*, deux lectures; Tome II, p. 284; puis, un peu plus tard, Tome I, p. 156. Voici cette dernière :

« Nabuchodonosor, roi de Babylone, restaurateur de la pyramide et de la tour, fils de Nabopallassar, roi de Babylone, moi !

« Je dis : J'ai construit le palais, le siège de ma royauté, le cœur de Babylone, dans la terre de Babylone, j'ai fait poser les fondations à une grande profondeur au-dessous du niveau du fleuve; j'ai relaté sa construction sur des cylindres recouverts de bitume et de briques.

« Avec ton assistance, ô Dieu Mérodach, le sublime, j'ai bâti ce palais indestructible. Que ma race trône à Babylone, qu'elle y élise sa demeure, qu'elle y sextuple le nombre des naissances. Puisse-t-elle, à cause de moi, régner sur le peuple de Babylone jusqu'en des temps reculés ! »

7°. — Inscription entièrement conservée de Nabuchodonosor, dans le même style, mais en six lignes.

L'original est perdu dans le Chatt-el-Arab, mais voici la lecture d'Oppert, Tome II, page 276 :

« Nabuchodonosor, roi de Babylone, le seigneur majestueux, reconstructeur de la pyramide et de la tour, fils de Nabopollassar, roi de Babylone, moi !

« Je dis : Nabopollassar, mon père, qui m'a engendré, a entrepris de construire la grande enceinte de Babylone (que Bel-Dagon garde !); car il était prévoyant, protecteur des habitations, confiant dans les dieux (?). Il a fait creuser les fossés et a fait revêtir solidement les bords des fossés en bitume et en brique.

« Dieu Mérodach, grand maître, bénis aussi les tentatives de ma main; sois propice, accepte mon humiliation, ô toi ! Accorde-moi la prolongation de ma vie jusqu'aux jours les plus reculés. »

8°.— Fragments d'une inscription de Nabuchodonosor dans le même style, à six lignes, mais différente de la précédente.

9°. — Fragments d'une inscription de Nabuchodonosor dans le même style, à quatre lignes.

10°. — Tablette mythologique, donnant les images de quatre dieux avec leurs noms.

11°. — Tablette en brique rouge et dure, d'un caractère microscopique. Son contenu ne m'est pas encore clair.

12°. — Petit gâteau de 3 à 4 centimètres de grandeur, en brique noire, trouvé dans un tombeau à Ibrahim-el-Khalil, « au pied de Birs-Nimroud, dit Fresnel — Rapport 14. Il porte sur ses deux faces une inscription cunéiforme.... [ce] serait un contrat, dans la forme légale usuelle », daté de Borsippa, le trentième jour du sixième mois de la quinzième année de Nabonide, roi de Babylone (4 juillet 540 avant J.-C., calendrier julien). Pièce précieuse, parce qu'elle fixe l'identité du Birs-Nimroud et de Borsippa.

13°. — Petit gâteau en brique jaunâtre, du quatorzième jour du premier mois de la trente-cinquième année de Darius, roi de Babylone et des nations (6 janvier 486 avant J.-C., calendrier julien).

14°. — Plusieurs fragments de gâteaux de brique.

15°. — Inscription grecque, malheureusement fruste. Tout le côté droit manque. Elle fut trouvée sur le sommet du tell appelé *Babil*, mais les fouilles entreprises dans les environs pour retrouver le reste de cette inscription furent sans résultat.

La voici, d'après l'*Expédition*, tome I, page 168 :

O
ΜΝΗΜΑΤΟΔΕ
ΔΟΣΕΣΤΙΚΑ
ΝΟΣΟΣΠΟΤΕΙ
ΠΟΛΛΟΙΣΙΝΤ
ΗΓΛΑΙΣΕΝΣ
ΟΙΣΠΟΛΛΑ
ΣΩΜΑΤΑΦ

«... Ce qui reste montre clairement que cette inscription était rédigée en distiques et qu'elle devait honorer la mémoire d'un Grec. Le chiffre en haut est un O ou un Q ; dans le premier cas, le texte indiquerait l'an 70; dans l'autre, l'an 90 des Séleucides, ce qui correspondrait aux dates 242 ou 222 avant J.-C. »

IV. — Briques.

Nous disposons, écrit Oppert, en octobre 1853, de :
150 briques de Nabuchodonosor.
a) 10 briques de Nériglissor, à trois lignes.
  1 brique de Nériglissor, à quatre lignes, très mutilée.
b 1) 20 briques de Nabonide, à six lignes.
b 2) 8 briques de Nabonide, à trois lignes.
Voici, d'après *l'Expédition*, les textes de ces briques :
a) Inscription de Nériglissor, en trois lignes. Tome II, page 234.

« Nergalassar, roi de Babylone, conservateur de la pyramide et de la tour, qui a exécuté des œuvres glorieuses. »

b) Inscription de Nabonide.

1° Texte en six lignes — Tome II, page 325 et Tome I, page 184.

« Nabonide, roi de Babylone, conservateur de la pyramide et de la tour, fils du nommé Nabubalatirib, le seigneur puissant. »

2° Texte en trois lignes — Tome II, page 326 et Tome I, page 185.

« Nabonide, roi de Babylone, qui a fait la maison de Nebo et de Mardûk, fils du nommé Nabubalatirib, le seigneur puissant, moi. »

Enfin, Oppert donne (Tome II, page 327), une inscription de Naram-Sin provenant de Babylone dont les 4 premières lignes sont seules claires, dit-il :

« Naram-Sin, roi des quatre régions, fils de *Namrak* le souverain. »

Les briques de Nabonide furent découvertes grâce à la baisse extraordinaire des eaux de l'Euphrate dans le vallon qui sépare le Kasr de Babil. A ce moment : « on a vu reparaî-tre, écrit Oppert [1], une construction gigantesque en briques cuites du plus beau travail, portant toutes le nom de Nabonide, fils de Nabodirba, grand mage.

« J'ai acquis la certitude de l'existence de deux classes de briques, l'une de 15 doigts, l'autre de 10 doigts chaldéens équivalent à 0ᵐ315 et à 0ᵐ336.

« Les briques de Nabuchodonosor ont l'une et l'autre dimension, tandis que celles de Nériglissor et de Nabonide ont ex-clusivement la longueur de 16 doigts. L'épaisseur est à peu près de 4 doigts babyloniens, c'est-à-dire, de 84 milimètres. »

Oppert, s'étend ensuite longuement sur les dimensions de la ville de Babylone et sur les mesures antiques; nous n'avons pas cru devoir reproduire ces lignes, l'auteur ayant développé ces idées dans de nombreuses publications postérieures.

Au sujet des dimensions des briques antiques, nous ferons cependant une remarque générale. L'appréciation des dimensions de ces petits matériaux n'a jamais été faite avec les soins nécessaires à cette étude délicate.

L'unité de mesure, *la pige du briquetier*, peut souvent être

---

1. Inventaire d'Oppert, octobre 1853.

retrouvée, mais il faut pour cela mesurer soigneusement un nombre assez considérable d'échantillons d'une même construction, les rapprocher en séries et faire la moyenne des dimensions de chaque série. On aura alors une mesure, aussi exacte que possible d'une *brique cuite.*

Mais cette dimension ne sera pas la mesure même du briquetier. En effet, cette mesure, a été donnée à la terre pétrie et humide; il faut donc calculer le retrait au séchage, puis à la cuisson, pour retrouver les dimensions primitives. C'est ce qu'ont oublié la plupart des archéologues avant de fixer les dimensions des briques et de les apprécier en pieds ou doigts de diverses catégories.

Il faudra donc faire les expériences sur les terres d'origine, en les traitant à la manière antique; puis, en les cuisant à la même température. Si la chose n'est pas possible, il faudra soumettre les échantillons antiques à des essais successifs afin d'obtenir l'indice de retrait par lequel on multipliera les dimensions moyennes obtenues tout d'abord. On retrouvera alors les mesures primitives exactes, et, par conséquent, la pige du briquetier.

Il nous reste maintenant à exposer les dispositions que prit Fresnel pour faire parvenir sa collection à Bassorah. L'explorateur, qui jouissait de l'estime de la colonie européenne de Bagdad, donnait quelques leçons de français et il avait parmi ses élèves, le capitaine Félix Jones qui commandait la flotille anglaise.

Le 15 février 1854, Fresnel écrivait au ministre :

« J'ai aujourd'hui la satisfaction d'annoncer à Votre Excellence que notre collection est arrivée en bon état et que le Cap. Jones m'a offert spontanément de la prendre à son bord, pour la transporter sans frais, à Bassorah, où elle attendra, chez le Consul britannique, le bâtiment de l'État qui doit venir l'y chercher. Je n'avais point compté sur cette offre généreuse du commandant anglais. Le musée ninivite de M. Place qui doit descendre le Tigre de Mossoul à Bagdad, puis de Bagdad à Bassorah, représente peut-être un poids de 100.000 kgs, 2.000 kgs ajoutés à ce poids considérable n'auraient pas donné lieu à un surcroît de frais appréciable et mon humble collection aurait pu faire route avec celle de M. Place. »

À cette époque, Fresnel était donc décidé à accepter l'offre anglaise. C'était, d'ailleurs, le moyen le plus sûr, car les vedettes anglaises étaient bien armées et ne craignaient pas les attaques des Arabes. Les collections de Rawlinson et de Loftus rejoignirent ainsi Bassorah sans pertes ni dommages; et, le 8 juillet 1854, le ministre pouvait écrire à notre consul : « Quant aux objets d'antiquités découverts par vous, ils sont sans doute arrivés maintenant à Bassorah. Veuillez me dire si vous les avez fait déposer chez le Consul de S. M. Britannique, suivant le projet que vous m'annonciez dans votre lettre du 15 février dernier. »

Dans les rapports suivants, Fresnel ne parle plus de ce transport, il semble oublier volontairement ses collections, dans le secret désir de ne pas les quitter et de s'embarquer avec elles. Son état de santé est devenu de plus en plus mauvais, il souffre et s'aigrit. Enfin, lorsqu'il aura abandonné toute idée de retour, il joindra ses découvertes à celles de Victor Place et cette dernière décision leur sera fatale.

Les quarante caisses de Fresnel quittèrent en effet Bagdad le 13 mai 1855 avec le convoi de Place qui se composait de quatre kélek et d'une grande barque. Après quelques jours de navigation paisible, le naufrage survint près de Kournah, le 20 mai, à la suite de pillages successifs et d'attaques à main armée conduits par les tribus arabes des rives du Tigre. Quelques-unes des antiquités de Place furent sauvées, mais la collection de Fresnel fut engloutie en entier, sans qu'une seule brique fut sauvée[1].

C'était, en quelques instants, l'anéantissement de plusieurs années de travaux et de souffrances; au bord de la tombe, Fresnel ressentit douloureusement ce dernier coup de la fortune.

---

[1]. On trouvera le récit de ce naufrage dans les *Comptes rendus de l'Académie des inscriptions et belles-lettres*, 1916, p. 224 et dans *Khorsabad*, chapitre II, M. Pillet, 1918.

CHAPITRE XV

Le Ministre des Affaires étrangères intervient.
Fresnel reçoit les dernières injonctions de retour.
Son testament.

On ne s'était pas encore rendu compte, à Paris, des retards vraiment extraordinaires que la transmission consulaire faisait subir aux dépêches ministérielles. Les bureaux ne s'étaient pas émus de la situation financière de l'Expédition couverte de dettes et ne pouvant quitter Bagdad sans trouver l'argent nécessaire au règlement des comptes et aux frais du voyage.

Le Ministre des Affaires étrangères intervint alors auprès de son collègue de la Maison de l'Empereur, afin de soutenir son agent et de faire cesser une situation qui portait un coup sensible à l'influence française en Orient. Le 15 février 1854, l'ambassadeur de Constantinople, Baraguay d'Hilliers, signalait la situation déplorable dans laquelle se trouvait l'Expédition de Babylonie : « Une semblable situation, écrivait-il, ne saurait se prolonger sans les plus graves inconvénients et sans nuire à notre considération. J'ai pensé qu'il était de mon devoir de la signaler à l'attention de Votre Excellence, qui jugera peut-être convenable d'en faire part à S. E. Monsieur le Ministre d'État. » Le 3 mars, Drouyn de Lhuys communiquait cette lettre à son collègue en le priant d'agir.

De Mercey rédigea alors une note pour le Ministre où il disait [1] : « Cette situation ne doit être attribuée qu'à la négligence de M. Fresnel qui, malgré les invitations pressantes et réitérées de l'administration, ne s'est pas mis assez tôt en mesure d'envoyer les États de ses dépenses, et l'a mise ainsi

---

1. Ministère d'État. Secrétariat général. Section des Beaux-Arts. Note pour Monsieur le Ministre, s. d. Le Chef de là Section des Beaux-Arts, signé : de Mercey.

dans l'impossibilité de demander les crédits nécessaires pour y pourvoir. »

Il proposait de faire ouvrir d'urgence, à Fresnel, un crédit provisoire de 20.000 fr. par Flûry-Hérard, afin de subvenir à ses besoins les plus pressants. Cependant il établissait en même temps, qu'à la date du 25 novembre 1853, le déficit de la mission s'élevait à 59.294 fr. 35. Tous ces retards administratifs apportés au solde des dépenses faites, n'avaient donné à l'explorateur aucune avance dont il puisse disposer et bien des dettes restaient à son passif.

Drouyn de Lhuys n'avait pas reçu de réponse à sa communication précédente, lorsqu'arriva la requête adressée au consulat général de Bagdad par la maison Hanna Andréas et fils. Cette firme avait avancé 11.130 fr. à Fresnel, contre trois traites sur Flûry-Hérard, qui étaient revenues protestées à Bagdad . « Le délai fixé par le susdit contrat, disait la plainte [1], étant expiré depuis six mois, et M. Fresnel se trouvant toujours dans la même position d'insolvabilité, nous venons vous prier, M. le Consul, de vouloir bien prendre toutes les mesures en votre pouvoir pour nous faire rentrer dans nos fonds. » En transmettant cette réclamation au ministre d'État, le 8 septembre 1854, Drouyn ajoutait [2] : « M. Fresnel est en ce moment retenu forcément dans cette ville (Bagdad), obligé, dit-on, de se livrer à l'enseignement des langues pour pourvoir à ses besoins de première nécessité.

« Vous penserez sans doute, comme moi, Monsieur et Cher Collègue, qu'il y a urgence, dans cette circonstance, de venir en aide à un savant dont les embarras n'ont d'autre motif que son dévouement à la science et que laisser se prolonger la situation pénible dans laquelle il se trouve, ce serait nuire à la considération qui s'est toujours attachée en Orient à la personne des Agents Français. Je vous prie de vouloir bien

1. Copie de la traduction de cette requête datée : Bagdad, 20 juillet 1854 et transmise au ministre d'État par le ministre des Affaires étrangères.

2. Le ministre des Affaires étrangères (Drouyn de Lhuys) à M. le ministre d'État (Achille Fould). Paris, le 8 septembre 1854, arrivée le 12 septembre.

me faire part, le plus tôt que vous le pourrez, des mesures que vous aurez cru devoir prendre en conséquence de la communication que j'ai l'honneur de vous adresser. »

Un mois plus tard, Achille Fould répondait à son collègue en l'informant qu'il avait mis, le 8 juillet et le 1er août précédent, une somme de 32.230 fr. 70 à la disposition de son agent : « M. Fresnel, ajoutait-il [1] a donc reçu depuis près de deux mois les fonds nécessaires pour acquitter les dettes de la mission et je suis convaincu qu'il s'est empressé de désintéresser la maison Andréas ainsi que les autres créanciers de la Mission. Je dois ajouter qu'en informant M. Fresnel de l'allocation de ces fonds, je lui ai donné l'ordre de revenir en France dans le plus bref délai possible. Cet agent a sans aucun doute quitté Bagdad depuis quelques temps déjà et doit être maintenant embarqué sur le navire qui le ramène en France. »

Ordre n°6. — Le ministre d'État, impatienté de toutes ces réclamations et du long retard apporté à obtempérer à ses ordres, voyant enfin ses crédits dépensés par avance, écrivit bientôt à Fresnel : « Je vois avec surprise, Monsieur disait-il [2], qu'à la date du 13 septembre, époque à laquelle vous et M. Perreymond, deviez être déjà sur votre retour en France, vous n'aviez pas encore quitté Bagdad, et je suis même fondé à croire, d'après les termes de votre lettre, que vous n'aviez seulement pas commencé vos préparatifs de départ. Mes instructions étaient cependant bien formelles et je ne puis m'expliquer que vous ne les ayez pas suivies.

« Vous m'aviez demandé, en raison de votre santé, d'effectuer votre retour par mer et je vous y avais autorisé. Je ne prétends pas encore aujourd'hui vous imposer un mode de transport qui pourrait mettre votre existence en danger. Mais je tiens essentiellement à ce que vous reveniez en France dans un *très prompt délai* et je désire que votre Mission, que j'ai déclarée terminée depuis longtemps déjà, ne se pro-

1. Minute de la dépêche ministérielle du 10 octobre 1854.
2. Le ministre d'État à Fresnel. Du 31 octobre 1854. Minute de cette dépêche.

longe pas indéfiniment. Il ne. faut pas songer, je vous l'ai dit, à revenir sur le vaisseau qui ira chercher les objets de sculptures découverts par M. Place, car ce navire ne sera à Bassorah qu'en février 1855, peut-être même en mars ou en avril, et, comme tous les bâtiments pesamment chargés, il ne pourra faire la traversée en moins de cinq à six mois.

« Un service régulier de correspondance est établi entre l'Angleterre et les Indes par la Méditerranée, Suez et la mer Rouge. Rien ne vous empêche, il me semble, d'aller vous embarquer à Bombay sur l'un des bâtiments à vapeur qui font le service de cette ville jusqu'à Suez et qui partent deux fois par mois. Vous êtes précisément dans la saison où leurs envois de Bassorah à Bombay sont très fréquents et de cette façon vous pourriez être arrivé à Paris en moins de deux mois. Je ne vous donne d'ailleurs cette indication que pour démontrer qu'il vous est possible de revenir très promptement en France. Si vous trouvez un autre moyen de retour aussi prompt et plus à votre convenance, employez-le. Mais je crois devoir vous prévenir que je suis toujours fermement disposé à ne pas laisser dépasser le crédit supplémentaire qui m'a été accordé pour les frais de l'Expédition en Mésopotamie et que si vous et M. Perreymond n'étiez pas rendus à Paris, au plus tard le 1ᵉʳ mars 1855, c'est-à-dire trois mois après la réception de cette lettre qui vous parviendra au commencement de décembre [*elle n'arrivera que le 22 janvier* 1856], non seulement je vous refuserais toute indemnité personnelle, mais je n'accepterais encore aucune dépense faite depuis l'époque où ma lettre vous serait parvenue. »

Rappelant enfin l'ouverture d'un crédit de 32.230 fr. 70 qui devait lui suffire pour acquitter les dettes de la mission, il ajoutait : « Afin, cependant que rien ne vienne entraver votre départ, je viens d'inviter M. Flury-Hérard à vous ouvrir un nouveau crédit de six mille francs, à compter sur les dépenses de 1854, qui seront liquidées après votre retour. »

« Je vous renouvelle, Monsieur, disait le ministre en terminant, mes recommandations de ne rien négliger pour assurer la conservation des objets d'art découverts ou acquis par l'Expédition. Il reste entendu que vous apporterez avec vous les plus précieux et les plus portatifs de ces objets. »

Cette dépêche ministérielle fut adressée à Fresnel sous le couvert du consul général de Bagdad, par les soins du comte Auguste de Nollent, directeur de l'Agence du Ministère des Affaires étrangères à Marseille[1]. Elle fut expédiée par le paquebot du 12 novembre, débarquée à Beyrouth et acheminée sur Bagdad par la voie de Damas[2]. Elle ne toucha Fresnel que le 22 janvier 1855, c'est-à-dire près de 3 mois après son départ, le ministre avait cependant spécifié « faire tenir cette dépêche sans retard à M. Fresnel ».

Ordre n° 7. — Quinze jours plus tard, le ministre, craignant que Fresnel ne différât encore son retour, écrivit au consul de France à Bagdad, en lui envoyant copie de sa dépêche du 31 octobre. Il le priait : « de vouloir bien veiller à ce que M. Fresnel se rende à Bassorah et s'y embarque sans délai... Je vous saurai gré, ajoutait-il[3], du concours que vous voudrez bien me prêter en cette circonstance.

« Je dois vous prier d'informer M. Fresnel que c'est par erreur qu'il est question dans mes dépêches précitées, ainsi que dans celle dont je vous transmets copie, du retour en France de M. Perreymond. Ce dernier, d'après ce que j'ai appris, a l'intention de se fixer à Bagdad et je n'ai quant à moi aucun motif pour l'obliger à revenir en France...

« Le 25 mars dernier, M. Fresnel n'attendait plus, pour effectuer son retour que les fonds nécessaires à l'acquittement des dettes de l'Expédition et au paiement des frais de son voyage. Il a touché depuis cette époque, par lui-même ou par son fondé de pouvoir, M. Flury-Hérard, cinquante mille francs environ. Le seul obstacle qui pourrait empêcher son départ a donc été levé. »

1. Minutes des dépêches ministérielles du 31 octobre 1854 à M. de Comte de Nollent à Marseille et à M. le Consul-Général de France à Bagdad.

2. Lettre du Comte Auguste de Nollent au ministre. Marseille, le 17 novembre 1854.

3. Minute de la dépêche ministérielle du 14 novembre 1854 à M. le Consul Général de France à Bagdad.

Cette dépêche fut acheminée par la même voie et par les mêmes moyens que la précédente; elle prit le paquebot du 16 novembre[1].

Nous avons tenu à citer textuellement les passages les plus importants des ordres ministériels concernant la liquidation de l'Expédition et le rapatriement de son personnel. Notre travail fut de classer méthodiquement les pièces mises à notre disposition, de fixer les dates d'arrivée des documents, de les rapprocher enfin les uns des autres afin de mettre en lumière la suite ou la contradiction, le plus souvent apparente, des idées poursuivies. Nous croyons avoir mieux éclairé ainsi le jugement du lecteur. Dès le début nous avons essayé d'esquisser les traits du personnage principal, sans en oublier les ombres. Mais le voici au seuil de la tombe, après une vie de labeur et de recherches scientifiques, au moment où il voit ses derniers efforts sombrer en un échec misérable. Il écrit alors au ministre un long rapport dont la tristesse est poignante et qu'il intitule avec raison son *testament.* Désormais, sans espoir, brisé par la douleur, le savant exhale sa plainte, écoutons-là!

Bagdad, le 31 janvier 1855[2].

Monsieur le Ministre,

« Ce n'est pas à la fin d'une carrière où je me suis fait principalement — sinon uniquement remarquer par une véracité scrupuleuse que je voudrais donner un démenti à tous mes antécédents. Je vais entrer dans ma 61e année et, pour moi, la vie n'est plus qu'une préparation à la mort. Croyez donc — je vous en conjure, Monsieur le Ministre, qu'il n'y a rien de mon fait dans les nombreux retards qui caractérisent d'un bout à l'autre la malencontreuse mission dont j'ai été chargé : — et, pour n'en citer qu'un seul, le dernier de tous — la dépêche que votre Excellence me fit l'hon-

---

1. Minute de la dépêche du 14 novembre 1854 à M. le Comte de Nollent à Marseille et réponse de celui-ci datée : Marseille, le 17 novembre 1854.

2. Fresnel à Son Excellence M. Achille Fould, ministre d'État. Paris, rapport n° 31. Bagdad, le 31 janvier 1855, arrivée au ministère le 7 mars.

neur de m'adresser le 31 octobre 1854 ne m'est parvenue à Bagdad que le 22 janvier 1855, à sept heures du soir...

« J'ai vu avec une peine extrême (peine imméritée) que Votre Excellence avait cru devoir inviter l'Agent consulaire de France à Bagdad à provoquer mon rapatriement *de la manière la plus pressante*. Cet agent consulaire, gérant du Consulat Général de France à Bagdad M. J.-B. Nicolas, ayant reçu à Téhéran,... où il se trouvait alors, la dépêche que Votre Excellence daigna lui adresser (en date du 14 novembre [1854]) crut pouvoir se borner à me donner *un avis indirect* de ce qui me concernait, par la bouche du second drogman du Consulat devenu gérant provisoire par le fait de l'absence du gérant titulaire. Ce gérant provisoire est M. Achille Murat, homme très digne de confiance... Il s'est acquitté du devoir qui lui était imposé, mais non sans un vif déplaisir... Je n'ai reçu de lui qu'une commission verbale, conçue en ces termes :

« Invitation à M. Fresnel de retourner en France par la plus prochaine occasion ». — Voilà tout.

« Quant à M. Perreymond, il lui a été donné communication *textuelle* de l'article qui le concerne dans la dépêche de Votre Excellence (14 novembre) à M. J.-B. Nicolas, et cela, bien entendu, par ordre de ce même gérant titulaire absent, lequel avait défendu à son remplaçant, M. Achille Murat, de me communiquer l'article qui m'était relatif.

« Mais n'ai-je pas lieu d'être surpris que l'article communiqué *par ordre* à M. Perreymond, et dont, en conséquence, il a pu et dû prendre copie, se trouve en contradiction manifeste avec ceux qui le concernent dans toutes les dépêches (y compris la dernière) que Votre Excellence m'a fait l'honneur de m'adresser ?....

« Ce même M. Achille Murat, m'avait donné, la veille, une attestation revêtue du sceau consulaire, de laquelle il résulte que depuis le 18 novembre, jour du départ de son chef, M. Nicolas, pour la Perse et Téhéran, jusqu'au 21 janvier 1855, *il n'avait reçu aucun pli à mon adresse*.

« Cela devrait suffire à ma justification; car, pour tous les retards antérieurs, je crois en avoir rendu compte d'une manière satisfaisante... Je vous avouerai, M. le Ministre, que tous les retards dont je suis innocent... m'ont paru, en ce qui me touchait personnellement, autant de faveurs du Ciel, eu égard à ma situation financière et au peu d'avenir qui me reste. Ce sont fatalités, qui, envisagées de Paris, peuvent sembler fort étranges. Mais si quelque chose m'étonne, au point de vue où je me suis placé, c'est que jusqu'à ce jour, aucune dépêche ne se soit égarée. Grâce à l'ordre parfait que M. Perreymond a adopté pour la tenue de nos archives, j'aurais eu toujours en cas de suppression d'un ou de plusieurs courriers anglais ou turcs la ressource indéfinie des duplicata et triplicata... Mais — seraient-ils arrivés en « temps utile » selon l'expression consacrée? — Non, sans doute. Et voilà pourquoi, au plus fort de ma détresse, je ne me lasse point de remercier la Providence.

« En acceptant la mission dont M. Léon Faucher, me fit l'honneur de me charger... j'avais la certitude de la remplir avec une fidélité exemplaire; — mais dès lors et depuis... je n'ai jamais conçu ni manifesté l'espoir d'un grand succès...

« Ninive était dévolue à M. Place. Et qui est-ce qui n'a pas été heureux dans l'exploitation de cette mine féconde? MM. Botta, Layard, Rassam et Place, n'y ont-ils pas trouvé de véritables trésors? Et le moins illustre des quatre, le Chaldéen Hormuzd-Rassam n'est-il pas celui auquel on doit la découverte des plus beaux monuments assyriens (sous le rapport de d'Art) et des plus intéressants (sous le rapport historique et paléographique?) D'une part, toute une encyclopédie, et, d'autre part, les plus belles sculptures assyriennes que l'on ait encore vues!...

« Pour moi, toujours peu favorisé, mais toujours résigné, mon lot était la Babylonie et la Chaldée, (je ne parle point de la *Médie*... C'était dans le principe une *illusion;* aujourd'hui ce serait une *dérision*). Je n'ignorais pas que ce lot était le pire. — Je l'acceptai toutefois avec l'espoir d'un crédit supplémentaire et d'une prolongation de séjour qui me permettaient de poursuivre un travail ingrat sous le rapport artistique, mais plus intéressant peut-être sous le point de vue historique et topographique...

« Ninive n'appartient qu'à l'histoire sacrée, tandis que Babylone appartient, et à l'histoire sacrée et à l'histoire profane. L'espoir que j'avais conçu n'a été justifié que fort tard, après que les travaux m'étaient interdits, et longtemps après que j'avais été forcé de les suspendre...

« En ce qui touche l'immense désappointement archéologique dont on m'a fait sentir le contre coup d'une manière si cruelle, je dois aujourd'hui représenter à Votre Excellence qu'il résulte d'une illusion créée par deux Anglais M. Loftus et le colonel Rawlinson, qui s'étaient figuré que l'on devait trouver dans la Babylonie, et singulièrement dans la Basse-Chaldée (« *Lower Chaldœa* »), une multitude de monuments écrits du plus haut intérêt. M. Loftus, victime de sa propre illusion, est venu dernièrement exploiter cette région au profit d'une société qui s'était formée à Londres dans le seul but de rivaliser avec la Mission de votre Excellence. J'apprends aujourd'hui, de très bonne source, que cette société est dissoute, attendu que le butin archéologique de M. Loftus a paru insignifiant relativement au capital qui avait été mis à sa disposition et qui a été en grande partie dépensé, sinon épuisé.

« Ne voulant rien céler à Votre Excellence dans une dépêche que je considère comme une sorte de testament, je dois Lui déclarer que M. le colonel Rawlinson, guidé par les renseignements de M. John Taylor, consul britannique à Bassorah, a trouvé au Birs-Nimroud (Babylone) deux cylindres en terre cuite de la plus haute valeur, qui, au lieu de rester dans sa collection, ou d'aller au Musée britannique, seraient acquis au Musée du Louvre, si j'avais eu, *en temps utile*, le crédit nécessaire pour faire des fouilles sur ce point [1]...

« Le système de morcellement du premier crédit... désastreux sous tous les rapports, me mit, un an après mon départ,

---

1. Déjà, dans une lettre datée de Bagdad, le 5 mai 1854, Fresnel écrivant au Secrétaire perpétuel le l'*Académie des inscriptions et belles-lettres* avait exposé l'échec des recherches anglaises en Basse-Chaldée et la difficulté de trouver dans cette région des morceaux de sculpture comparables à ceux découverts en Assyrie.

en demeure de pourvoir — non pas aux frais des travaux ordonnés — il n'en était déjà plus question — mais à mon existence matérielle et à celle de M. Perreymond par tous les moyens qu'une probité rigide peut accepter et avouer. Non seulement, je n'avais plus assez de crédit pour continuer les fouilles, mais je ne trouvais plus d'argent pour les besoins domestiques. Les protêts qui répondaient invariablement à chaque nouvelle traite m'avaient fait tomber dans le plus affreux discrédit.

« Je dus alors songer sérieusement à me faire une situation honorable, qui fût tout à fait indépendante des secours que mon pays me faisait attendre. Or, c'est ce que j'ai fait. Devenu *maître de langues*, je n'ai vécu, durant plusieurs mois, et n'ai fait vivre M. Perreymond que du produit de mes leçons.

« Je vous avoue encore, M. le Ministre, que je me suis attaché à mes Élèves, et ne les quitterais pas aujourd'hui sans un profond regret, d'autant plus qu'il ne me reste aucun moyen d'existence en mon pays ou ailleurs, ayant 1° dépensé mon patrimoine en voyages, et 2° refusé le Consulat de Mossoul en 1851. L'humble profession de Maître d'école me convient mieux que toute autre:

« En ce moment, le bateau à vapeur « Comet », qui fait le service de la poste anglaise de Bagdad à Bassorah, est retenu dans ce dernier port où il doit attendre l'arrivée du nouvel ambassadeur britannique près la cour de Téhéran, et aussitôt après son arrivée, le conduire à Bagdad, en remontant le Tigre. Avant que la « Comète » ne revienne et ne reparte pour Bassorah, je ne saurais me rendre dans ce dernier port sans m'exposer ou à un pillage intégral ou à d'énormes avanies, attendu que la navigation du Tigre est interceptée en cette saison par des Arabes rebelles, pour toutes les barques qui ne possèdent point les moyens d'attaque et de défense du steamer anglais.

« Le capitaine de la Comète, M. Félix Jones, est mon *ami* et mon *élève*, et ne me refusera certainement pas le passage à bord du bateau qu'il commande.

« Mais quand reviendra-t-il et quand repartira-t-il? Voilà deux questions auxquelles il ne pourrait pas répondre lui-même, en ce moment, fût-il ici, à Bagdad.

« Sans doute, Votre Excellence me demandera pourquoi je n'ai pas profité, pour me rendre à Bassorah, du dernier, ou avant-dernier, ou même antépénultième départ de la Comète? Il m'est facile de répondre à ce reproche hypothétique.

« La dépêche que Votre Excellence me fit l'honneur de m'adresser le 21 juillet 1854 portait ce qui suit :

— « Vous aurez donc à prendre votre passage sur un bâtiment *revenant* de Bassorah en France ». — Il est vrai qu'elle ajoute aussitôt après : — « Mais profitez du premier navire, n'importe lequel, qui partira de Bassorah. » Que devais-je faire en conséquence de cet ordre?

« Daignez considérer, Monsieur le Ministre, qu'il ne m'était pas permis de supposer que la seconde injonction pût être en contradiction avec la première. J'ai dû croire, en conséquence, qu'il m'était ordonné de profiter du premier navire, bon ou mauvais, *parti de France pour Bassorah* et « *retournant de Bassorah en France* ». Toute autre interprétation de l'article additionnel eût mis le premier à néant.

« Or, depuis plus d'un demi-siècle..., on n'a jamais vu à Bassorah, un *navire du commerce français*, et il n'y a pas la moindre apparence qu'il en arrive un seul avant l'époque où le Ministre de la Marine mettera à la disposition de Votre Excellence un bâtiment de l'État pour embarquer la collection de M. Place.. .

« J'ai donc pu croire... d'après les termes de la dépêche du 21 juillet 1854, que ce que j'avais de mieux à faire était d'attendre l'arrivée de ce bâtiment pour m'y embarquer avec M. Perreymond et ma collection babylonienne.

« Cela ne veut pas dire, Monsieur le Ministre, que j'ai compté sur un *second crédit supplémentaire.* Autant j'ai compté sur le premier comme sur une chose due en bonne justice, autant je suis éloigné d'en *espérer et solliciter un second.* Je me trouve suffisamment payé de mes fatigues de

ne demande rien de plus que ce que Votre Excellence a bien
voulu m'allouer — si ce n'est la permission de finir mes jours
où bon me semblera, après avoir rendu un compte exact
de toutes mes dépenses et consigné ma collection en mains
sûres, c'est-à-dire au capitaine du navire qui viendra chercher
celle de M. Place.

« Je ne puis rentrer dignement en France qu'avec la totalité
de ma collection. Je ne suis pas assez riche pour la scinder;
et, à présent que tout est emballé avec le plus grand soin,
il me serait presque impossible de faire un choix des objets
les plus précieux pour les emporter avec moi... Il ne peut
pas y avoir, en France, plus d'empressement à voir ma collection qu'à voir celle de M. Place. J'ai donc lieu de souhaiter
qu'elles fassent route ensemble, d'autant plus que ce sera
pour la mienne une garantie de conservation. D'un autre côté
j'ai grand intérêt à ce que l'opinion des savants ait le temps
de revenir sur les illusions créées, il y a quatre ou cinq ans,
par les voyageurs anglais dont j'ai parlé, en ce qui concerne
les prétendus trésors archéologiques enfouis dans la Babylonie et la Chaldée. Que de raisons personnelles pour souhaiter le retard de mon rapatriement ! Mais encore une fois,
il ne s'ensuit pas 1° que les retards soient de mon fait, et
2° que j'aie l'espoir ou seulement le désir de vivre indéfiniment sur le Budget de l'État. — Je me suis fait une existence indépendante, et j'ai lieu d'espérer que M. Perreymond
obtiendra bientôt, s'il n'a déjà obtenu, le même avantage. —
Donc, nous ne demandons rien à Votre Excellence que le libre
exercice de nos facultés... »

Fresnel revient alors au retard apporté à son rapatriement
et à celui de Perreymond, qui lui a été si souvent reproché.
Il n'a pas été volontaire, dit-il, c'est-à-dire créé par lui, et
il affirme que les transbordements nombreux de la voie de
Suez, Alexandrie et Marseille auraient causé la ruine de ses
antiquités. Attendre, au contraire, le navire de l'État était une
évidente économie et de plus un gage de salut pour sa
collection.

« Ici, dit-il en terminant, je donne la plume à M. Perreymond, le seul des Membres de la Mission qui ait constamment travaillé depuis la suspension des travaux, et qui travaille toujours, et à présent plus que jamais, au règlement de nos comptes. — F. FRESNEL ».

Le secrétaire, après avoir traité de diverses questions de comptabilité, reprend alors : « M. Fresnel m'autorise à déclarer ici qu'il s'en rapporte entièrement à tout ce qui plaira à Votre Excellence de décider sur l'apurement des comptes. Il se trouve aujourd'hui, par suite des fatigues et des chagrins qui l'ont accablé depuis trois ans, avoir principalement besoin de repos. Le seul travail dont il soit capable en ce moment, et qui lui sert en même temps, de distraction utile, est celui des leçons qu'il donne chez lui. — Depuis longtemps il ne quitte plus sa chambre, n'accepte aucune invitation, et ne reçoit guère d'autres visites que celles de ses élèves. — Du reste, il est parfaitement résigné. — Ed. PERREYMOND. »

A quelque temps de là, le 18 février, Fresnel écrivit encore au ministre pour régler la question du mobilier et du matériel de l'expédition qui restaient entre ses mains.

Ce sont diverses questions « que je dois, dit-il [1], soumettre aujourd'hui à l'appréciation de Votre Excellence.

« L'intention de Votre Excellence était, dans l'hypothèse d'un rapatriement immédiat, que les meubles achetés sur le fonds commun de l'expédition fussent vendus à Bagdad, et que le produit en fût porté en recette sur le dernier de mes Bordereaux.

« Persuadé que la dépêche du 21 juillet, en me permettant d'attendre le premier bâtiment qui partirait de Bassorah pour *retourner en France*, m'autorisait par cela même à attendre celui qui viendra chercher la collection de M. Place, ...et, d'autre part, ayant toujours conservé l'espoir que Votre Excellence ne voudrait pas m'ôter la faculté de choisir le lieu de ma sépulture — j'ai dû forcément différer la vente ordonnée; car, en vendant les meubles dont je suis en possession, il

---

1. Fresnel au ministre Achille Fould. Rapport n° 32. Bagdad, le 18 février 1855, arrivé au ministère le 7 avril.

eût fallu, ou me priver du strict nécessaire, ou acheter un autre mobilier.

« Maintenant, Monsieur le Ministre, plein de confiance dans l'esprit de justice de Votre Excellence, je La prie de vouloir bien permettre que ces meubles me restent, après que le prix qui figure en détail sur mes états de frais de service, aura été retranché du détail de mes dépenses, sauf une réduction équitable, pour laquelle je me réfère entièrement à ce qu'il plaira à Votre Excellence de décider, et en exceptant ceux de ces objets que j'ai remis à M. J. Oppert et dont la note est ci-jointe.

« Quant à la bibliothèque et aux instruments, j'avoue que je ne m'en séparerais qu'avec un vif regret. Depuis long-temps livré à l'étude — le plus impérieux de mes besoins — et vivant, en conséquence, dans la retraite, ces livres sont presque ma seule Compagnie. Je supplie donc Votre Excel-lence de m'en laisser « *l'usufruit* », ou d'en faire la « *dona-tion* » au Consulat général de France à Bagdad, pour les Voyageurs ou les Missionnaires à venir. »

Puis, terminant sa lettre, Fresnel ajoute : « En résumé, je désire par-dessus tout qu'à la fin d'une longue et laborieuse carrière, dans laquelle j'ai toujours fait preuve d'un profond respect pour la subordination hiérarchique, Votre Excellence ne puisse pas me reprocher l'apparence même de la résistance à ses ordres.

« Je suis, avec un profond respect, M. le Ministre...

« F. FRESNEL. »

Ce fut la dernière missive de l'explorateur; désormais, il consacra à ses élèves les rares heures durant lesquelles il pou-vait encore travailler.

Le rapport précédent (n° 31), parvint au ministère le 7 avril 1855 et il fut annoté ainsi : « M. Tournois. — Il faut tirer au clair ces deux affaires — celle de M. Fresnel et celle de M. Peyramond (*sic*) — m'en parler ». — Le dernier rap-port de Fresnel (n° 32) arriva un mois plus tard. — « M. Tour-nois. Vérifier ces comptes, dit l'annotation. Il faudra faire un rapport à S. E. relatif au mobilier et au don des livres ».

CHAPITRE XVI

Décret impérial du 5 juillet 1854.
Liquidation des exercices 1853 et 1854.

Fresnel et Perreymond viennent d'exposer que le règlement des comptes de la mission était aux mains du ministre. Les dépenses de l'exercice 1853 avaient été, en effet, acceptées en juillet 1854, ainsi que nous l'avons vu plus haut, mais le crédit alloué par la loi du 8 août 1851 avait été épuisé dans le courant du premier trimestre 1853. A la fin de cet exercice, les frais de service, joints aux allocations, se montaient à un total de 102.870 fr. 94. C'était un déficit de 32.870 fr. 94, auquel il fallait ajouter le solde des diverses dépenses réglées à Paris.

« Cette situation, écrit de Mercey [1], ne doit être attribuée qu'à la négligence de M. Fresnel qui malgré les invitations pressantes et réitérées de l'Administration, ne s'est pas mis assez tôt en mesure d'envoyer les États de ses dépenses, et l'a mise ainsi dans l'impossibilité de demander les crédits nécessaires pour y pourvoir... Il serait indispensable, afin de parer à toutes les éventualités, qu'un crédit supplémentaire de 40 à 50.000 francs fût ouvert à notre Département sur l'exercice 1853, pour tirer la Mission des embarras où l'a jetée le manque de fonds.

« Mais je ne pense pas qu'en ce moment où la session législative est ouverte, ce crédit puisse être accordé par un décret. Il faudrait provoquer une loi, et ce mode de procéder entraînerait des lenteurs qui aggraveraient encore la situation de la mission.

« Ne pourrait-on pas, afin d'éviter cet inconvénient, faire

1. Note pour M. le Ministre (d'État). Le Chef de la Direction des Beaux-Arts, signée : DE MERCEY. Sans date (entre février et juin 1854).

ouvrir à M. Fresnel, à Bagdad, pour subvenir à ses besoins les plus pressants, un crédit provisoire de 20.000 fr., par exemple, par l'entremise de M. Flury-Hérard, banquier des Ambassades à Paris, sauf à rembourser ultérieurement ce banquier, en comprenant sa créance dans le crédit total qui serait demandé après la clôture de la présente session des Chambres. »

Conformément à cette note, il fut préparé un rapport à l'empereur et un projet de décret qui ouvrait un crédit extraordinaire de 49.000 francs, imputable à l'exercice 1853. Sur les pièces, on lit l'annotation suivante : « M. de Mercey, transformer, d'après les ordres du ministre, ce projet de décret en projet de loi ». Puis, voici une petite fiche, émanant du secrétariat général du ministère d'État, qui informe que le crédit prévu sera, sans doute, insuffisant. Un nouveau rapport à l'empereur et un projet de loi, ouvrant un crédit de 59.000 fr. pour la liquidation de l'Expédition, furent alors préparés, mais le dossier ne fut pas présenté à la signature. Il ressortait, en effet, de diverses notes établies par le chef de la section des Beaux-Arts, que les dépenses pour 1853 et 1854 atteindraient approximativement la somme de 67.888 fr. 13; il fut alors décidé qu'un crédit de 70.000 fr. serait demandé.

« Un projet de loi, lit-on dans l'une de ces notes adressée au ministre d'État[1], portant ouverture d'un crédit extraordinaire pour l'acquittement des dépenses de la Mission... de Mésopotamie, avait été préparé et devait être présenté au Corps législatif. Des considérations particulières ont empêché que ce projet fût contresigné par M. le Ministre des Finances avant la clôture de la session.

« Il n'est pas possible, cependant, d'attendre une nouvelle session et d'ajourner à 1855 l'ouverture du crédit dont il s'agit. Ce crédit doit donc être accordé par un décret spécial de S. M. l'Empereur.

---

1. Note. Sans date ni signature, jointe au dossier relatif au décret impérial du 5 juillet 1854. Elle doit avoir été écrite par de Mercey vers la fin du mois de juin 1854.

« Il ne s'agit pas ici, comme on pourrait le croire, de donner à M. Fresnel les moyens de continuer sa mission et de créer ainsi de nouvelles dépenses pour l'État. *Cette mission est terminée; M. Fresnel est prêt à revenir en France.* Mais il doit, avant de quitter la Mésopotamie, remplir les engagements qu'il a pris sous la garantie morale du Gouvernement français, et ce serait manquer de dignité que de laisser ces dépenses à la charge de cet agent.

« Ces dépenses et celles que M. Fresnel a besoin de faire jusqu'à son retour en France, qui aura lieu vers le mois d'octobre prochain, ont été évaluées à 70.000 fr.

« Le crédit à ouvrir devrait donc être de cette somme. En attendant que ce crédit soit demandé à l'Empereur, il serait bien nécessaire, afin surtout que M. Fresnel puisse arriver en France à l'époque ci-dessus, qu'un à-compte de 20.000 fr. fût mis dès à présent à sa disposition. M. le Ministre d'État a l'intention d'accorder cet à-compte à M. Fresnel et de charger M. Flûry-Hérard, banquier ordinaire des Ambassades, d'en faire l'avance. Mais il voudrait être certain, préalablement, que M. le Ministre des Finances ne refusera pas de contresigner le projet de décret portant ouverture du crédit précité de 70.000 fr., et il prie son collègue de vouloir bien prendre un engagement à cet égard. »

Pour parer à toute éventualité, le décret impérial fixa le crédit nouveau à 75.000 fr., dont 47.000 fr. étaient applicables à l'exercice 1853, et 28.000 fr. étaient réservés pour 1854. Napoléon III le signa à Saint-Cloud, le 5 juillet 1854, et les ministres d'État et des Finances, Fould et Bineau le contresignèrent. Ces fonds permettaient de liquider rapidement la mission, mais le système des petites avances prévalut encore : le 8 juillet, en effet, un arrêté mettait à la disposition de Fresnel 20.000 fr. (sur 47.000 fr.), pour solder l'exercice 1853, alors que les dépenses s'étaient montées à 43.000 fr. Cette somme fut transmise à l'explorateur par Flûry-Hérard, qui avait déjà encaissé 17.877 fr., reliquat du premier crédit, le 21 avril; puis le 1er août, il lui adressait 12.230 fr. 70, pour solder les quatre traites qu'il avait refusées et qui s'échelon-

naient du 1er août 1853 au 15 janvier 1854[1]. Ainsi la liquidation de l'exercice 1853 se poursuivit petit à petit.

Exercice 1854.

Crédit nouveau affecté à 1854 .... 28.000,00
Dépenses de l'exercice 1854[2]............... 20.953,36

Reliquat au 31 décembre 1854............. 7.046,64

Le décret du 5 juillet avait été signé pour remédier à la
situation désastreuse de l'Expédition, mais les premiers fonds
ainsi alloués ne parvinrent à Fresnel qu'à la fin d'août.

En mars, il écrivait[3] : « Il est superflu de répéter à Votre
Excellence que ma position s'aggrave tous les jours et que je
suis dans l'abandon le plus complet. M. Perreymond et moi en
sommes aux expédients pour soutenir une existence précaire —
et nous sommes les envoyés de la France... » Le 10 mai suivant, il ajoutait[4] : « J'ai pu jusqu'à aujourd'hui subvenir à
mes besoins les plus urgents, ainsi qu'à ceux de M. Perreymond, au moyen d'une somme de mille francs qui m'a été
avancée au mois de janvier par l'agent consulaire de France
à Bagdad, par la vente de quelques meubles qui sont ma
propriété personnelle, et par le dépôt entre les mains d'un
juif, prêteur sur gages, de mon argenterie et de celle de
M. Perreymond. »

En écrivant ces lignes, Fresnel adressait le bordereau des
dépenses du premier trimestre 1854; son total est peu élevé,
moins de 1.800 fr., et l'explorateur avait encore congédié deux
domestiques. En dehors d'une modeste somme de 117 fr. 88,
employée au transport des antiquités de Hillah à Bagdad, tous
les autres frais sont imputables à l'administration et à la nourriture.

De Mercey fit rejeter 562 fr 35, qui représentaient les frais
de nourriture, et réduisit ainsi le total à 1.157 fr. 58. Les

1. Lettre de Flûry-Hérard au ministre d'État. Paris, le 26 août 1854.
2. Non compris 524 fr. 86 restant dus à Perreymond sur 1853 et 2.486 fr.
refusés en 1853, mais acceptés ensuite par le ministère.
3. Fresnel. Rapport n° 26, *loc. cit.*
4. Fresnel, Rapport n° 28, *loc cit.*

bordereaux de dépenses des neuf derniers mois étaient prêts à être expédiés lorsque la dépêche ministérielle du 31 octobre 1854 parvint à Bagdad, enjoignant de ne pas introduire ces frais de nourriture et de logement dans les frais de service, mais d'en faire un état supplémentaire. Perreymond fut donc contraint de refaire toutes les pièces de ces trois trimestres, afin de se conformer aux instructions reçues [1].

Les trois derniers bordereaux sont de minime importance; le deuxième trimestre ne se monte qu'à 511 fr. 11; le troisième à 1.393 fr. 41, fut réduit au ministère à 1.093 fr. 41, par le report d'une somme de 300 fr. à l'exercice 1853. Le quatrième, enfin, porté par Fresnel à 3.534 fr. 61, comprend l'indemnité de Perreymond, soit 3.000 fr.; les dépenses réelles ne se montèrent donc qu'à 534 fr. 61, que de Mercey réduisit encore par la suppression des droits de change et de banque qu'il refusa. Le quatrième trimestre se réduisit donc à 306 fr. 43. Un état supplémentaire comprenait, suivant les ordres ministériels, les frais de nourriture des trois derniers trimestres; il fut rejeté lors de la liquidation. Les frais de logement et les réparations du mobilier ou de la maison formaient le titre deuxième de cet état, où Fresnel n'imputa à la charge de l'État que six mois de loyer, prenant l'autre moitié à son compte [2].

Toutes ces dépenses ne furent soldées qu'après la mort de l'explorateur, ainsi que nous le verrons plus loin (chap. XXII) et, en insistant pour le règlement de ses comptes, Fresnel se plaint amèrement.

« Votre Excellence, écrit-il [3], m'exprime son mécontentement du petit nombre de pièces justificatives qui accompagnent les bordereaux de mes dépenses. Veuillez croire, Monsieur le Ministre, que M. Perreymond n'a rien négligé pour se procurer, autant que possible, des pièces régulières; mais les règlements de votre comptabilité, faits pour l'Europe, sans

---

1. Fresnel. Rapport n° 31, *loc. cit.* Addition de Perreymond.
2. Pour ces comptes, voir : Exercice 1854. Pièces annexes n° 9 et 10.
3. Fresnel. Rapport n° 30, *loc. cit.*

doute, sont impraticables en certaines contrées de l'Orient —
à.Bagdad surtout, où la demande d'un reçu pour une somme
payée comptant soulève toujours l'indignation ou le mépris
des indigènes — leur indignation, s'ils croient que nous sus-
pectons leur probité — leur mépris, s'ils croient que les
agents français sont si peu dignes de la confiance du gouvernement qui les accrédite auprès d'eux.

« Si mes bordereaux ne présentent pas le prix de chaque
objet d'antiquité acquis par moi, c'est par la raison que le
détail en eût été immense, et le nombre de mes déclarations
personnelles considérablement accru — puisqu'il est évident
que je n'aurais pu arracher aux fellahs de Hillah ou de
Djumdjumah un reçu pour chaque statuette ou fragment
qu'ils m'apportaient. »

Ajoutons que le ministre répondit à Fresnel [1] : « ...Je vous
avouerai que l'Administration espérait un meilleur résultat
lorsqu'elle vous a autorisé à vous adjoindre M. Perreymond
en qualité d'agent comptable. » Cet attaché devait, en effet,
assumer toute la partie administrative et laisser ainsi à son
chef tout son temps consacré aux recherches scientifiques. Par-
lant et écrivant l'arabe couramment, l'établissement des comptes de l'Expédition, avec l'aide de l'écrivain arabe, n'offrait pas
de difficultés. Scrupuleusement honnête, ainsi que son chef,
il ne lui manqua que la pratique des minutieuses prescriptions
des Finances. Tous les ennuis qui fondirent tour à tour sur
cette malheureuse mission, toutes ces pièces rejetées, corri-
gées ou annulées, ne le furent que pour des vices de formes,
des erreurs de date ou de signature qu'un peu de routine
administrative aurait évités.

1. Le ministre à Fresnel. Dépêche du 8 juillet 1854. Minute.

CHAPITRE XVII

La mort de Fresnel. — Inventaire après décès.

Les chaleurs de l'été sont écrasantes à Bagdad et l'Européen les supporte difficilement pendant de longues années. A l'automne de l'année 1855, Fresnel, profondément découragé, sans forces et sans espérance, s'affaiblit rapidement. Il souffrait déjà depuis longtemps d'une dysenterie chronique, lorsqu'une enflure généralisée des membres inférieurs se déclara, due peut-être à l'abus des narcotiques, en tout cas précurseur d'une fin prochaine. Ne correspondant plus avec le ministère au sujet de la liquidation de ses comptes, l'explorateur recevait cependant de temps à autre une lettre de son banquier de Paris lui demandant des justifications ou lui transmettant des ordres ministériels. Fresnel était hors d'état de poursuivre la lutte et il pria son docteur de lui donner un certificat qu'il adressa à Flûry-Hérard.

Voici la copie de cette pièce, datée de Bagdad, 11 octobre 1855 [1]. Je soussigné [A: Duthieul], docteur en médecine de la Faculté de Paris, médecin-sanitaire à Bagdad, certifie que, depuis plus de trois mois, je donne des soins à la santé de Monsieur f. fresnel, Chef de la Mission Scientifique en Mésopotamie.

« Que M. fresnel est affecté depuis ce temps, et déjà antérieurement, d'une diarrhée chronique qui a été accompagnée de vomissements, dans le principe; que, depuis deux mois, M. fresnel a un œdème qui occupe les pieds et la moitié inférieure des jambes.

« Et que, si l'état de M. fresnel s'est amélioré, cette amélio-

---

1. Certificat médical adressé au ministre par Flûry-Hérard avec sa lettre du 27 décembre 1855. Achille Murat, gérant provisoire du Consulat général de France à Bagdad, légalisa la signature le 13 octobre 1855.

ration lente et partielle n'a pu encore amener le rétablisse-
ment des forces; la faiblesse du malade ne lui permettant
pas encore de se livrer à aucune étude suivie ni à aucune
occupation quelconque.

« En foi de quoi, je lui donne le présent certificat. »

Un mois et demi plus tard, l'événement fatal survint, et
Fresnel expira le 3o novembre 1855, à onze heures du matin,
dans sa maison, sise au quartier chrétien de Bagdad. Il était
dans sa soixante et unième année.

Perreymond, qui avait été le secrétaire fidèle et aussi l'ami
du savant, informait bientôt le ministre du décès de son chef.
Il expliquait en même temps la situation pénible où l'avaient
jeté sa détresse et sa fin prématurée.

« J'ai la douleur, écrit-il [1], d'annoncer à Votre Excellence
la mort de M. Fulgence Fresnel. Cette mort a été si rapide
et si inattendue que M. Fresnel n'a pas eu le temps de mettre
ordre à ses affaires...

« Dans une... Dépêche, datée du 14 novembre 1854... Votre
Excellence me laissait la faculté de me fixer dans ce pays, si
telle était mon intention, et déclarait en même temps que mes
fonctions d'Agent Comptable avaient cessé : — Cette nouvelle
parut affliger profondément M. Fresnel.

« Malgré le vif désir que j'avais de revoir ma famille, je
ne crus pas devoir abandonner mon chef, vieux et infirme,
qui ne voulait pas, pour le moment du moins, quitter Bagdad, et je pris la résolution de rester avec lui et de lui donner mes soins jusqu'à ce qu'il se décidât à rentrer en France.
Mais bientôt, M. Fresnel, qui n'avait cessé jusqu'alors de me
témoigner une affection véritablement paternelle, devint froid
et embarrassé dans ses rapports avec moi; ses facultés intel-
lectuelles s'étaient considérablement affaiblies par l'usage
excessif et croissant de l'alcool et de l'opium; son désintéres-
sement, autrefois extrême, s'était changé en une avarice in-

1. Lettre d'Édouard Perreymond à S. E. Monsieur A. Fould. Bagdad, le
10 décembre 1855, timbrée à l'arrivée au ministère les 15 et 21 janvier 1856.
Un duplicata daté : Bagdad, le 23 décembre 1855, entrait au ministère le
1er février 1856.

croyable; il me reprocha un jour (15 déc. 1854) d'être à sa charge et de travailler à sa ruine; la vie en commun devint intolérable, et je fus forcé, il y a environ un an (20 déc. 1854) de quitter sa maison, dont le Gouvernement payait le loyer et les domestiques, pour m'établir ailleurs et à mes frais...

« M. Fresnel s'accommoda très bien de ce nouvel état de choses; mon éloignement de sa maison lui permettait de réduire ses dépenses de moitié. — C'était pour lui le point important; — la santé revenait peu à peu; son affection pour moi, revenue avec la santé, grandit en proportion des sacrifices qu'il m'imposait.. Je continuai à aller voir M. Fresnel presque chaque jour... »

Le consul d'Angleterre lui procura alors un modeste emploi qui lui permit de subvenir à ses besoins. « Cette amélioration dans ma position, continue Perreymond, amena chez M. Fresnel un changement inexplicable et auquel, en vérité, je ne saurais assigner aucune cause. Il me déclara (29 mai), qu'il n'avait aucun plaisir à voir chaque jour un homme « qui attendait sa succession » (sic), il me ferma sa porte...

« Ma patience était à bout; mon abnégation me conduisait rapidement à la misère sans résultats pour M. Fresnel qui refusait obstinément mes soins depuis qu'un certain médecin français au service de la Turquie, M. Duthieul, s'était introduit chez lui (mai 1855) et avait gagné sa confiance. »

A une demande de règlement de comptes et d'une partie du crédit de retour, afin de pouvoir rentrer en France, « M. Fresnel me répondit... en me demandant mon avis sur une pièce de vers !... il me fit [bientôt] écrire par M. Duthieul que j'eusse à lui remettre immédiatement les objets qu'il m'avait cédés quand je quittai sa maison, c'est-à-dire deux chaises, une table, un réchaud et une natte... Ce fut là son dernier effort. Le lendemain, il faisait un testament en faveur de M. Duthieul (écrit en entier de la main de M. Duthieul lui-même, sans signatures de témoins, par conséquent de nulle valeur) et un quart d'heure après, il rendait le dernier soupir ».

Il est poignant de lire, sous la plume d'un ami, une telle description des derniers moments de l'homme intègre et du savant qui avait consacré à la science et à son pays toute son activité, toute son intelligence et sa fortune. L'homme est mort victime de son dévouement et de son rêve, n'ayant su trouver d'autre remède à son infortune que celui des stupéfiants!

Triste est la mort, pénibles sont les formalités qui la suivent; derrière le mort, les vivants s'agitent, se disputant les maigres dépouilles du savant.

Le jour même du décès de Fresnel, le chancelier Achille Murat apposa les scellés provisoires sur les portes de la maison. Mais, auparavant, il déclare « avoir retiré de la chambre qui est à gauche du divan, en présence des sieurs Docteur A. Duthieul, Edouard Perreymond, Augustin Chantéduc, Michel Sakasan, invités par lui à servir de témoins à l'aposition (*sic*) des scellés, 8o8 piastres et 3o paras trouvés sur l'indication des domestiques dans un coffre de cuir et avoir pris aussi 1.ooo piastres d'Elias-Issa, magazinier de M. Lynche sur le crédit du défunt, ces deux sommes fesant (*sic*) ensemble (1.8o8,3o) mille huit cent huit piastres et trente paras, pour subvenir aux dépenses de l'enterrement, des gardes, & ».

L'inhumation dut avoir lieu le lendemain; elle fut modeste, pauvre même et coûta un peu plus de 5oo piastres, exactement 5o3,47 ou 118 fr. 46 [1].

En attendant les ordres de Paris et en vue d'inventorier les objets appartenant à l'État et fournis à la mission, le consul Tastu requit par ordonnance en date du 4 février 1856 les sieurs Murat, Duthieul et Perreymond, d'assister à l'acte de la levée provisoire des scellés. Il constata que ceux-ci étaient intacts, puis : « d'après la note du Ministère de l'In-

---

1. Déclaration sur l'actif, 17° feuillet de l'*Inventaire après décès*, copie extraite du registre des actes publics de la chancellerie, du Consulat général de Bagdad, le 15 décembre 1856. Signé : B. Garnier, légalisé par Eugène Tastu, consul général. *Pièce n° 2* du dossier adressé de Bagdad le 25 décembre 1856 au ministre des Affaires étrangères. Dossier adressé ensuite au ministre d'État sous dépêche en date du 28 février 1857.

térieur qui se trouvait, dit l'acte[1], entre les mains du sieur Perreymond et qu'il a remise au Consulat, nous avons fait le récollement des objets qui appartiennent à l'État. »

Dans l'énumération des livres, 17 manquent; 1 est marqué comme ayant été prêté à Oppert; dans celle des instruments de lever de plans, du mobilier et de la literie, 56 articles manquent et 2 sont portés comme brisés; plusieurs avaient été emportés à Paris par Thomas. « Les quels livres et ameublement, &., continue la pièce, ont été renfermés dans trois caisses également appartenant à l'État, et transportés à la Chancellerie du Consul Général de France à Bagdad ».

Puis ce sont « des ustensiles de cuisine et de ménage, &., que le sieur Perreymond nous a dit appartenir à l'État, mais qui ne sont pas portés sur la liste du Ministère; nous les avons laissés à leur place après reconnaissance sommaire... »

« Ayant demandé à l'un et à l'autre des témoins si à leur connaissance le défunt avait laissé des valeurs ou des dettes, outre que celles signalées juqu'à présent; ils nous répondirent que, ce que pouvait laisser le défunt avait été déposé par lui chez Mrs Lynche, négociant anglais à Bagdad, et qu'ils ne lui connaissaient pas d'autres dettes; qu'une réclamation du sieur Perreymond encore en contestation, et que M. F. Fresnel en son vivant avait chargé le docteur Duthieul, comme son fondé de pouvoir, de liquider. Le docteur Duthieul nous a alors remis trois liasses contenant la correspondance officielle et d'affaires de M. F. Fresnel qui lui avaient été confiées par le défunt. »

Achille Murat déclara ensuite avoir retiré une somme de 808 piastres et 30 paras pour subvenir aux frais de l'enterrement. « Ensuite de quoi nous avons réapposé les sceaux du Consulat sur les trois portes comme précédemment, et confié leur garde à trois individus dont l'un nommé Thoma Elouendi devant veiller jour et nuit à la dite maison à raison de soixante piastres par mois et les deux autres l'un

---

1. *Acte de levée de scellés provisoire.* Bagdad, 7 février 1856, Pièce n° 1 du dossier ci-dessus.

nommé Djelil et l'autre Hassan gardes de nuit seulement, à raison de quarante piastres par mois chaqu'un, comme il avait été établi par le sieur A. Murat dès le 3o novembre... »

La lettre de Perreymond qui avisait le ministre du décès de son chef et implorait les secours nécessaires pour rentrer en France, fut reçue à Paris le 15 janvier 1856. Elle est ainsi annotée : « Il faut réclamer ce qui appartient à l'Administration dans les objets qui ont pu être laissés par M. Fresnel. Écrire d'urgence au Consul de France à Bagdad ». Des ordres furent donc envoyés dans ce sens à Eugène Tastu; ils reproduisaient les dernières instructions adressées à Fresnel. La dépêche ministérielle ajoutait : « Vous aurez à réclamer en outre les Livres et Registres de Comptabilité de l'Expédition, ainsi que les diverses pièces ayant trait à cette Expédition [1] ».

Par ordonnance consulaire, en date du 14 mai 1856, le Dr Duthieul fut nommé curateur de la succession vacante; puis l'inventaire après décès fut dressé en six vacations, du lundi 19 au dimanche 25 mai, à la requête du curateur. La prisée fut faite en double vacation par Achille Murat, expert commis à cet effet par le consul, assisté de Benoît-Garnier, drogman chancelier du consulat ; Augustin Chantéduc et Michel Sakazan, en présence du docteur Duthieul et de Perreymond.

Les trois premiers jours furent consacrés à l'inventaire et à l'estimation du mobilier et de l'argenterie, comprenant 47 articles et prisés 1.464 piastres (344 fr. 47), des vêtements et du linge, formant 41 lots, estimés 799 p. 5o (188 fr. 11), et de la bibliothèque, répartie en 89 articles et estimée 1.o38 p. 75 (244 fr. 43) [2].

Les pauvres hardes de l'explorateur, ses quelques meubles, sont ici soigneusement inventoriés et nombreux sont les articles qualifiés : vieux, usés ou cassés. Il faut se rappeler, en

---

1. Minute de la dépêche du 28 janvier 1856 adressée au Consul général de France à Bagdad. Elle partit de Marseille par le paquebot du 3r janvier. Un état des objets à revendiquer était joint à cette dépêche.

2. *Inventaire après décès*, feuillets 1 à 11 inclus. *Pièce* n° 2 du bordereau d'envoi.

effet, que, l'année précédente, Fresnel avait été non seulement obligé d'emprunter au consul de Bagdad, mais encore de vendre les quelques meubles qui étaient sa propriété personnelle et de mettre en gage, chez un prêteur juif de la ville, son argenterie et celle de Perreymond [1].

Après ces trois jours d'inventaire, Achille Murat, dont la mission était terminée, se retira.

L'inventaire poursuivi dans les trois vacations suivantes est pour nous le plus intéressant; c'est l'*Inventaire des papiers* du savant. Le travail du 22 mai est divisé en cinq titres [2].

I. — Sous ce titre sont décrites neuf pièces, parmi lesquelles sont les reçus de deux dépôts faits par Fresnel à la maison Lynch :

l'un (n° 2), du 21 décembre 1854...... 5.000 Krans blancs
l'autre (n° 3), du 22 novembre 1855.... 4.772   —

Soit, à l'actif de Fresnel, une somme de 9.772 Krans
qui, au cours, font : 12.071 fr. 25.

puis, sous le n° 6, un billet à ordre souscrit par le capitaine Jones, gérant du consulat britannique de Bagdad, au profit de Fresnel en date du 10 octobre 1855. Cette touchante marque d'amitié, dont Fresnel ne voulut jamais se servir, fut rendue à Jones [3]. Enfin deux lettres de Clément relatives à la perte des antiquités et aux opérations qui suivirent : pièces n° 8 et 9.

II. — Ce titre comprend neuf pièces qui sont des registres, des dossiers et des quittances relatives à la comptabilité de la mission.

III. — Sous ce titre sont inscrites « Vingt pièces qui sont notes, mémoires, inventaires relatifs au partage de la succession de Mad° Augustine-Charlotte-Marguerite-Louise-Mérimée entre MM. Léonor et Fulgence Fresnel, ses fils ».

---

1. Fresnel au ministre. Rapport n° 28, *loc. cit.*
2. Feuillets 12 à 18 inclus de l'*Inventaire.*
3. Note jointe au *Compte de la succession de M. Fulgence Fresnel.* Bagdad, 3 septembre 1856, signé : A. Duthieul.

Le frère de notre explorateur, Léonor Fresnel, que cite l'acte précédent, fut ingénieur en chef des Ponts et Chaussées, comme l'aîné, Augustin-Jean, le célèbre physicien [1] (1788-1827).

D'une lettre ministérielle citée plus loin (Ch. XXII, p. 217), il semble résulter que la famille Fresnel s'éteignit avec Fulgence en 1855, puisque la succession de ce dernier aurait été acquise à l'État.

IV. — Sous ce titre nous trouvons trois pièces qui sont : le certificat de baptême et l'état civil de Fresnel, en double exemplaire.

V. — Ce titre comprend quatorze pièces qui sont :

1 — Un diplôme de bachelier ès-lettres.

2 — Un certificat de M. Quatremère.

3 — Un certificat de M. S. de Sacy.

4 et 7 — Brevet et provision de consul de France à Djedda.

5 et 6 — Nomination de correspondant de l'Institut de France (en 1839).

8, 9 et 10 — Un brevet de membre de la Société orientale allemande, statuts de la société, réponse de M. Fresnel.

11 et 12 — Dépêche du ministre des Affaires étrangères accompagnant une ampliation du décret qui nomme M. F. Fresnel consul de France à Mossoul.

13 et 14 — Nomination de M. F. Fresnel en qualité de membre de la Société de Géographie (en 1850), réponse du dit.

L'inventaire des papiers continua le lendemain, 23 mai, et se termina le dimanche 25 mai 1856.

IV. — Sous ce titre sont enregistrées sept pièces relatives à l'élévation de Fresnel au grade de chevalier de la Légion d'honneur (22 mai 1849), parmi elles, une lettre du ministre des Affaires étrangères et un certificat du Grand-Chancelier de l'Ordre.

VII. — Trois passeports.

---

1. Promu chevalier de la Légion d'honneur le 22 août 1824, Léonor-François Fresnel était né à Mathieu (Calvados) le 17 juillet 1790. Il s'attacha avec dévouement à continuer et à compléter l'œuvre scientifique de son frère aîné et mourut le 20 mars 1869.

VIII. — 37 pièces qui sont lettres et comptes de M. Flûry-Hérard avec M. Fresnel.

IX. — 19 pièces qui sont lettres et comptes de M. Flûry-Hérard avec M. F. Fresnel depuis le 26 septembre 1851 jusqu'au 28 décembre 1855.

X. — Une liasse de manuscrits arabes.

XI. — Six pièces qui sont :

1 — Mémoire sur les caravanes de l'intérieur.

2 — Essai de discussion sur le cours du Nil blanc.

3 — Notes diverses.

4 et 5 — Mémoire sur les communications à établir entre l'Algérie et l'intérieur de l'Afrique et duplicata.

6 — Un mémoire adressé à M. C. de Perseval.

XII. — 30 pièces, qui sont des notes sur les inscriptions hémyarites.

XIII à XV. — 288 pièces ou feuillets, qui sont lettres, notes, mémoires ou paquets de lettres en langues diverses.

L'inventaire chôma le samedi, suivant la coutume arabe, et se termina le dimanche. Toute la correspondance personnelle de l'explorateur fut alors inventoriée.

XVI. — Ce sont 106 pièces : notes et projets de lettres de M. F. Fresnel.

XVII. — Ce sont 41 pièces : notes en diverses langues.

XVIII et XIX. — Ce sont 179 feuilles : pièces de poésie diverses.

XX. — 96 lettres qui sont la correspondance de M. Perreymond avec M. F. Fresnel.

XXI à XXV. — Ces titres comprennent 481 pièces, qui sont des lettres adressées par diverses personnes à Fresnel.

XXVI. — Cet article comprend enfin six petits livres de notes en diverses langues écrits de la main de Fresnel.

Tous ces papiers qui ne purent être compris dans la vente, furent, sans doute, conservés par la chancellerie du consulat de France. Ils pouvaient s'y trouver encore en 1915, mais ils auront probablement disparu dans le pillage turc de ces dernières années. Quoiqu'il en soit, cet inventaire nous apprend que Fresnel en se rendant à Bagdad avait l'intention d'y séjourner de longues années, peut-être même, de s'y fixer définitivement. Il avait, en effet, emporté tous ses papiers de famille, sa correspondance et ses notes historiques, ainsi que son argenterie et quelques meubles. Dernier rejeton d'une famille célèbre aujourd'hui éteinte, il semble avoir rassemblé tout ce qu'il possédait avant de partir pour cette lointaine expédition.

En vertu d'une autorisation consulaire en date du 6 juin, et à la requête du curateur de la succession, il fut procédé, le mardi 10 juin 1856 et le jour suivant, à la vente des meubles, du linge et des livres de feu Fulgence Fresnel. Parmi les acquéreurs européens, nous relevons les noms des Français : Murat, Duthieul, Perreymond et Clément; ceux de Lynch, Carson, Armstrong, Sader et Swoboda de la colonie étrangère et ceux de Michel Sakezan (ou Sakazan), Matti, Joseph Tonietti et Petros Tellal, des colonies arménienne ou syrienne.

La vente produisit une somme de 15.959 piastres, 34 paras; l'actif de la succession s'élevait alors à 47.744 p. 5 p. [1] mais le Dr Duthieul s'adjugea sur cet avoir :

« N° 8 — Le 25 juillet 1856 — Au Dr Duthieul, suivant sa note, pour soins et médicaments fournis pendant deux années. Suivant l'autorisation de M. le Consul .... 13.540 pi.
« N° 9 — le 25 juillet 1856 — Au Dr Duthieul, pour gestion des affaires de M. Fresnel, pendant plus de huit mois. Suivant l'autorisation de M. le Consul .... 2.000 pi.

Total .... 15.540 piastres

Il restait alors à l'actif de la succession une somme de 31.183 p. 5 qui au cours faisaient 6.907 fr. 36 cent. [2].

---

1. *Vente de meubles aux enchères publiques. Pièces n°* 3 et 4. Extraits des minutes du Consulat Général de France à Bagdad, pour copie conforme. Bagdad, les 15 et 18 décembre 1856.

2. *Compte de liquidation...* A. Duthieul, curateur... *loc. cit.*

D'après le compte de la liquidation de la succession, établi par Duthieul, à la date du 3 septembre 1856, l'actif était cependant beaucoup plus élevé. En voici le détail :

1° Remis par le curateur au consul, le 29 juillet .... 6.907,36 fr.

2° Payé à Jones, sur l'ordre de Fresnel, 2.000 krans pour rembourser Taylor (avance à Clément pour le sauvetage) 2.333,33

3° Solde du compte de Fresnel, pour l'année 1853, d'après la lettre de Flury-Hérard en date du 28 décembre 1855 166,00

4° Traitement de 1854, dû en entier : 12.000 fr.

5°   —   1855, jusqu'en mai : 5.000

6° Intérêts divers dûs par l'État : 1.698,20

Total des dettes de l'État envers Fresnel 18.698,20 sur lequel Flury-Hérard réclame .. 5.407,47

13.290,73   13.290,73

Total de l'actif de la succession .... 22.697,42 fr.

L'administration différant le paiement de ses mensualités, depuis octobre 1853, l'agent français qui avait servi son pays pendant trente années avec intelligence et dévouement, sous les climats les plus rudes et dans les pays les plus difficiles, était mort dans la misère, ayant vendu ses meubles et engagé son argenterie.

CHAPITRE XVIII

La mort de Perreymond.
Solde d'une indemnité allouée à sa veuve.

Le décès de Fresnel laissa Perreymond à Bagdad sans autre
ressource que quelques leçons de français et de petits travaux
de maigre rapport que le consul d'Angleterre lui procura.
La lettre qu'il écrivit au ministre, à la fin de l'année 1855,
et dont nous avons cité les passages relatifs aux derniers moments de l'explorateur, attirait l'attention des bureaux sur
sa situation précaire et sollicitait en même temps les moyens
de rentrer en France.

M. Fresnel « prit avec moi, dit-il [1], l'engagement formel
de me payer une allocation de 3.000 fr. par an, de prendre
à sa charge personnelle ma nourriture et mon logement pendant tout le temps de notre séjour en Orient, et enfin de me
ramener, ou de me fournir les moyens de revenir en France,
lorsque sa mission serait terminée. M. Jules Oppert fut té-
moin de ces engagements verbaux, pris à Marseille, le 4 octobre 1851 ». Sa nomination agréée par le ministre le 9 octobre, avait été ensuite régularisée par un arrêté du 5 février
1852, mais on ne pouvait prévoir alors une dissolution de
l'Expédition à Bagdad même. Le cas du rapatriement ou d'une
indemnité correspondante n'avait donc pas été prévu.

Après être resté auprès de son chef pour le soutenir et l'aider dans sa détresse, il s'était vu évincé par le docteur
Duthieul. « Le moment où j'allais manquer de pain appro-
chait, dit-il, lorsque M. le Consul Général d'Angleterre à
Bagdad eut la bonté de me fournir du travail (8 avril 1853),

1. Lettre de Perreymond au ministre. Bagdad, le 10 décembre 1855, *loc.
cit.*

fort humblement rétribué, il est vrai, mais que j'acceptai avec la plus vive reconnaissance, parce qu'il me mettait, pour quelques mois, à l'abri du besoin. »

Depuis le commencement de 1855, Fresnel avait reçu une lettre de change de 6.000 fr. pour couvrir leurs frais de retour. Lorsque Perreymond vit que son chef était décidé à ne plus quitter Bagdad et qu'il connut l'arrivée du « Manuel » (8 juin), il demanda la moitié de ce crédit, afin de rentrer en France. « Je ne crus pas, dit-il, devoir pousser plus loin un dévouement dont on ne voulait plus, et pris le parti de quitter ce pays et de profiter, pour rentrer en France, du départ du « Manuel » qui venait d'arriver à Bassora », pour charger les antiquités de Victor Place. « Je demandai à M. Fresnel de mettre à ma disposition la moitié du dernier crédit de 6.000 fr. destiné à faire face aux frais de voyage, et rappelai pour la première fois les engagements pris à Marseille en 1851. (Je réclamai en outre le solde de mes appointements de 1853 — fr. 524,80 c. — restés entre ses mains, et une somme de fr. 262,59 c. que j'avais payée pour son compte). M. Fresnel me répondit... en me demandant mon avis sur une pièce de vers! —

« Je priai M. le Gérant du Consulat de France d'intervenir officieusement et M. le Consul Général d'Angleterre de me prêter ses bons offices; tout fut inutile; M. Fresnel ne voulut rien entendre. »

Son chef lui fit même écrire, par Duthieul, d'avoir à lui rendre les quelques objets qu'il lui avait prêtés. Dans cette extrémité, Perreymond écrit : « En définitive, mon dévouement à M. Fresnel, que je considérai comme un devoir sacré, n'a produit pour moi d'autre résultat que de me laisser sans ressources dans un pays étranger, avec l'impossibilité absolue de me rapatrier, si je venais à perdre le travail précaire qui me fait vivre.

« J'ose espérer que Votre Excellence daignera prendre en considération les difficultés de ma position et donnera tels ordres qu'elle jugera convenables pour m'en faire sortir. »

En recevant cette lettre, le ministère s'occupa aussitôt de

réclamer les objets qui appartenaient à l'État, mais il ne se soucia pas du dernier attaché de l'Expédition. Il est vrai que les bureaux de Paris considéraient la mission comme terminée dès la fin de l'année 1854 et que la dépêche du 7 avril 1853 laissait au secrétaire la faculté de se fixer dans le pays, si telle était son intention.

Perreymond n'ayant aucune ressource, ne put quitter Bagdad, il s'y fixa et se maria avec la fille d'un drogman du consulat de France. Il était peu robuste et Fresnel écrivait déjà, en 1852 [1] : « Il est d'une santé délicate, — très hypothéquée, — et je crains avec raison qu'il ne puisse pas résister au travail que je suis forcé de lui imposer. » Par suite des privations, de la misère où il était tombé et du climat excessif de Mossoul, la tuberculose pulmonaire se déclara. Il mourut là-bas entre 1858 et 1860. Les seuls renseignements qui nous soient fournis sur cette fin misérable sont tirés des pièces relatives à l'attribution d'une somme de mille francs à ce secrétaire ou à sa veuve.

Le consul de Bagdad, Eugène Tastu, en adressant les pièces relatives à la liquidation de la succession de Fresnel, écrivit au ministre d'État en l'informant que la vente du mobilier, des instruments, etc... avait produit une somme de mille francs environ, exactement 1055,29 au cours du jour : « J'ai à ce sujet, ajoutait-il [2], une prière à faire à Votre Excellence, M Perreymond que Votre Excellence a reconnu comme comptable de la mission qu'Elle avait confiée à M. F. Fresnel, a eu le tort *légal* de faire par simple convention verbale des arrangements avec son défunt chef. Après l'avoir laborieusement aidé, il s'est trouvé sans ressources à Bagdad, lorsque la mort de M. Fresnel est venue lui enlever son emploi, et sans moyen d'en sortir n'ayant aucune preuve *écrite* à donner que M. Fresnel lui dût des frais de retour. Cependant,

1. Lettre de F. Fresnel à F. Thomas. Hillah, 26 novembre 1852. Archives de M. Ch. Pluyette.

2. Lettre de E. Tastu au ministre Fould. Bagdad, le 25 décembre 1856, arrivée au ministère le 17 février 1857, le duplicata daté 21 décembre 1856, arrivé le 26 mai 1857.

l'équité voudrait que ces frais lui soient remboursés et Votre Excellence qui les a concédés à toutes les autres personnes composant la mission m'autorisera, j'espère, à remettre à M. Perreymond à titre au moins de gratification, si elle ne veut pas reconnaître le droit, cette faible somme de mille francs qui sera un secours précieux à une famille entière. »

Il demandait, en outre, que l'on veuille bien abandonner au consulat les livres, les instruments et les papiers de l'Expédition qui y étaient depuis le décès de l'explorateur, en l'autorisant à les mettre à la disposition des savants de passage à Bagdad.

En tête du duplicata de cette lettre, on lit l'annotation suivante : « M. Tournois... avant de rien décider à l'égard de M. Perreymond, il faut solder les dettes y compris ce qui peut rester dû à M. Thomas ». De fait, le rapport du chef de la direction des Beaux-Arts, en date du 5 mai 1858, accorde les livres et les instruments au consulat de Bagdad, mais le secrétaire de l'Expédition n'y est pas même mentionné.

Le 5 septembre 1860, Benoit-Garnier, gérant du consulat de Bagdad, écrit à Thouvenel, ministre des Affaires étrangères; « Il existe, dit-il [1], depuis le mois de juin 1856, dans la caisse de la Chancellerie de ce Consulat, un dépôt de 1.055 fr. 29 c., provenant de la vente de divers objets mis par le Ministère d'État à la disposition de l'ancienne mission scientifique de Mésopotamie dont M. Fulgence Fresnel était le chef.

«... M. Tastu avait demandé que le produit de cette vente fut accordé, à titre de secours, à M. Perreymond, secrétaire de la Mission qui s'était marié à Bagdad et que le manque de ressource, autant que le mauvais état de sa santé y retenait.

« M. Tastu demandait aussi à Son Excellence qu'elle voulût bien laisser au consulat... les livres mis à la disposition de la mission et qui n'avaient point trouvé d'acquéreurs.

« Cette double demande étant restée sans réponse, et dans l'intervalle, M. Perreymond ayant succombé à une phtisie

1. Lettre de Benoit-Garnier au ministre [Thouvenel]. Bagdad, le 5 septembre 1860, copie sans date d'arrivée.

pulmonaire en laissant dans le plus grand dénuement une
veuve et un enfant en bas-âge, M. Tastu pria M. Flury-Hérard
de bien vouloir se rendre au Ministère d'État pour y rappeler
sa lettre et demander l'autorisation de reporter sur la veuve
de M. Perreymond le secours en faveur de ce dernier.

« Après s'être acquitté de cette mission, M. Flury-Hérard
répondit que le Ministère d'État accédant à la demande de
M. Tastu, l'autorisait à disposer de l'argent et des livres conformément aux désirs qu'il avait exprimés. » On lit en marge,
l'annotation suivante : « Ce n'est pas exact — On m'a parlé
des livres non de l'argent. »

« Cependant, continue Garnier, depuis lors, aucune autorisation officielle n'est parvenue au Consulat de Bagdad :
les livres et l'argent sont restés en dépôt jusqu'aujourd'hui
et nous approchons du moment où, après un délai de cinq
ans, le montant des dépôts faits en Chancellerie doit... être
transmis à la caisse des dépôts et consignations...

« Je prends la liberté d'ajouter respectueusement que
Mme Veuve Perreymond, digne d'intérêt à tous égards, ayant
reçu l'assurance que cet argent lui était destiné, s'est habi-
tuée à le regarder comme un secours qui lui serait d'une
grande ressource dans le complet dénuement où elle se
trouve. »

Une copie de cette lettre fut transmise au ministère d'État
le 17 novembre 1860 [1]. L'affaire ne fut cependant pas prise
en considération, puisqu'en 1863 le ministre des Affaires
étrangères informait le ministre d'État d'un rappel du consulat de Bagdad [2]. Le consul était alors M. Delaporte, auquel
le Musée du Louvre doit quelques beaux bas-reliefs; il rap-
pelait la demande faite en 1856.

Quatre ans se passèrent encore sans qu'aucune solution fut
adoptée. Après Drouyn de Lhuys, voici de Moustier qui rappelle au Maréchal Vaillant ses dépêches de 1860 et de 1863.

1. Le ministre des Affaires étrangères, Thouvenel, au ministre d'État,
Achille Fould. Paris, 17 novembre 1860.
2. Le ministre des Affaires étrangères, Drouyn de Lhuys, au ministre
d'État, comte Walewski. Paris, le 6 février 1863.

Il implore pour cette veuve dont la situation est déplorable et ajoute [1] : « Votre Excellence remarquera que, dans tous les cas, la somme dont il s'agit étant consignée depuis 10 ans dans la chancellerie de Bagdad, il importe que son retrait et son emploi deviennent l'objet d'une décision prompte et définitive. »

Un an se passa encore et de Moustier renouvela sa demande : « L'Administration des Beaux-Arts, dit-il [2], de laquelle relevait la mission de M. Fresnel, faisait alors partie du Ministère de l'Intérieur, placée ensuite dans les attributions du Ministère d'État, elle dépend aujourd'hui du Ministère de la Maison de l'Empereur. »

Aussi les renseignements concernant cette affaire avaient-ils dû s'égarer, sans doute; il joignait donc à sa lettre des copies de la lettre de Tastu — 5 septembre 1860 — et de sa dépêche du 15 février 1867. « Madame Vve Perreymond, ajoutait-il, d'après de nouveaux renseignements que j'ai reçus de Bagdad, se trouverait dans une situation de plus en plus malheureuse et serait tout à fait sans ressources. Je me plais à croire que Votre Excellence voudra bien tenir compte d'espérances entretenues par une attente de plus de dix années, et accorder à Mme Perreymond une faveur que tous nos consuls à Bagdad ont successivement sollicitée pour elle. J'ajouterai qu'elle est fille d'un ancien Drogman du Consulat, ce qui lui donne un titre de plus à la bienveillance du Gouvernement de l'Empereur, et que le témoignage de sollicitude dont elle serait l'objet produirait le meilleur effet à Bagdad... Quant aux livres... la somme qu'ils peuvent représenter serait plus qu'absorbée par les frais de leur transport en France. »

Près d'une année s'écoula encore avant qu'une solution définitive fut adoptée et signée. Le 5 octobre 1868, le surintendant des Beaux-Arts, le comte de Nieuwerkerke, signait un rapport au maréchal Vaillant que celui-ci approuva. Avis

---

1. Le ministre des Affaires étrangères, marquis de Moustier, au ministre de la Maison de l'Empereur, maréchal Vaillant. Paris, le 15 février 1867.

2. Le ministre des Affaires étrangères, de Moustier, au maréchal Vaillant. Paris, le 31 janvier 1868.

en fut donné aussitôt au ministère des Affaires étrangères
en le priant de faire parvenir la quittance du versement des
1055 fr. 29 entre les mains de Mme Perreymond et le certificat d'inscription des livres etc. sur les inventaires mobiliers
du consulat de Bagdad [1].

Le 31 mai 1869, de la Valette, alors ministre des Affaires
étrangères, transmettait ces pièces au ministère d'État en
l'informant que la somme en question, au cours actuel du
change, ne représentait plus que 974 fr. 25, au lieu de
1055 fr. 29 en 1856; comme l'attestait une déclaration signée
par deux négociants de Bagdad [2].

Ainsi il avait fallu plus de douze années pour que ce règlement équitable intervint en faveur d'une veuve.

1. Le ministre de la Maison de l'Empereur au ministre des Affaires
étrangères, 6 octobre 1868, minute.

2. Le ministre des Affaires étrangères, de la Valette, au ministre de la
Maison de l'Empereur. Paris, le 31 mai 1869.

QUATRIÈME PARTIE

CHAPITRE XIX

Relations de Fresnel avec les ministres
et les agents consulaires français.

Les divers événements politiques, les changements survenus dans les ministères, ne furent pas sans intérêt pour l'Expédition et le Coup d'État fut vivement ressenti par les explorateurs.

Le ministère des Beaux-Arts avait été rattaché à celui de l'Intérieur en 1848; c'était Léon Faucher qui remplissait ces fonctions au départ de Fresnel, en septembre 1851, et c'est à ce titre qu'il avait eu à présenter aux Chambres la loi concernant les recherches à effectuer en Orient. Mais, le 14 décembre 1852, la plus grande partie des services des Beaux-Arts passait aux mains du ministre d'État et de la Maison de l'Empereur, et cette attribution dura jusqu'au 24 novembre 1860.

Voici pour l'organisation des divers départements avec lesquels l'Expédition eut à compter, mais nombreux aussi furent les ministres qui se succédèrent de 1851 à 1855 et dont les principaux furent : Faucher, Fould, et de Persigny [1]. Peu de temps après le départ de la mission, de Thorigny succédait à Léon Faucher le 26 octobre 1851. Le Coup d'État du 2 décembre, donna le portefeuille au duc de Morny, puis au comte de Persigny le 22 janvier 1852. Dès son avènement enfin, Napoléon III chargea Achille Fould du Ministère d'État et de la Maison de l'Empereur qu'il conserva jusqu'en 1860.

1. On trouvera aux Pièces Annexes nᵒˢ 16 et 17 la liste des ministres de l'Intérieur, des Affaires étrangères et des Finances qui se succédèrent pendant la durée de l'Expédition, ainsi qu'une courte biographie sur chacun d'eux.

13

L'éloignement tenait nos savants longtemps dans l'ignorance de ces changements divers et maints rapports adressés par eux à M. de Persigny parvinrent à son successeur.

Les instructions que Léon Faucher avait données à Fresnel, avant le départ de l'Expédition, contenaient l'ordre assez curieux de surveiller les travaux de Place. Le ministre doutait-il de l'agent de Mossoul, ou Fresnel, qui recevait la plus grande part du crédit alloué (70.000 fr. sur 78.000), avait-il été vraiment nommé Inspecteur de tous les travaux entrepris en Assyrie et en Chaldée? Nous ne pouvons le définir nettement, car les dépêches du ministre, de Fresnel et de Place ne donnent à ce sujet aucune certitude, aucune preuve matérielle.

La nouvelle du Coup d'État parvint à Fresnel le 20 décembre par le courrier autrichien, que celui de France confirmait et complétait le lendemain, en lui apportant les nouvelles des événements politiques du 11 décembre; ce fut de la stupeur[1]. Fresnel, inquiet, écrivit aussitôt au ministre, pour le prier de confirmer ses pouvoirs, d'autant qu'il venait de recevoir une copie du firman autorisant les fouilles et qu'il constatait avec étonnement qu'il n'y était pas même nommé : « Il en résulte, écrivait-il[2], que celui qui devait surveiller jusqu'aux travaux particuliers de M. Place n'est pas même *nommé* dans le firman de la Sublime Porte et se trouve perdu dans la catégorie des employés de M. le consul de France à Mossoul, au nom duquel le firman *unique* a été fait.

« Préoccupé du succès de la mission et de ses résultats positifs, indifférent à la répartition des mérites personnels dans l'obtention de ses résultats, je suis on ne peut mieux disposé à en décliner toute la responsabilité. Quel que soit mon rang officiel auprès des autorités ottomanes, je ferai tout ce qui dépendra de moi pour atteindre le but que le Département de l'Intérieur s'est proposé, soit en qualité de chef, soit

---

1. Lettre de F. Thomas à Mme Thomas. Beyrouth, 21 décembre 1851, *loc. cit.*

2. Fresnel à M. le ministre, Secrétaire d'État au Département de l'Intérieur à Paris. Rapport n° 2. Beyrout, 21 déc. 1851, arrivé à Paris le 13 janvier 1852; le ministre de l'Intérieur était alors le duc de Morny.

comme agent subordonné à M. Victor Place. Mais, *dans ce dernier cas*, je désire qu'il soit bien entendu que tous les mécomptes possibles devront appartenir aussi bien que les succès à M. le Consul de France à Mossoul.

« Chargé par le Département de *l'Intérieur* du commandement de la Mission... je ne puis pourtant pas renoncer à la position qui m'a été faite sans un ordre exprès de ce même Département, et, tout considéré, je crois de mon devoir, M. le Ministre, de vous prier d'insister auprès du Département des Affaires Étrangères pour que votre pensée et vos intentions soient clairement exprimées dans un nouveau firman spécial à mon adresse et à celle du Pacha de Bagdad. »

En lisant cette dépêche de Fresnel, il semble bien que le consul craignît d'être victime de ce grave événement politique qu'était le Coup d'État. Il avait appris les soulèvements qui survinrent, ainsi que leur répression impitoyable, et il se demandait avec inquiétude s'il était assuré de la confiance des hommes nouveaux. Place était déjà au cœur de l'Asie lorsque la nouvelle lui parvint et il éprouva sans doute la même crainte, car il célèbrera plus tard, en grande pompe, l'avènement de l'Empire. Ses chantiers en liesse, se repurent alors d' « un repas homérique composé de bœufs, de moutons et de riz. » « Qu'Allah donne mille années au Padichah des Francs! » s'écriaient les travailleurs [1].

Le duc de Morny avait reçu la lettre de Fresnel et ce fut le comte de Persigny qui répondit. Il le maintint dans sa qualité de chef de mission, mais laissa incertaine sa situation vis-à-vis de Place. Il rappela les termes de la lettre du consul et les confirma : « Vous faites observer, dit-il [2],... [que] suivant les instructions verbales d'un de mes prédécesseurs, [vous] devez surveiller même les travaux particuliers de M: Place... Ce ne peut être que par un malentendu que votre nom ne figure pas dans le Firman. Assurément, le Ministre n'a jamais

---

1. Lettre de V. Place à... (haut fonctionnaire du ministère de l'Intérieur, de Mercey ?) Khorsabad, 25 février 1853.

2. Le ministre (comte de Persigny) à Fresnel. Paris, 6 février 1852, minute de dépêche.

entendu vous placer *sous* les ordres de M. Place; tout au contraire, en vous chargeant de surveiller les opérations particulières de cet Agent, il vous a créé évidemment une situation entièrement distincte et indépendante. Vous avez et vous n'avez pas cessé d'avoir, aux yeux de l'Administration, le caractère de chef de la Mission de Mésopotamie; toutes les instructions qui vous ont été adressées, tous les arrêtés de remboursement des dépenses de la Mission, vous donnent et vous maintiennent cette qualité. Je pense, Monsieur, que ces explications ne manqueront pas de détruire les doutes qui se sont élevés dans votre ésprit sur votre véritable position à l'égard de M. Place, et sur le maintien de votre qualité de Chef Technique de la Mission de Mésopotamie. »

Il ajoutait qu'il lui semblait inutile de demander un nouveau firman à la Porte, mais qu'il profiterait du renouvellement de cette pièce pour réparer l'oubli dont il se plaignait. Peu de temps après, cependant, grâce à l'ambassadeur de Constantinople[1], Fresnel reçut une nouvelle lettre officielle établie à son nom.

Nous avons vu que l'arrivée des membres de l'Expédition à Mossoul avait fait redoubler d'ardeur les explorateurs français et anglais de la région qui, cependant, les avaient aimablement conduits sur le lieu de leurs travaux. La visite de Khorsabad avait peu intéressé Thomas, mais il n'en avait pas été de même de son chef, qui adressa au ministre un long rapport (n° 4) sur les sites des environs de Mossoul et sur les divers chantiers ouverts ou à ouvrir par les Français et les Anglais. Les dernières instructions ministérielles que Fresnel avaient reçues étaient trop peu précises pour qu'il tentât de diriger ouvertement les travaux de Place ou de négocier avec Rawlinson un partage amiable des sites antiques.

Son attention fut retenue par Nébi-Younès, que les constructions religieuses musulmanes avaient préservé jusque-là des recherches archéologiques. Cependant, ni Place, ni Rawlinson, n'avaient oublié ce point tentant où les difficultés

---

1. Fresnel. Rapports n° 4 et n° 9, *loc. cit.*

étaient si considérables qu'ils n'avaient pu les lever encore.
Le Vice-Chancelier du consulat français, Mérel, poursuivait
une négociation d'achat de terrain à Nébi-Younés, d'accord
avec Place, et il pensait pouvoir payer la complicité du chef
du village avec 2 ou 3.000 piastres. Il commit l'imprudence
d'en informer en secret Fresnel qui n'oublia pas d'insister sur
ce point auprès du ministre, ainsi que nous l'avons vu plus
haut [1].

Cependant, l'ardeur et l'intelligence de Place avaient bien
impressionné Fresnel qui fit son éloge, ajoutant [2] « je suis...
porté à croire qu'il ne désire, ni l'intervention, ni la coopéra-
tion de la Mission de Mésopotamie dans les affaires de sa Province. Comme il a eu l'obligeance de donner à M. Oppert,
son exemplaire des estampages de Koyoundjik, je me suis
borné à le prier de vouloir bien, en revanche, « nous exploiter » librement. Je ne pouvais pas, sans indiscrétion, me rendre plus explicite ».

Place ne répondit pas à cette avance de son collègue et Fresnel se contenta d'éviter une rupture ostensible, mais il était
à Bagdad, incertain et anxieux déjà sur le résultat de sa mission, lorsqu'il reçut la réponse à son rapport de Mossoul :
« Les fouilles projetées à Nébi-Younés, y lisait-on [3],... devront
être faites. Elles coûteraient beaucoup plus encore que les
6oo francs dont vous parlez, qu'il ne faudrait pas hésiter à
les entreprendre. Nous sommes en voie de trop précieuses découvertes sur ce théâtre des plus vieilles annales du monde,
pour nous arrêter à de si minimes questions d'argent ».
Fresnel transmit aussitôt ces instructions à V. Place en lui
communiquant un extrait de son rapport daté de Mossoul;
il terminait en lui disant [4] que dans l'ignorance où il était des
ordres directs qu'il pouvait avoir reçus, il s'empressait de lui
transmettre celui-ci, en le priant de vouloir bien lui en accu-

1. Chapitre iv, p. 35 et 39.
2. Fresnel. Rapport n° 4, *loc. cit.*
3. Le Directeur des Beaux-Arts, pour le Ministre et par autorisation.
Paris, 24 avril 1852.
4. Lettre de Fresnel à Victor Place.

ser réception. Le consul de Mossoul et son chancelier trouvèrent étrange de recevoir des ordres par l'entremise de Fresnel et de son fait. Place écrivit aussitôt au ministre[1] en lui demandant à qui s'adressait cette autorisation de fouilles et qui devait en assurer l'exécution. Il lui semblait qu'étant à Mossoul et ayant fait les premières démarches, il devait être l'agent d'exécution. Le doute où le jetait la lettre de son collègue l'obligeait cependant à s'abstenir jusqu'au moment où le ministre jugerait convenable de lui donner des instructions à ce sujet.

Nébi-Younés resta inviolable, protégé qu'il était par le zèle farouche des mollahs du sanctuaire et quelques fouilles clandestines purent seules y être pratiquées par les indigènes eux-mêmes. Dans la suite, nous ne trouvons plus trace de relations entre Place et Fresnel, mais il est bien certain que l'inimitié de Thomas pour son chef fut l'une des causes qui le rendirent sympathique au consul de Mossoul avec qui il resta en excellents termes.

Quant aux relations de Fresnel avec les autorités consulaires françaises de Bagdad, elles furent excellentes tout d'abord, mais Tavernier qui gérait le consulat en l'absence de son chef[2] ne voyait pas sans envie les nouveaux venus de Mossoul et de Babylone. Bientôt, sous des dehors aimables, il n'eut garde de les ménager dans les rapports qu'il adressait au ministre : les découvertes de l'Expédition étaient rabaissées et il exaltait sans cesse l'œuvre de ses prédécesseurs, de Rich en particulier[3]. Plus tard, il écrira même que la Mission de Mésopotamie a complètement échoué[4]. Enfin, au moment du naufrage des antiquités de Place et de Fresnel, en mai 1855, durant l'absence de son chef Tastu, il accusa sans détour le consul de négligence, voire même de choses plus graves encore.

<hr>

1. Place au ministre. Rapport n° 9. Mossoul, 3o juin 1852, avec copie de 3 pièces annexes.

2. J.-B. Nicolas, consul ou en son absence Achille Murat, gérant titulaire. Fresnel, Rapport n° 31.

3. Tavernier au marquis de Lavalette. Bagdad, 6 octobre 1852, *loc. cit.*

4. Rapport consulaire de L. Tavernier. Bagdad, 6 mars 1854.

Fresnel avait deviné cette sourde hostilité puisque, dès 1852, il écrivit au ministre au sujet de l'appui de l'autorité consulaire, qui aurait pu être si efficace : « à la rigueur, je pourrais m'en passer, puisque jusqu'à présent je m'en suis très bien passé [1] ». Tous ces rapports, les lettres expédiées par ses collaborateurs, les lenteurs du voyage et le peu de résultat obtenu par l'expédition, lui avaient créé de nombreuses antipathies, soit au ministère, soit même à l'Académie et Fresnel, privé de tout appui, perdu dans le désert de Babylone s'en plaignit amèrement [2]. De Mossoul, déjà, il écrivait : « Accoutumé de longue main aux voyages interminables, en pays barbare, je ne plains ni le temps ni les fatigues; mais je ne saurais me défendre d'un sentiment plein d'amertume quand je songe à l'exigence des hommes illustres qui me demandent un résultat avant que j'aie pu me rendre à ma destination. Presque sexagénaire, je suis cependant plus fort contre les souffrances physiques que contre la douleur morale, on dirait qu'ils l'ont deviné » [3].

Aux temps difficiles de l'Expédition, Fresnel reçut cependant l'appui de l'ambassade de Constantinople. L'ancien ministre de France auprès de la Porte, le marquis de la Valette, l'avait toujours soutenu et l'explorateur eut souvent recours à ses bons offices, soit pour obtenir un firman personnel, soit pour aplanir les difficultés que pouvaient lui créer la mauvaise volonté de Namyk-Pacha ou l'accident de Thomas. Il lui écrivait, tantôt pour l'informer de l'état de ses travaux, tantôt pour lui demander une démarche auprès des bureaux de Stamboul.

En quittant le poste, de la Valette recommanda, sans doute, la mission à son successeur, car nous avons vu que Baraguay d'Hilliers intervint, dès le début de 1854 et à deux reprises, en faveur de Fresnel dont la situation était déjà critique. Le ministre des Affaires étrangères entendait soutenir alors son ancien agent qui portait le titre de consul et ne pas laisser com-

---

1. Post-scriptum du rapport n° 12 de Fresnel. 3o septembre 1852.
2. Fresnel au ministre, rapport n° 4. Mossoul, 10 mars 1852, *loc. cit.*
3. *Ibid.*, addition du 11 mars.

promettre plus longtemps le prestige de la France en Orient.

Dans la détresse, Fresnel songea à son collègue de Mossoul et il le pria, en mai 1853, de venir à son secours en lui faisant une avance de fonds. Il l'informait de sa situation et lui envoyait une copie de son dernier rapport (n° 18) au ministre; mais Victor Place était lui-même aux prises avec de trop graves difficultés financières pour qu'il put le secourir. Enfin, des deux dernières années de l'Expédition, nous trouvons deux lettres de Victor Place, la première adressée à Oppert et la deuxième à Fresnel lui-même.

Le 26 février 1854 [1], le consul de Mossoul écrivit à Oppert, qui rentrait en France, pour lui signaler le danger qu'il y aurait pour lui à quitter la ville à cette époque : « L'agitation inquiétante, dit-il, qui trouble le pays depuis Mossoul jusqu'à Diarbékir et Alep, s'oppose à ce que vous puissiez continuer immédiatement votre voyage. Les Kurdes, sur la rive gauche du Tigre, et les Arabes sur la rive droite, sont en pleine insurrection et ils en sont venus jusqu'à faire une attaque contre la ville même de Djézireh, aussi plusieurs caravanes sont-elles arrêtées ici depuis environ trois mois.

« L'obligation qui m'est imposée d'assurer, autant que possible, dans ces contrées difficiles, la sécurité de nos compatriotes, surtout de ceux qui ont, comme vous, Monsieur, reçu une mission de l'État, ne me permettrait pas de vous laisser partir sans vous faire donner une escorte considérable ».

Mais il l'informe que Pétiniaud va bientôt rentrer en France avec son groupe de chasseurs d'Afrique, ses nombreux palefreniers et une forte escorte. Oppert n'aura qu'à se joindre à lui pour gagner Alep en toute sécurité : « Vous pourrez, dit-il en terminant, profiter de ce séjour forcé pour étudier les découvertes faites à Nimroud, Koyoundjick et Khorsabad et vous continuerez ainsi à consacrer votre temps au profit de la mission scientifique qui vous avait été confiée ».

---

1. Lettre de V. Place à M. Jules Oppert, membre de la Commission scientifique de la Babylonie. Mossoul, le 26 février 1854. Réponse à une lettre de J. Oppert à Place.

La lettre adressée à Fresnel date de l'année suivante [1]. Elle n'est pas empreinte d'une grande cordialité; c'est un court avis informant son collègue de l'arrivée prochaine du navire de l'État. Place lui communiquera, s'il le désire, la charte-partie dont il a reçu copie, et sera, à la mi-avril, à Bagdad, où il pourra prendre les caisses de l'Expédition. Il ajoute en post-scriptum : « M. Delaporte se rappelle à votre souvenir ».

On voit que les rapports entre nos deux explorateurs ne s'étaient guère améliorés depuis trois ans. L'éloignement de leur champ d'action réciproque avait seul évité les incidents pénibles que le premier séjour de Fresnel à Mossoul avait été sur le point de faire naître.

1. Lettre de Victor Place à Fresnel. Mossoul, le 12 février 1855.

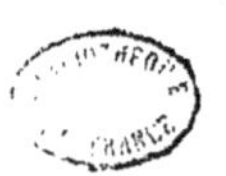

CHAPITRE XX

Relations de Fresnel avec les explorateurs anglais.

Avant son départ de Paris, Fresnel écrivait au ministre en lui disant : « le seul avantage que nous puissions avoir sur les Anglais, dans nos explorations scientifiques, c'est celui de la Science [1]. » Il exposait, à l'appui de cette opinion, que Mariette n'avait pas découvert à Sakkarah même « ce fameux Sérapeum que nos touristes foulaient aux pieds sans le savoir », mais bien dans sa bibliothèque. C'était en lisant, chez Fresnel au Caire, le passage de Strabon relatif à ce temple, que l'égyptologue en aurait fait la découverte [2].

Mais en Mésopotamie, les explorateurs français avaient à lutter de science et d'activité avec un homme remarquablement savant et actif : c'était sir Henry Creswick Rawlinson, agent politique de la Compagnie des Indes et Consul général de S. M. Britannique à Bagdad.

Né à Chadlington, en 1810, Rawlinson partit dès l'âge de 16 ans aux Indes où il demeura jusqu'en 1833 au service de la Compagnie des Indes orientales. Il apprit alors le persan,

----

1. Lettre de Fresnel à Léon Faucher. Paris, 19 septembre 1851. — Fresnel interprète ici les faits à son avantage et pour le besoin de sa cause, car il demandait en même temps l'autorisation d'acquérir une petite bibliothèque pour sa mission. Ce fut toute une série de constatations et de découvertes qui conduisirent Mariette à entreprendre les travaux du Sérapeum et le passage de Strabon, si peu précis, aurait été bien insuffisant. Enfin, il fallut à l'égyptologue plus d'un an de travail, du 1er novembre 1850 au 12 novembre 1851, pour découvrir la nécropole des Apis et son entrée. — Voir : *Le Sérapeum du Memphis*, par Auguste Mariette Pacha. Paris, 1882, chap. 1, pages 5 et suivantes.

2. Strabon, *Géographie*, livre XVII, §§ 32 et 33, surtout ce dernier où il décrit le site du Sérapeum et donne sa distance à Memphis (40 stades)

l'arabe et l'hindoustani, puis fut envoyé en Persé pour réorganiser l'armée du Schah. Durant son séjour en Perse, il rédigea, sur l'ancienne Ecbatane et sur le Kurdistan, plusieurs mémoires qui parurent dans le Journal de la Société géographique de Londres. Sa mission terminée en 1840, il était nommé à Kandahar, puis à Bagdad en 1844. Lieutenant-colonel et consul général de Bagdad en 1851 il n'abandonnait pas son titre d'agent général de la Compagnie des Indes.

Désormais, l'étude des langues anciennes de l'Orient et l'exploration des sites antiques le passionnèrent. Travailleur infatigable, Rawlinson explorait les tells antiques au galop; à peine descendu de cheval, il déchiffrait les inscriptions trouvées, mettait ses gens en route, guidait leurs recherches, puis repartait à franc étrier. C'était, dit Fresnel[1] : « un homme d'une effrayante érudition,... [un] véritable savant qui a lu tout ce qu'il n'a pas vu » d'ailleurs d'une générosité et d'une courtoisie parfaites, l'un de ces « gentlemen » dont s'honore l'Angleterre[2].

Comme agent britannique, il disposait de moyens puissants et nombreux. Toute une flottille de petits vapeurs bien protégés et bien armés faisaient le service de Bagdad à Bassorah, reliant ainsi la Résidence anglaise à l'empire des Indes[3]. Un atelier de réparation et un magasin avaient été créés à Maaghill près de Bassorah où les bas-reliefs antiques, en attendant leur départ pour l'Europe, voisinaient avec des poulies, des grelins et des cabestans. Quant à la résidence anglaise de Bagdad, Fresnel déclarait que l'hospitalité y était à tel point somptueuse que l'Agent de France ne pouvait songer à rendre les invitations anglaises[4]. « J'ai dîné chez lui, écrit

1. Fresnel à de Persigny. Rapport n° 7. Bagdad, le 30 avril 1852, arrivé au ministre le 1er juin.

2. En 1855, Rawlinson rentrait en Angleterre : il était nommé directeur de la Compagnie des Indes, puis membre du Parlement en 1858. Ministre plénipotentiaire à Téhéran en 1859, où il resta un an. En 1865, il entrait à la Chambre des Communes, puis au Conseil des Indes, etc. — Il mourut à Londres en 1895.

3. P.-X. Coste, *Notes et souvenirs de voyage*, tome I, p. 379.

4. Fresnel à de Persigny. Rapport n° 10, *loc. cit.*

Thomas [1], il y a trois jours avec notre chef, mon collègue le philologue, l'agent consulaire de France et le Ministre du Pacha... le service était splendide, et comme les anglais portent l'Angleterre partout avec eux, nous avons pu manger du saumon d'Écosse qui semblait aussi frais que s'il eût été pêché du matin ».

Si le confort régnait, la science n'était pas oubliée et une riche bibliothèque archéologique avait été constituée à grand frais par Layard. Enfin, la voie des Indes étant trop longue pour correspondre avec l'Europe, un service de courriers spéciaux, rapides et bien montés, avait été établi avec Beyrouth.

Le consul anglais avait en outre des collaborateurs habiles parmi lesquels nous citerons : W.-K. Loftus, qui fit partie de la Commission de délimitation entre la Turquie et la Perse : sous les ordres du colonel W.-F. Williams, il explora Suse, Warka, Mougeïhr et Ouroûk; le chaldéen Hormuzd-Rassam, à qui le British Museum doit peut-être ses plus belles pièces, ainsi que les reliefs appelés « Portes de Balawat »; enfin, le capitaine Jones qui commandait la flottille du Tigre et fit de nombreux relevés topographiques de ces régions.

La concurrence anglaise fut donc rude à nos explorateurs dont les établissements naissent, meurent, puis revivent.

Ce fut à Mossoul, le 10 mars, que Fresnel rencontra le colonel Rawlinson. Il arrivait de Bagdad et se trouvait chez son agent Rassam, mais Fresnel désirait s'entretenir avec lui, seul à seul, au sujet des polémiques très vives engagées entre Oppert et le savant anglais. En 1846, Rawlinson avait, en effet, publié « *The persian cuneiform inscription at Belinstun* »; puis, en 1850... *The cuneiform inscriptions of Babylonia and Assyria*. Oppert publia alors, dans le *Journal asiatique*, de 1851 à 1852, une série de sept articles intitulés : *Mémoire sur les Inscriptions des Achéménides conçues dans l'idiome des anciens Perses*, où il prit vivement à parti les lectures proposées par Rawlinson. Celui-ci, atteint autant par ces réfutations

---

1. Lettre de F. Thomas à M° Serpette. Bagdad, 15 mai 1852, arrivée à Nantes le 30 juin.

que par le ton même de la discussion, répondit par un article où il accusait Oppert de « mauvaise foi ».

Cependant, l'Expédition avait quitté Paris depuis peu, lorsque J. Mohl, qui avait l'estime la plus grande pour son compatriote Oppert, rencontra Rawlinson à Paris [1]. Ils s'expliquèrent; Mohl défendit Oppert et convainquit le savant anglais. Dès lors, la démarche de Fresnel était singulièrement facilitée : « Je lui ai fait sentir son injustice, dit celui-ci [2], tout en protestant de mon ardent désir d'entretenir avec lui les rapports les plus amicaux. Il m'a promis de venir demain voir nos livres, dont le catalogue a éveillé sa curiosité, et de profiter de cette occasion pour exprimer ses regrets à M. Oppert ».

Le 12 mars, l'entrevue projetée eut lieu. Rawlinson s'exécuta de fort bonne grâce; Fresnel s'appliqua à rendre cette démarche facile et cordiale, puis les deux adversaires se séparèrent réconciliés, après s'être longuement entretenus de leurs recherches communes.

La polémique reprit plus âpre encore au mois de juin suivant. L'Expédition était alors à Bagdad et le courrier apporta le *Journal asiatique* de février-mars 1852, qui contenait (Fresnel ajoute « heureusement » !) le dernier article du mémoire d'Oppert. « A l'occasion de ces critiques, rapporte Fresnel [3], une discussion s'est engagée hier soir (18 juin), entre le colonel et notre jeune savant. Celui-ci avait raison pour le fond, j'en suis convaincu; mais les formes acerbes qu'il apporte en toute discussion et la crudité de ses dénégations, me causaient une véritable inquiétude. En somme, la discussion m'a paru tourner à l'aigre, et une polémique va s'en suivre — toutes les remontrances que j'ai eu si souvent occasion d'adresser à M. Oppert sur le ton hautain qu'il prend avec tout le monde, moi compris, ont été parfaitement inutiles, et il en a été de même de celle à laquelle la discussion d'hier soir a donné lieu ce matin. »

1. Fresnel à de Persigny. Rapport n° 10, *loc. cit.*
2. Fresnel. Rapport n° 4, addition du 11 mars, *loc. cit.*
3. Fresnel. Rapport n° 10, *loc. cit.*

Cependant, à la suite de cette entrevue, Rawlinson abandonna l'interprétation des inscriptions babyloniennes qu'il poursuivait depuis son retour à Bagdad, pour revenir à ses premières études sur les inscriptions persanes et « entreprendre une lutte corps à corps avec le jeune savant. »

Le bruit fait à Paris autour de la nouvelle expédition française aurait pu être funeste à la mission elle-même [1], mais il semble bien que Rawlinson ait partagé l'opinion de la colonie anglaise de Bagdad au sujet du site de Babylone. Depuis l'insuccès complet des travaux de Layard [2], il était, en effet, admis qu'il fallait engager des fonds considérables à cette exploration, afin d'atteindre aux niveaux les plus bas que les sakkarah n'avaient jamais pu atteindre. Les Anglais savaient, d'ailleurs, que les objets précieux ne s'y trouveraient qu'en nombre très restreint et Fresnel redoutait l'insuccès final lorsqu'il écrivit au marquis de la Valette : « M. le colonel Rawlinson, depuis notre rencontre à Mossoul, nous témoigne une bienveillance que je trouverais *extraordinaire,* si l'on ne pouvait l'expliquer d'une manière peu avantageuse pour l'avenir de la mission [3]. »

L'opinion anglaise était exacte et se trouva confirmée dans la suite. La société qui se fonda à Londres sous le nom de « Assyrian fund Society », et à laquelle le roi de Prusse souscrivit pour 5o.ooo fr., permit à Loftus d'explorer la Basse-Chaldée, mais les découvertes minimes qui résultèrent de cette coûteuse expédition décidèrent la Société à se dissoudre [4]. Pélerins fidèles, restent seules « les blondes et frêles Anglaises aux yeux bleus [qui] affrontent sans sourciller cet affreux désert, ce terrible sam, pour aller cueillir une branche de laurier biblique sur les bords de l'Euphrate... » [5]

1. Fresnel. Rapp. n° 4, *loc. cit.*
2. Fresnel. Rapports n°s 4, 14 et 28. —Les fouilles de Layard à Babylone et à Niffar datent de 185o-51. A Niffar, Layard fut complètement dépouillé par les Arabes.
3. Fresnel au marquis de Lavalette. Annexe à la dépêche du 3o avril, n° 7. Bagdad, 21 avril 1852.
4. Fresnel. Rapport n° 28, *loc. cit.* et n° 3o.
5. Lettre de F. Thomas à Mme H. Serpette. Babylone, 26 juillet 1852.

Dès la première entrevue avec Fresnel, Rawlinson avait mis à sa disposition la riche bibliothèque de la Résidence anglaise de Bagdad. Il avait même poussé la courtoisie jusqu'à leur offrir l'hospitalité, ce qui rendit Fresnel fort perplexe, étant données les relations assez tendues qui existaient alors entre les deux nations [1].

Mais le consul anglais fit plus encore; il donna aux membres de l'Expédition toutes les facilités pour visiter les chantiers anglais d'exploration. Il les autorisa à prendre tous les dessins et les estampages qu'ils pourraient désirer. « Les quelques dessins que nous allons envoyer, écrit Thomas [2], nous les devons à sa générosité, peut-être à son indifférence, car il nous a permis de travailler à notre aise dans ses propres fouilles de Mossoul; je crains bien qu'il ne nous fasse pas l'honneur de nous considérer comme des concurrents ». C'est guidés par Rassam lui-même qu'ils visitèrent une première fois les galeries souterraines de Koyoundjick. Cette première reconnaissance accomplie, Rawlinson eut la délicatesse de défendre à ses gens de les surveiller.

Donc à loisir Thomas put prendre des estampages des pièces les plus remarquables. Cependant, il craignit que les Anglais ne surprennent le procédé Lottin de Laval qu'il essaya, puis abandonna, pour revenir au procédé du frottis qu'il avait employé en Grèce et en Italie. L'humidité des souterrains d'extraction s'opposait, en effet, à la dessiccation du papier d'estampage. Beaucoup des bas-reliefs découverts par les Anglais étaient en outre calcinés et fendus à un tel point qu'il était à craindre que ces blocs d'albâtre n'arrivent en fort mauvais état en Europe. Thomas les dessina [3] et huit planches — nᵒˢ 5o à 57 — de « Ninive et l'Assyrie » furent gravées d'après ces dessins.

Enfin, sachant combien était précaire et onéreux le service de la poste turque, Rawlinson fit bénéficier l'Expédition de la franchise postale par la voie directe anglaise de Bagdad à

1. Fresnel. Rapport nᵒ 4, *loc. cit.*
2. Lettre de F. Thomas. Bagdad, 15 mai 1852, *loc. cit.*
3. Fresnel. Rapport nᵒ 4, *loc. cit.*

Damas. Cette poste franchissait en onze ou douze jours la distance qui séparait Bagdad de Beyrouth et elle partait régulièrement tous les vingt jours. C'était un service de courriers spéciaux, très bien organisé et très régulier. Il était autrement rapide et sûr que la poste turque de Constantinople, souvent pillée en route, et dont les taxes étaient fort onéreuses. Les administrations osmanlis, sous des dehors civilisés, n'ont jamais eu, en effet, d'autre but que de pressurer les non-musulmans et les Européens de l'empire. C'est ainsi que Place et Fresnel durent souvent renoncer aux offices de cette poste, à cause des taxes exorbitantes que réclamaient les bureaux [1]. D'ailleurs, il a toujours été prudent de faire *oblitérer, devant soi,* les timbres des lettres remises aux postes de Turquie !

La voie des consulats et des agences françaises, soit de Beyrouth, soit de Constantinople, était fort longue, car dit Thomas [2] : « Il y a danger qu'elles [les lettres] ne restent quelque temps oubliées dans les bureaux », et il ajoute : « Dans chacun d'eux, au moins quinze jours ». C'est sans doute pour cette raison que certaines dépêches ministérielles mirent deux mois et demi à parvenir à Bagdad. Perreymond écrivit même à Fresnel [3] : « Ne serait-il pas à propos de demander à M. Tavernier comment il se fait qu'une *lettre ministérielle,* adressée à M. Fresnel, sous le couvert de l'ambassadeur de France à Constantinople, mette *quatre mois et demi* à venir à Bagdad, quand les lettres des négociants viennent en trente-cinq jours? » Voici la réponse de l'agent français [4] : « Je ne comprends pas, M. le Ministre, ce retard de *quatre mois et huit jours* qu'a éprouvé la dépêche de Votre Excellence. Je

---

1. V. Place au ministre. Rapport n° 32. Mossoul, 14 mai 1853, post-scriptum.

2. Lettre de F. Thomas à M. Thomas. (Bagdad), 14 octobre 1852, arrivée à Paris le 15 novembre et à Nantes le 16 et lettre du 15 août 1852.

3. Cité par Fresnel. Rapport n° 21. Hillah, 21 octobre 1853, arrivé au ministère le 15 décembre. La dépêche ministérielle dont il est question ici était partie de Paris le 10 juin 1853 et elle ne parvint à Fresnel que le 19 octobre suivant.

4. Lettre de L. Tavernier au ministre. Bagdad, le 19 octobre 1853.

reçois ordinairement les lettres et les journaux de Paris en vingt-quatre ou vingt-cinq jours par la voie de Damas, et en une quarantaine de jours par la voie de Constantinople. »

Si, par la suite, la correspondance adressée à Fresnel subit des retards encore plus extraordinaires, celle qu'il adressait, au contraire, à Paris, par la voie anglaise, parvenait régulièrement en trente ou trente-cinq jours.

Les livres et les objets de quelque poids prenaient donc seuls la route de Constantinople, tandis que les bagages étaient acheminés sur Beyrouth, d'où ils gagnaient Bagdad par les soins de la maison Médawar et Cie. La voie des Indes, d'ailleurs fort longue, demeurait à l'usage exclusif des Anglais[1].

Enfin, nous avons vu plus haut que Rawlinson offrit d'intervenir en faveur de l'Expédition, auprès du colonel Justin Sheil, agent politique de l'Angleterre, à Téhéran. Grâce à cette intervention, Fresnel pouvait obtenir un firman du schah lui permettant d'explorer le site de Hamadan, l'antique Ecbatane des Mèdes.

Pour reconnaître les bons offices de Rawlinson, Fresnel demanda au ministre de lui offrir quelques volumes richement reliés qui manquaient à la bibliothèque britannique; c'étaient : « Le Monument de Ninive », de Botta; « Le Culte de Mithra » et « Vénus », de Lajard. Fresnel ajoutait : « Je crois ne pas me tromper en affirmant que le colonel Rawlinson serait très sensible à un cadeau *national*. L'influence dont il jouit ici est telle que nous avons tout à gagner en nous conciliant son bon vouloir. »[2] Le ministre souscrivit à cette demande de notre agent[3], mais ce ne fut que deux ans après que les volumes parvinrent à Bagdad, par les soins de l'ambassade de Constantinople.

Aux jours les plus sombres, l'amitié du consul britannique fut encore précieuse et son aide généreuse. On a vu avec quel empressement il mit sa résidence et ses gens à la disposition

---

1. Fresnel au ministre. Rapport n° 9, *loc. cit.*
2. Fresnel au ministre. Rapport n° 4, *loc. cit.*
3. Par dépêche en date du 21 avril 1852, citée par Fresnel, post-scriptum de son rapport n° 16.

·de Fresnel au moment de l'accident de Hillah; plus tard, ce fut lui encore qui offrit, par l'entremise du capitaine Jones, le transport gracieux des collections à Bassorah [1]. L'Expédition était alors tombée dans le plus affreux discrédit et Fresnel était abandonné de tous.

Dans la suite, Jones, qui s'était lié d'amitié avec Fresnel, devint, au départ de Rawlinson, gérant du consul anglais de Bagdad. Connaissant la gêne de l'explorateur français, il souscrivit à son nom un billet de 500 krans (583 fr. 33 au cours), à la date du 10 octobre 1855, au moment de son départ pour Bouchir : « pour qu'il en fît usage s'il venait à manquer d'argent ». Fresnel l'accepta et le garda comme un gage de l'amitié qui l'unissait au capitaine, mais il entendait ne jamais s'en servir. Il fut retrouvé à l'ouverture de la succession et rendu à son auteur [2]. *Fidum pectus amici!*

1. En 1855, Rawlinson offrit des bas-reliefs à la France et aida au sauvetage des antiquités naufragées dans le Chatt-el-Arab. Voir M. Pillet. *Place et les explorateurs anglais* (*Revue archéologique*, 1916, II, p. 230) et *Khorsabad*, 1918, chap. I, p. 10 à 16.

2. Déclaration du Dr Duthieul, curateur. Bagdad, 3 septembre 1856, jointe au *Compte de liquidation de la succession de M. Fulgence Fresnel.*

CHAPITRE XXI

Quelques détails sur la vie et le caractère
des membres de l'Expédition.

Il est intéressant d'étudier maintenant l'activité intérieure
de la mission et les difficultés de la vie en commun de ces
hommes d'âge, de profession et de caractère si différents.

Nous avons vu la forme inusitée et expéditive que le ministre avait imposée à l'Assemblée nationale pour enlever le vote
des subventions nécessaires aux explorations scientifiques projetées. Le mécontentement qui se manifesta, au cours même
de la séance, ne fit que s'accroître du fait des lenteurs que
Fresnel apporta à rejoindre son poste. Le rapporteur du projet, sur les indications du ministre, faisait valoir l'urgence
qu'il y avait à ce que l'explorateur pût être à Babylone en
novembre. Or, du fait de l'insécurité de la Mésopotamie ou
des atermoiements de Fresnel, la mission n'arriva qu'à la mi-
juillet, et le bénéfice de la décision ministérielle fut ainsi
perdu, ce que ni le Parlement, ni l'Académie elle-même ne
lui pardonna, semble-t-il.

Habitué à voyager en Orient, savant, mais âgé, Fresnel
s'encombra de bagages nombreux qui ralentirent son voyage.
Beaucoup des retards qu'il rejette sur les difficultés du pays
ou sur la révolte arabe auraient pu être évités, c'est certain.
Thomas s'en plaint dès avril, Oppert aussi, et Rawlinson le
démontrait chaque jour en voyageant à franc étrier sans
autre bagage que ceux que pouvait porter son cheval. Fresnel, au contraire, était parti de Beyrouth avec un matériel
abondant, dont la réunion lui avait déjà fait perdre plusieurs
semaines. Thomas dit même que tout le monde riait, à Bagdad, des six barriques de vin fameux que l'Expédition traî-

nait avec elle : « Ces pauvres barriques, dit-il[1], nous avons pourtant failli les perdre. A cinq heures de Bagdad, on voyait déjà les minarets, nous fûmes assaillis par un coup de vent qui nous jeta à la côte; le radeau rasait le bord en se heurtant aux racines, et la corde qui retenait les barriques commençait à se dénouer. J'étais seul à m'en apercevoir et l'idée de les voir rouler dans le fleuve me paraissait si drôle que j'ai failli ne pas donner l'alarme : la gourmandise l'a emporté, on m'a appelé le sauveur de la mission. »

Bien installé enfin dans la ville des Califes, Fresnel paraît s'être effrayé aisément de l'insécurité qui régnait dans la région et ses collaborateurs l'accusent de préférer le repos de Bagdad aux pénibles travaux de Babylone. Cependant, tous ces retards, cette prudence même, peuvent être imputés, croyons-nous, au poids des années et non à un odieux calcul de l'explorateur, dont la correspondance fait paraître, au contraire, une grande élévation d'âme et de sentiment.

Durant son long voyage, Fresnel écrivit de nombreux rapports, dans lesquels il s'étendit sur des sujets d'intérêt souvent médiocre. Arrivé sur le lieu de ses travaux, et ne trouvant que peu de choses, il décrivit avec complaisance le moindre objet et essaya de masquer la pauvreté des découvertes sous la masse des considérations historiques, épigraphiques ou autres. Il était expert, dit Thomas[2] « à fouiller dans son écritoire »... Le mot, pour amusant qu'il soit, est méchant, et, de plus, inexact : ses rapports, prolixes, il est vrai, abondent cependant en renseignements nouveaux et intéressants.

Son collaborateur immédiat, Édouard Perreymond, n'eut qu'un rôle effacé; il paraît s'être acquitté à la satisfaction de tous d'une ingrate besogne secondaire de copie ou d'établissement de comptes : ce fut un bon secrétaire. Les fonctions qu'il avait occupées précédemment, soit en Algérie, soit en Égypte, l'avaient rompu à une besogne administrative sans

---

1. Lettre de F. Thomas à Mme Serpette. Bagdad, 15 mai 1852, arrivée à Paris le 29 juin et à Nantes le 30.

2. Lettre de F. Thomas, à sa tante Amélie Serpette. Mossoul, 10 mai 1853.

initiative personnelle; vivement attaché à son chef, qu'il servit avec dévouement, il fut l'ombre de Fresnel.

La collaboration d'Oppert et de Thomas ne fut ni pareillement dévouée, ni aussi effacée. Tous deux avaient déjà une science acquise et un mérite reconnu; tous deux redoutèrent l'autorité d'un chef et se liguèrent contre lui, craignant qu'il ne recueillît seul l'honneur de leurs succès. Cependant, c'était en connaissance de cause que Fresnel les avait librement choisis, avant son départ de Paris, et ce, après avoir écarté les hommes que le ministre voulait lui adjoindre [1].

Il avait cherché, dit-il [2], « deux *sommités*, l'une dans l'Art, l'autre dans la Science, et cela bien évidemment dans l'intérêt de *la chose* », non, pas dans son propre intérêt. Il avait voulu composer sa mission d'éléments sérieux : « Elle est, dit-il encore [3], *artistique et scientifique*. Eh bien ! n'ai-je pas avec moi un *artiste* et un *savant*? L'honneur artistique de nos découvertes ne revient-il pas de droit à l'artiste, et l'honneur scientifique au savant? » Son rôle, enfin, il l'avait compris de façon élevée : « Je n'ambitionne, écrit-il à Thomas [4], d'autre gloire que celle d'être votre guide, votre directeur et votre interprète... Le *Rédacteur de vos pensées*, sauf [pour] les quelques idées qui peuvent m'appartenir en propre et qu'assurément j'ai le droit et le devoir d'émettre, dans ce que je considère comme l'intérêt de la *vérité*... Ma gloire (si gloire il y a) sera de vous avoir conduits à la victoire, à travers toutes les difficultés, tous les dégoûts et tous les déboires que je dois à votre reconnaissance; — cela soit dit sans reproches, ni rancune ! Les hommes de génie ont, dit-on, le droit d'être intraitables et vous en avez largement usé; mais, plus vous me rendez la vie dure, plus je tiens à vous conserver ».

Cependant, ni Oppert, ni Thomas, ne crurent à la haute conception de leur chef; ils ne lui en surent pas gré, et n'eu-

---

1. Fresnel au ministre de Persigny. Rapport n° 18. Hillah (Babylone), 15 mai 1853.

2. Lettre de Fresnel à Thomas, Djumdjumah, 2 octobre 1852, *loc. cit.*

3. *Ibid.*

4. *Ibid.*

rent pas égard à sa vieillesse. La discorde éclata dès Bagdad, et Fresnel voyant l'insubordination de ceux qui devaient
être ses collaborateurs, craignant aussi les dangers qui résul-
teraient d'une autorité méconnue, avait demandé au ministre
une lettre, une sorte de brevet, qui l'investît « d'une autorité aussi voisine que possible du *pouvoir discrétionnaire* d'un
Consul, dans les Échelles du Levant » [1].

Cette démarche fut connue de ses compagnons, ainsi que
d'autres encore, par « Oppert qui écoute aux portes », écrit
Thomas [2]; dès lors, ils eurent partie liée contre leur chef. Ce
fut d'autant plus déplorable, que ces trois hommes étaient
éminents, chacun en sa spécialité.

« M. Oppert, écrit Fresnel [3], est une capacité de premier
ordre, une intelligence rare. Aussi bon mathématicien que
savant philologue, à 25 ans... [il] est déjà un dictionnaire
vivant de toutes les langues savantes et d'un grand nombre
de sciences et, ce qui me paraît beaucoup plus remarquable,
un très bon et très redoutable critique. » Il le qualifie de
« vrai François Barrême », et ajoute [4] : « au surplus, M. Oppert est une capacité purement intellectuelle..., son myopisme,
sa pétulance, sa présomption, qui dépasse toutes les limites
connues, l'exposent sans cesse aux plus grands dangers et
nous obligent tous à une surveillance pleine d'anxiété, sans
compter que ces défauts le rendent impropre aux recherches
matérielles, puisqu'il n'aperçoit un monument que lorsqu'on
l'a mis dessus. En revanche, il lit merveilleusement les légen-
des des médailles, et, sous ce rapport, il nous est extrêmement utile... » Mais Fresnel se plaint des « formes acerbes
qu'il apporte à toute discussion, [de] la crudité de ses dénégations, [et du] ton hautain qu'il prend avec tout le monde » [5].
L'âpreté de ses discussions avec Rawlinson aurait pu nuire

1. Lettre de Fresnel au ministre de Persigny, n° 10. Bagdad, 19 juin
1852, *loc. cit.*

2. Thomas à Mme Thomas, 5 janvier 1853, *loc. cit.* et lettre du 25 août
1852, *loc. cit.*

3. Fresnel au ministre, rapport n° 10, *loc. cit.*

4. Fresnel à Romieu — Confidentielle. Bagdad, 19 juin 1852, *loc. cit.*

5. Fresnel au ministre, Rapport n° 10, *loc. cit.*

gravement à l'Expédition, mais la parfaite courtoisie du consul anglais résista à tous les assauts d'une sévère dialectique.

Lorsqu'il fut avéré que l'expédition était manquée, lorsque Fresnel se débattait au milieu d'une situation financière des plus difficiles, Thomas étant parti, Oppert resta seul et agit à sa guise. Dès avril 1853, nous le voyons se séparer de son chef et louer à Hillah, aux frais de l'Expédition, une maison séparée [1].

Lorsqu'il demeurait à Bagdad, c'était en compagnie de certains Allemands, parmi lesquels nous relevons le nom de Thomas Swoboda [2] et Fresnel était alors à Babylone. Il avait compris que son chef, vieilli et usé par les mécomptes de ce dernier voyage, ne pourrait jamais plus recueillir les fruits de son labeur et de sa science. Il explora donc les quelques sites célèbres des environs de Bagdad ou de Babylone, sans y faire toutefois aucune découverte importante. Puis, lorsqu'il eut rassemblé ses notes et ses documents, il partit pour la France sans l'autorisation de son chef, mais avec l'assentiment de l'agent consulaire de Bagdad [3]. Il emportait « beaucoup de chagrin [4] » et il avait hâte de quitter ces lieux témoins de la ruine de si belles espérances, pour venir cueillir les lauriers du retour.

Enfin, si nous en croyons Fresnel, le savant ne fut pas « étranger à la méfiance de Thomas, car l'artiste et Oppert s'étaient pris d'amitié et ne se quittaient guère. Dans ses lettres, Thomas parle souvent de son « savant collègue... un excellent garçon, savant à lui tout seul comme tous les livres... Nous sommes très liés, dit-il [5], et nous pouvons

1. Voir : Pièce annexe n° 7. Exercice 1853, 2e trimestre.

2. De même ses excursions au Kifl (7 décembre 1852) et à Tell Nimroud (20-22 septembre 1853) sont faites en compagnie d'Allemands de la région. *Expédition...*, tome I, liv. II, chap. IX, p. 243 et liv. III, chap. I, p. 255.

3. Fresnel au ministre Fould. Rapport n° 25, *loc. cit.*

4. Ce curieux détail est extrait d'une minute originale de l'état des objets appartenant à l'Expédition et emportés par J. Oppert à son départ de Bagdad, daté du 1er février 1854. Après l'énumération de divers ustensiles de cuisine, on trouve en effet — « n° 18 — Beaucoup de chagrin ».

5. Lettre de F. Thomas à Mme Thomas. Bagdad, 21 juin 1852, arrivée à Paris le 19 juillet et à Nantes le 20.

compter l'un sur l'autre ». Leur amitié se resserra encore après l'accident de Hillah, où Oppert se dévoua pour son collègue et l'entoura de mille soins.

Thomas, d'abord adonné aux études mathématiques, puis attiré par l'architecture, finit par se consacrer à la peinture, où il réussit de même; ses talents étaient donc divers. Il apparaît surtout comme un artiste; il est impulsif, travailleur consciencieux et habile, capable de la continuité de l'effort, comme ses travaux de Khorsabad, puis ses nombreuses toiles le prouvent; mais il ne paraît pas s'être assigné un but nettement déterminé et poursuivi sans relâche. Il est artiste, profondément, et d'une vive sensibilité, mais presque sans volonté. Fresnel loue son bon cœur et son rare talent qu'il reconnaît et admire; puis, il ajoute [1] : « Votre hypocondrie (trop bien constatée), se résume en deux mots : — Envie et méfiance. — Triomphez de ces deux monstres par un effort sublime de votre raison, aidée d'une volonté puissante ! Chassez ces deux spectres qui vous obsèdent, et vous êtes sauvé ! Ne permettez pas qu'on vous répète sans cesse : « M. Fresnel, en sa qualité de chef de la mission, recueillera tout l'honneur de vos succès ! » Suggestion venimeuse, qui vous empoisonne le cœur. »

Si les fouilles de Babylone avaient donné à l'architecte l'occasion d'un travail intéressant; si, comme à Khorsabad, il avait pu mesurer et dessiner des édifices importants, les étudier et les faire revivre, Thomas aurait pu vaincre, sans doute, par le travail, un penchant naturel à la tristesse : « Nous menons toujours le même sot métier, dit-il [2], fouillant des tas de poussière », qu'il qualifie ensuite de « poussière illustre », mais dont il n'a que faire, et il se rebute de ce travail, s'aigrit contre son chef, s'en prend à lui de ce que les travaux ne donnent pas un résultat apparent [3].

---

1. Lettre de Fresnel à Thomas, 2 octobre, *loc. cit.*
2. Lettre de F. Thomas à Mme Thomas. (Bagdad), 14 octobre 1852.
3. Il est inutile de citer ici une référence, car les 14 lettres que Thomas écrivit à sa famille à partir du 25 septembre 1852, renferment à ce sujet des attaques violentes contre Fresnel.

Il avait étudié les beaux monuments à peine ruinés de la Grèce et de l'Italie. Sa déception fut grande lorsqu'il vit ces villes ruinées de l'Orient, que les conteurs arabes nous dépeignent sous les plus brillantes couleurs. Son désespoir devint immense à l'aspect de ces monticules déserts, de ces *tells*, qui représentent à nos yeux les plus fameuses cités de la Chaldée ou de l'Assyrie. Il croyait voir, ainsi qu'à Baalbeck, des murs énormes et des colonnades intactes, des rinceaux et des statues; il ne vit rien que de la poussière et des cailloux, quelque cavalier fièrement campé sur sa monture, ou quelque pâtre en haillons dormant près de son troupeau.

Enfin, à la suite de son accident, il se prit d'une violente aversion pour Fresnel : celui-ci avait, en effet, tout tenté pour l'éloigner définitivement du site de Babylone qui lui avait été si fatal. Ne pouvant obtenir son rappel, soit du vice-consul de Bagdad, soit de l'ambassadeur de Constantinople, il avait écrit au ministre en lui demandant d'agir. Il avait même été jusqu'à informer les parents de Thomas de son état, l'exagérant, semble-t-il, à dessein. Il connaissait la vive affection que Thomas portait aux siens et pensait qu'eux seuls pouvaient le décider à quitter l'Orient; l'artiste reçut alors des lettres affolées de sa mère et de sa sœur. On voulut envoyer de France quelqu'un auprès de lui, et il fallut que Tavernier, Pétiniaud et le ministre lui-même écrivissent pour rassurer un peu cette famille éplorée.

Cela, Thomas ne le pardonna jamais à Fresnel. Les lettres qu'il écrivit alors à sa famille nous dépeignent l'explorateur sous les couleurs les plus sombres, trop sombres même pour qu'elles ne fussent pas le fait d'un esprit troublé ou d'une haine violente. Quoiqu'il en soit, cette correspondance fut sans doute connue au ministère, et l'hostilité dont Fresnel se plaignit dès son arrivée en Orient s'explique ainsi.

On voit quels dissentiments éclatèrent au sein de la mission et combien le rôle du directeur en fut rendu pénible; l'insuccès fut leur cause véritable et un travail fructueux pour tous aurait dissipé ces vaines querelles.

CHAPITRE XXII
Liquidation de la succession Fresnel à Paris.

Le docteur Duthieul avait terminé la liquidation de la succession de Fresnel en septembre 1856; le mobilier, les livres et les instruments qui pouvaient être revendiqués par l'État avaient été déposés entre les mains du consul général de France à Bagdad, ainsi que les fonds appartenant en propre à l'explorateur décédé.

Le 25 décembre 1856, le consul Tastu adressa les pièces concernant l'opération au ministère des Affaires étrangères. Elles étaient au nombre de cinq, à savoir :

N° 1. — Acte de levée de scellés provisoire. — 7 février 1856.

N° 2. — Inventaire après décès. — 19 au 25 mai 1856.

N° 3. — Vente aux enchères publiques. — 11 juin 1856.

N° 4. — Vente de meubles aux enchères. — 10 juin 1856.

N° 5. — Compte de la liquidation de la succession de M. Fulgence Fresnel. — Bagdad, 3 septembre 1856.

Le consul avertissait en même temps le ministre d'État de cette liquidation et de l'envoi des pièces à Paris. La question était donc réglée pour Bagdad et les Affaires étrangères transmirent bientôt les pièces au ministère d'État, par lettre en date du 28 février 1857.

Désormais, le règlement définitif va se poursuivre à Paris. Un jugement du tribunal de première instance de la Seine nomma Guyard curateur de la succession déclarée vacante. Le 29 octobre 1856 [1], celui-ci réclamait au ministère d'État une somme de 3.449 fr. 49, due à Fresnel sur l'exercice 1853, ordonnancée à la fin de 1855 et qui n'avait pas encore été

---

1. Lettre adressée par Guyard, 10 boulevard des Filles du Calvaire, à S. E. Monsieur le Ministre d'État. Paris le 29 octobre 1856. Pièce sur papier timbré à 0 fr. 35, entrée au ministère le 31 octobre.

retirée par les héritiers à la date du 15 octobre 1856 [1]. Le curateur réclamait en outre les 12.000 francs de l'allocation due à l'explorateur sur l'exercice 1854, ainsi que ce qui pouvait être dû sur l'exercice 1855.

Le 15 décembre, le curateur demandait à nouveau la liquidation des arrérages du traitement de Fresnel et priait qu'on voulut bien « honorer d'une réponse » sa demande précédente. Une petite fiche, placée à l'intérieur de cette lettre, nous apprend que le ministère reconnaissait devoir alors :

Sur l'exercice (clos) 1853 .... 3.074 fr. 68

Et sur l'exercice 1855 — 20 décembre. 3.449 fr. 49

On demanda sans doute à Guyard de passer au ministère, puisque, le 16 février 1857, celui-ci écrivait : « Permettez-moi de vous rappeler que vous avez bien voulu me promettre de me faire connaître le montant de ce qui reste dû par le ministère d'État à M. Fresnel... J'attends ces renseignements, qui me sont nécessaires pour liquider la succession de M. Fresnel et payer ses créanciers. »

Bientôt Mauger était nommé curateur de la succession, en remplacement de Guyard, par jugement de la Chambre du Conseil du Tribunal Civil de la Seine, en date du 19 mai. Il demanda au ministre d'État communication des cinq pièces qui lui avaient été transmises par le ministère des Affaires étrangères. Ces pièces lui étaient, en effet, nécessaires pour l'inventaire à dresser en France et le règlement de la succession [2].

Ne recevant pas de réponse, le curateur renouvela sa demande en juillet [3]. Ses deux lettres avaient été transmises à M. Tournois, chef de la section des Beaux-Arts, qui répondit en mettant les pièces à la disposition de M. Mauger contre récépissé et pour huit jours [4]. Après avoir pris connaissance du dossier de Bagdad, le curateur réclama l'ordonnancement

1. Lettre du Chef de la Division... de la Comptabilité au ministère d'État, au Chef de la Division des Beaux-Arts. Paris, le 15 octobre 1856.

2. Lettre de M. Mauger, 11 rue du Marché-Saint-Honoré, au ministre d'État, Paris le 22 juin 1857.

3. Lettre de Mauger au ministre d'État, Paris, le 14 juillet 1857.

4. Minute de la lettre adressée à Mauger le 22 juillet 1857.

des sommes portées à l'actif de la succession par Duthieul, auxquelles s'ajoutait le mandat de l'exercice 1853 resté impayé. Son compte s'établissait comme suit [1] :

Sur l'exercice 1853	3.449 fr. 49
Allocation personnelle de Fresnel pour 1854	12.000 »
Allocation personnelle de Fresnel pour 1855	5.000 »
Intérêts divers	1.698 » 20
Total de la réclamation	22.147 fr. 69

Dès la réception de cette demande, Tournois demandait au chef de la comptabilité de vouloir bien ordonnancer à nouveau la somme de 3.449 fr. 49, qui, ordonnancée sur l'exercice 1856, n'avait pas été touchée le 31 décembre. M. Mauger avait, d'autre part, reçu par l'entremise et avec l'appui du ministère d'État, une réclamation d'Oppert, demandant le remboursement de 767 fr. 64 : « Cette somme a été, disait Oppert [2], versée par moi à mon ancien chef pour frais de nourriture à Bagdad, et a été plus tard reconnue par l'État comme dépense de l'expédition. »

En novembre, le curateur confirmait sa lettre du 16 septembre et demandait le règlement du solde de sa réclamation, soit 18.698 fr. 20. L'administration des Domaines le menaçait, en effet, d'exercer des poursuites si les droits dûs n'étaient pas immédiatement acquittés. Sous cette menace, le chef du service des Beaux-Arts écrivit au directeur des Domaines : « Le ministère d'État, disait-il [3], est en compte avec la succession Fresnel et j'espère que d'ici quelques jours ce qui revient à cette dernière pourra être liquidé. Je vous serai donc obligé, M. le Directeur Général, de vouloir bien empêcher toutes poursuites.

« Le reliquat net de la succession devant, à ce que je crois,

1. Lettre de Mauger au ministre d'État, Paris, 16 septembre 1857.

2. Lettre de J. Oppert sans date, mais datée à l'arrivée au ministère d'État : 31 novembre 1856 et lettre du chef de la section des Beaux-Arts à M. Mauger, Paris 24 août 1858.

3. Minute de cette lettre, sans date, mais qui fut écrite entre novembre 1857 et mai 1858.

faire retour au Domaine, les frais de poursuite seraient, en définitive, à la charge de l'État. »

Malgré les assurances du service intéressé, le règlement définitif du compte Fresnel ne fut signé qu'à près d'un an de là, c'est-à-dire trois ans après la mort de l'explorateur.

M. Tournois, dont les bureaux avaient été chargés des affaires concernant l'Expédition de Mésopotamie, présenta au ministre un rapport sur le règlement définitif de la succession Fresnel. Il proposait de mettre à la disposition du curateur une somme de 10.490 fr. 98, imputable sur le crédit de 13.500 fr. réservé sur les fonds de l'exercice clos 1854, pour solde de tout compte, au lieu des 18.698 fr. 20 réclamés par Mauger. Enfin, les livres, les armes et les instruments provenant de l'Expédition étaient accordés au consulat général de France à Bagdad. Ce rapport du 5 mai 1858 fut approuvé par Achille Fould, et l'arrêté fut signé.

Cette pièce, qui établit le point de vue administratif, est intéressante à lire après l'émouvant testament de l'explorateur que nous avons reproduit plus haut.

« L'Administration n'a pas à compter d'intérêts pour des dépenses de la nature de celles dont il s'agit, dit le rapport, et, sur ce point, la demande du curateur n'est pas recevable. Il n'y a pas lieu, non plus, d'accueillir cette demande, pour ce qui regarde le paiement de l'allocation afférente à l'exercice 1855, puisque les dépenses de l'expédition de Mésopotamie ont été limitées à l'année 1854, le dernier crédit spécial ayant été ouvert sur cet exercice. D'ailleurs, cette allocation n'a jamais été réclamée par M. Fresnel et, en admettant qu'elle dût être payée, ce qui ne peut être, elle ne porterait que sur 22 jours du mois de janvier, car M. Fresnel avait reçu, à cette date, l'ordre formel de revenir en France, sous peine de rejet de toutes ses dépenses et de suppression de toute allocation, à partir du moment où l'ordre précité lui serait parvenu, et les faits ont bien prouvé que cet agent n'avait jamais eu sérieusement l'intention de revenir..

« Il ne reste donc à liquider que l'allocation se rapportant à l'année 1854.

« L'arrêté ministériel du 15 septembre 1851, portant nomination de M. Fresnel, en qualité de chef de l'expédition de Mésopotamie, lui accordait, à ce titre, une indemnité mensuelle de mille francs. En conséquence, cette indemnité a été acquise à cet agent pour tout le temps pendant lequel il a rempli les fonctions de chef de l'expédition. Or, il résulte des pièces de la correspondance, que l'expédition de Mésopotamie n'existait réellement plus en 1854 : les travaux de fouilles avaient cessé depuis plus d'un an, et sur trois membres dont elle se composait, dans le principe, deux avaient alors quitté Bagdad pour revenir en France; l'un, M. Thomas, pour cause de maladie, il est vrai, le 1er mars 1853, l'autre, M. Oppert, le 4 février 1854, par suite de la dépêche de Votre Excellence en date du 10 juin 1853.

« Rigoureusement, l'Administration serait en droit de réduire proportionnellement l'allocation de M. Fresnel, pour l'année 1854, ou du moins à compter du moment où cet agent est demeuré seul en Mésopotamie. Mais, il est juste de dire, qu'en raison des dettes contractées par la Mission, M. Fresnel ne pouvait peut-être pas quitter Bagdad en même temps que M. Oppert, et que l'ordre formel de départ ne lui fut envoyé que le 8 juillet 1854. Cet ordre ayant dû lui parvenir au plus tard deux mois après l'envoi, c'est-à-dire, vers le 8 septembre [il toucha Fresnel le 11 août [1]] et M. Fresnel ayant reçu, avant cette époque, plus qu'il ne lui fallait pour payer toutes les dettes de la mission [2], c'est à partir du 8 septembre, ou, mieux encore, du 1er octobre 1854, que le taux de son allocation me paraît devoir être réduit proportionnellement. Cette réduction pourrait être de moitié; dans ce cas,

---

1. Fresnel au ministre. Rapport n° 30. Bagdad, le 13 septembre 1854, *loc. cit.*

2. Cette assertion est inexacte puisque plusieurs dépenses faites par l'explorateur avaient été rejetées par l'administration et que Fresnel était hors d'état de faire de nouvelles avances, son allocation ne lui étant plus payée depuis plusieurs mois déjà (octobre 1853), qu'il n'avait plus de fortune personnelle et que le refus de ses traites lui avait coupé tout crédit sur la place de Bagdad.

l'allocation de M. Fresnel, pour 1854 se composerait : 1° de neuf mois à 1.000 fr.; 2° de trois mois à 500 fr. et formerait ainsi un total de 10.500 francs.

« A propos de l'ordre de départ expédié à M. Fresnel, je dois faire connaître à Votre Excellence, que cet agent, se fondant sur les termes d'une dépêche de Votre Excellence, en date du 21 juillet 1854, qui lui ordonnait de prendre passage, sur n'importe quel navire revenant de Bassorah en France, avait supposé que l'intention de l'Administration était qu'il effectuât son rapatriement au moyen d'un navire devant aller chercher les antiquités de Mossoul, puisque, depuis plusieurs années, aucun bâtiment français n'avait paru dans les eaux de Bassorah. Mais, il n'y a pas lieu de tenir compte d'une semblable interprétation d'ordres aussi formels que ceux qu'il avait reçus, et, d'ailleurs, comme je l'ai dit en commençant, M. Fresnel n'a jamais eu sérieusement l'intention de revenir en France.

« M. Fresnel vous avait produit, dans le courant de 1855, les bordereaux de ses dépenses et de celles de M. Perreymond, agent comptable, pendant toute l'année 1854. Ces bordereaux, au nombre de cinq, montant ensemble à la somme de 8.953 fr. 36, ont été examinés et doivent être réduits à celle de 5.990 fr. 98 par la suppression : 1° d'une somme de 605 fr. 74 applicable à l'Exercice 1853 et payée sur cet exercice, 2° d'une somme de 2.356 fr. 64 montant des frais de nourriture et de logement mis, par la nomination des membres de l'Expédition, à la charge de ces derniers. Cette somme de 5.990 fr. 98 ajoutée aux 10.500 fr. montant de l'allocation personnelle de M. Fresnel pour 1854, forme un total de 16.490 fr. 98 sur lequel cet agent avait reçu, à valoir, une somme de 6.000 fr. La somme à ordonnancer, au profit de ses héritiers, n'est donc que de 10.490 fr. 98. J'ai l'honneur de vous proposer, Monsieur le Ministre, de mettre cette somme à la disposition du Curateur. Elle sera imputée sur celle de 13.500 fr. réservée sur les fonds de l'Exercice clos 1854.

« L'Administration a fait les frais d'un matériel important pour l'expédition de Mésopotamie et elle lui avait livré des

livres, des armes et des instruments de prix. Les livres, armes
et instruments, sauf quelques-uns qui n'ont pas été retrouvés
à l'inventaire, sont restés déposés au Consulat Général de
France, à Bagdad. Le Consul, M. Tastu, vous demande de
les laisser à ce Consulat, où ils seront plus utiles aux voyageurs, de passage à Bagdad. Quant au matériel, la vente des
objets qu'on a pu retrouver, a été effectuée dans les formes
ordinaires, et le prix obtenu, soit une somme de 1.050 francs
environ, est resté déposé entre les mains du Chancelier. Bien
que l'Administration fut en droit de demander compte à la
succession Fresnel de quelques-uns des objets non retrouvés,
Votre Excellence pensera, sans doute, qu'il n'y a pas lieu de
le faire.

« En résumé, je vous proposerai, Monsieur le Ministre de
décider :

1° Que la réclamation d'une somme de 1.698 fr. 20, à titre
d'intérêts, ne sera pas accueillie;

2° Qu'il en sera de même, en ce qui concerne la liquidation
d'une allocation, pour M. Fresnel, en 1855;

3° Que la somme de 10.490 fr. 98, montant, après déduc-
tion de l'à compte payé, de l'allocation de M. Fresnel, de ses
dépenses et de celles de M. Perreymond, en 1854, sera mise
à la disposition du curateur de la succession;

4° Que les livres, armes et instruments, restés en dépôt au
Consulat Général de France à Bagdad, seront accordés, sous
inventaire régulier, à ce Consulat. »

Le ministre, après avoir approuvé ce rapport, signa l'arrêt
du 5 mai 1858 qui y était joint. En voici les passages les plus
importants :

Considérant que par suite de circonstances indépendantes
de sa volonté, M. Fresnel avait dû prolonger son séjour à
Bagdad jusqu'au 1er octobre 1854 et qu'il y a lieu, par conséquent, de tenir compte à sa succession du montant de l'indemnité précitée de 1.000 fr. par mois, du 1er janvier au 30 septembre 1854;

« Considérant, en outre, que pendant les trois derniers
mois de l'année 1854, le dit Fresnel avait encore prêté son

concours à l'Administration en liquidant et apurant les comptes de la Mission; qu'une indemnité lui était due pour ce travail et que cette indemnité dont le taux peut être fixé à 5oo fr. par mois, doit également profiter à sa succession;

« Vu les quatre Bordereaux de dépenses de la Mission, pendant l'année 1854, s'élevant ensemble à la somme de 5.990 fr. 98;

« Attendu que M. Fresnel avait reçu à valoir sur ces dépenses et son Indemnité, un à compte de 6.000 fr. avant son décès, et qu'il ne revient plus à sa succession qu'un reliquat de 10.490 fr. 98.

ARRÊTE :

Il sera mis à la disposition des héritiers de M. Fulgence Fresnel une somme de 10.490 fr. 98 restant due à ce dernier sur le montant de son indemnité, pendant l'année 1854.

« Cette somme de 10.490 fr. 98 est imputable sur le crédit extraordinaire de 28.000 fr. ouvert au Budget du Ministère d'État pour les dépenses de la Mission de Mésopotamie, Exercice clos 1854. »

Le curateur de la succession Fresnel fut avisé, dès le 7 mai, de cette liquidation définitive qui réduisait de 8.207 fr. 22 sa demande de règlement. Désormais le dossier de l'Expédition de Mésopotamie est clos.

Monsieur le Ministre,

[note marginale : à faire... ministre sera... Samedi à 9ᵉ... du matin 21 juillet...]

Après trois ans de privations et trois ans de luttes victorieuses contre des obstacles de toute nature, je désire, de retour à Paris, soumettre au chef du département lui-même les résultats de mes pénibles recherches, et les mettre, directement et personnellement, au fait d'affaires aussi importantes qu'urgentes.

En attendant des ordres ultérieurs à cet égard, je suis, avec un profond respect,

Monsieur le Ministre,

de votre Excellence

le très-humble et très-obéissant serviteur

Jules Oppert
membre de l'expédition scientifique de France en Mésopotamie.

le 19 juillet 1854

CHAPITRE XXIII

Oppert à Paris. — Publication
de *L'Expédition scientifique en Mésopotamie.*

Nous avons vu qu'Oppert, après avoir quitté Bagdad en février 1854, avait été retenu quelque temps à Mossoul par l'insécurité de la région. Il avait eu ainsi le temps d'étudier à loisir les fouilles françaises et anglaises de cette contrée si riche en souvenirs antiques[1]. Il quittait enfin Mossoul le 15 avril, en compagnie de Pétiniaud et de Mme Tavernier et arrivait à Paris le 1er juillet[2].

Dès son arrivée, Oppert écrivait à M. Achille Fould :

« Après trois ans de privations, disait-il[3], et trois ans de luttes victorieuses contre des obstacles de toute nature, je désire, de retour à Paris, soumettre au chef du département lui-même les résultats de mes pénibles recherches, et le mettre, directement et personnellement, au fait d'affaires aussi importantes qu'urgentes.

« En attendant des ordres ultérieurs à cet égard, je suis, avec un profond respect,... »

Il fut alors invité à passer chez le ministre le samedi suivant, 22 juillet, et il lui soumit ses notes et ses documents. Enfin, il s'occupa de sa réintégration dans les cadres de l'Université où il avait été mis en congé illimité depuis le 3 octobre 1851[4]. Ce ne fut pas sans difficulté. Le 11 octobre 1854, Oppert sollicitait une nouvelle audience du ministre d'État

---

1. Voir plus haut : chapitre XI, p. 99 et chapitre XIX, p. 191 et 194.
2. J. Oppert : *Expédition...*, tome I, ch. VI, pages 357 à 360.
3. Lettre de J. Oppert au ministre d'État, Achille Fould. Paris, le 19 juillet 1854 et annotation datée du 21 juillet.
4. Arrêté du ministre de l'Instruction publique de cette date et dépêche ministérielle adressée à ce sujet au ministre de l'Intérieur en date du 3 octobre 1851 (minute A. N.)

pour lui expliquer sa position aussi grave que digne d'intérêt [1].

Au mois de novembre, il se plaignait d'être depuis cinq mois sans traitement et il demandait l'ordonnancement d'une somme de 4.820 fr. qui lui restaient dus, afin de payer le coût du sceau pour le premier acte de sa naturalisation. Il sollicitait une place, soit au ministère de l'Instruction publique, soit à celui des Affaires étrangères. « Quant à l'instruction publique, dit-il [2], où l'on n'aime pas trop les gens qui se font employer par un autre ministère, on m'a dit dernièrement pourquoi je ne cherchais pas à rester aux Beaux-Arts qui m'ont enlevé pour quelques années à l'Instruction. »

En 1855, sur les instances du savant et la recommandation de l'Académie des Inscriptions et Belles-Lettres, Oppert était chargé par H. Fortoul, ministre de l'Instruction publique, d'une mission qui lui permit d'étudier les nombreux documents épigraphiques du British Museum. Londres, dès cette époque, était en effet fort riche en documents cunéiformes que les fouilles de Rich, de Layard et de Rawlinson lui avaient procurés en abondance.

Malgré ses actives démarches, nous retrouvons Oppert, en 1856, à la recherche d'une place et il obtint alors une mission du ministère de l'Instruction publique pour l'Allemagne. « Je serais heureux, écrit-il à Achille Fould [3], si votre Excellence pouvait m'accorder quelques minutes d'audience avant mon départ et mon absence de cinq mois.

« La situation dans laquelle je me trouve, m'encourage à réitérer la demande que j'ai eu l'honneur de faire à Votre Excellence sous la date du 7 avril; je ne partirai tranquille que lorsque je me serai assuré de la puissante assistance du Ministre contre les inconvénients qui résultent forcément d'une absence aussi prolongée. »

1. D'après l'annotation, Oppert aurait été reçu le dimanche ou le lundi suivant.

2. Lettre de J. Oppert à un haut fonctionnaire (de Mercey ?), Paris, ce 27 novembre 1854.

3. Lettre de J. Oppert au ministre d'État Achille Fould, Paris, ce 24 avril 1856.

A son retour, Oppert écrivit de nouveau au ministre d'État
au sujet de sa situation, puis il ajoutait ces mots : « Pendant
mon séjour à Berlin, M. de Humboldt communiqua les épreu-
ves de mes cartes au Roi de Prusse qui vient de m'adresser
une lettre dont je joins une copie conforme à l'original français [1]. » Cette copie, dont nous aurions été curieux, n'était
cependant pas jointe, ainsi que le constate une annotation faite
au crayon en marge de la lettre. Voici comment M. Haussoullier rapporte le fait dans la savante biographie de l'épigraphiste : « Dès le mois d'août 1856... au retour de l'expédition de Mésopotamie, il avait été appelé au château de Sans-
Souci par le roi de Prusse Frédéric-Guillaume IV et présenté
par Alexandre de Humboldt. Jules Oppert lui montra le plan
de Babylone et trouva le roi merveilleusement informé [2] ».

Le ministre de l'Instruction publique, Rouland, venait de
déclarer à Oppert que, malgré tout son bon vouloir, il ne
pouvait lui donner une place conforme à ses aptitudes et à
ses travaux antérieurs. Il était donc toujours en quête d'une
situation et écrivit alors [3] : « Dans cet état de choses, il faut
que je tourne mes regards d'un autre côté, et que je prenne
un parti par lequel je ne voulais pas commencer. J'ai l'intention de solliciter de l'Empereur certaine modeste position qui
me place sous les ordres du Ministre de la maison de Sa Ma-
jesté.

« Avant d'invoquer directement et peut-être en personne,
l'intervention du Souverain, il est de simple convenance de
consulter le Ministre lui-même sur l'opportunité de la démarche que je me propose à faire (sic), et que m'ordonne la nécessité de la situation.

« Je serais heureux d'être appelé par votre Excellence pour
lui exposer la nature de ma démarche et la soumettre à votre
approbation. »

---

1. Lettre de J. Oppert au ministre d'État, Achille Fould. Paris, ce
30 octobre 1856, signée : J. Oppert, 38, rue de Lille.
2. *Notice sur la vie et les œuvres de M. Jules Oppert* par M. H. Haussoullier, Paris 1906, p. 25.
3. Lettre d'Oppert au ministre, 30 octobre 1856, *loc. cit.*

C'est sans doute à la suite de cette entrevue et de ses demandes réitérées qu'il fut chargé, en 1857, d'un cours élémentaire de sanscrit à l'École des langues orientales vivantes. Mais tout en poursuivant ainsi ses démarches afin d'obtenir une place de l'État, Oppert n'oubliait cependant pas la publication des études qu'il avait entreprises sur le site et les antiquités de la Babylonie. Le 11 octobre 1854, Oppert écrivit au ministre : « Dans l'audience que votre Excellence voulut bien m'accorder le 22 juillet dernier, j'eus l'honneur de lui soumettre mes travaux personnels qui, grâce à la santé dont je pouvais jouir, seul de mes collègues, sont les uniques résultats de votre expédition en Babylonie. Je m'occuperai de leur publication aussitôt que ma position fixée me le permettra. »

Il lut aussi plusieurs mémoires sur les antiquités orientales, à l'Académie des Inscriptions et Belles-Lettres. C'est, en 1854, un « Mémoire sur la topographie de Babylone » auquel sont joints plusieurs plans descriptifs très soigneusement relevés. Cette lecture occupe une partie des séances des 13 et 17 octobre et des 3, 10 et 17 novembre [1].

En 1855, ce sont les « Principes de la lecture et de l'interprétation des inscriptions cunéiformes » qui sont lus dans les séances des 1er, 8 et 15 juin [2]. Puis le « Mémoire sur la langue et l'histoire des Assyriens » dans les séances des 15 et 27 février, des 7, 21 et 28 mars et du 25 avril [3].

Enfin de Rougé donnait lecture, le 17 août 1855, d'une intéressante lettre du savant sur ses recherches entreprises au British Museum : « Il avait trouvé sur des briques plusieurs syllabaires et des échantillons de caractères archaïques expliqués par l'alphabet cunéiforme, enfin des paradigmes de conjugaison chaldéenne [4]. »

Déjà, dans sa séance du 2 mars 1855, l'Académie avait en-

1. *Mémoires de l'Institut impérial de France. Académie des Inscriptions et Belles-Lettres*, 2ᵉ série, tome XX. Lectures et communications de divers savants. p. 256.
2. *Ibidem.*
3. *Ibidem*, page 257.
4. *Ibidem*, page 132.

tendu là lecture d'une lettre d'Oppert la priant de le recommander au ministre d'État et de l'Instruction publique pour qu'il veuillle bien hâter la publication de ses travaux. En réponse à cette demande, une commission fut nommée immédiatement. Elle se composait de MM. Laboulaye, vice-président, Naudet, secrétaire perpétuel, Guiguiaut, Lenormant, Molh et de Longpérier [1]. Enfin, dans sa séance du 23 mars, l'Académie entendit le rapport favorable que de Longpérier avait rédigé à ce sujet, elle en adopta la teneur et les conclusions. Elle décida en outre qu'une copie en serait transmise à MM. les Ministres d'État et de l'Instruction Publique, avec la recommandation de l'Académie.

Voici les passages les plus intéressants de ce rapport dont une copie se trouve dans les cartons des Archives [2].

« Il n'échappera à personne que les idées inspirées par les grandes ruines de Ninive et de Babylone, à un esprit si bien préparé ont naturellement une importance toute particulière. Déjà même, l'Académie... a pu se rendre compte de la sagacité avec laquelle le jeune savant [Oppert] aborde certains problèmes d'un haut intérêt, avec quelle érudition il en poursuit la solution difficile... L'attention de l'Europe savante est dirigée de ce côté. En plusieurs pays, en Angleterre par exemple, le public entier attache la plus grande comme la plus légitime importance à la découverte de ces monuments... Il importe que la France à qui appartient l'honneur d'avoir fait connaître les premiers grands monuments assyriens, qui par des sacrifices d'argent considérables, plusieurs fois renouvelés, a assuré l'exécution de fouilles conduites avec persévérance; immenses travaux tout matériels et en quelque sorte préparatoires, ne perde pas le fruit qu'on en peut maintenant recueillir en laissant à d'autres le soin de conclure, et d'enrichir, à nos dépens (on pourrait le dire), le domaine de l'histoire et de la philologie.

---

1. *Mémoires de l'Institut...*, 2e série, tome XX, page 105 et suivantes.
2. Copie adressée sous lettre de Naudet, secrétaire perpétuel de l'Académie, au ministre d'État, Paris le 27 mars 1855.

« C'est cependant ce qui ne manquerait pas d'arriver si l'on tardait à mettre au jour des travaux tels que ceux dont M. Oppert nous a donné communication, ou qu'il conserve encore en portefeuille.

« Ces travaux sont nombreux et variés; pour en rendre la publication plus facile, la Commission les a divisés en deux parts, toutes deux intéressantes à divers égards. Mais elle range dans la première ces documents dont il est plus urgent de prendre possession. On pourrait former un premier volume composé ainsi :

Mémoire sur la topographie de Babylone.

Mémoire sur les mesures de la Babylonie et de la Perse.

Essai sur la chronologie et l'histoire assyrienne et babylonienne.

Texte des inscriptions de Babylone : Mémoire sur les inscriptions cunéiformes assyriennes; explication du système d'écriture et exposé philologique des principes de la grammaire. Interprétation des inscriptions de Babylone et de quelques-unes de celles de Ninive.

« Ce dernier travail comprend une dissertation sur la grande et célèbre inscription babylonienne conservée à l'hôtel des Indes Orientales de Londres. M. Oppert ne s'est pas borné à la rédaction de ces écrits; il produit, comme pièces à l'appui, neuf cartes ou plans qu'il a dressés sur le terrain dont il refait l'histoire...

« Un second volume pourrait être consacré à la publication des mémoires dont voici les titres :

Notice sur les monuments phéniciens de Malte, sur les monuments de Beirouth, de Baalbek, de Nahr el Kelb, d'Alep; sur le champ de bataille d'Issus.

Mémoire sur la question de savoir si Alep est véritablement la Berœa des anciens et le Khalibou d'Ezéchiel.

Notice sur la marche de Cyrus entre Alexandrette et Alep.

Notice sur les sculptures astronomiques du pont de Djezireh.

Mémoires sur les inscriptions de Suze et sur la langue particulière dans laquelle sont conçues ces inscriptions.

Mémoires sur les inscriptions cunéiformes scythiques (sys·
tème médique), preuves de l'exactitude de cette dénomina·
tion. Principes nouveaux de déchiffrement qui dérivent de
l'étude des inscriptions.

Relations des peuples scythiques avec les Etrusques et pa-
renté de leurs idiomes.

Notice sur le Dialeh, le Guydis et le point de passage de
Cyrus.

« Pour l'intelligence de quelques-uns de ces mémoires et
principalement du dernier cité, il serait fort utile de joindre
à ces volumes des dessins (une dizaine environ), exécutés avec
beaucoup de talent par M. Thomas, qui s'offre à les graver
à des conditions fort modérées. Un spécimen de ces planches.
communiqué par M. Thomas, donne l'idée la plus avantageuse de cet artiste à manier le burin [1]. »

Enfin, ajoute de Longpérier en terminant : « Dans le cas
où les mémoires de M. Oppert seraient, comme l'espère fer·
mement la commission, livrés à l'impression, elle émet le vœu
que le format et les conditions matérielles de l'ouvrage en
permettent facilement l'acquisition et l'usage aux voyageurs
et aux érudits. »

Suivant la décision de l'Académie, Naudet, secrétaire perpétuel, transmit au ministre d'État une copie de ce rapport
en y joignant une lettre explicative. Nous lisons en tête de
cette lettre l'annotation suivante : « M. Tournois. Il n'est pas
possible de rien déterminer d'une manière définitive avant
le retour de M. Fresnel qui apportera de son côté des documents qui joints à ceux recueillis par MM. Oppert et Thomas
pourront former un corps d'ouvrage. Il faut répondre dans
ce sens à M. le Secrétaire perpétuel. »

Tout en réservant ainsi sa décision, le ministre faisait écrire
un peu plus tard à Fresnel.

« Monsieur, l'État va publier très incessamment les mémoires de M. Oppert sur l'Expédition en Mésopotamie.

« Cependant, avant de prendre une décision définitive, j'ai

---

[1]. C'est « à manier *la pointe* » qu'il faudrait dire, puisque toutes les
gravures de Thomas furent exécutées à l'eau-forte.

voulu savoir si, comme Chef ayant dirigé cette Expédition, vous n'y trouveriez pas d'inconvénients. Je viens donc vous prier de vouloir bien m'adresser au plus tôt votre réponse à ce sujet. Je vous demanderai de me faire connaître par la même lettre quelles sont vos intentions quant à votre retour en France. Bien que l'Expédition soit terminée depuis long-temps et que vous n'apparteniez plus, par conséquent, au Ministère d'État, il me paraît utile toutefois de vous engager, dans votre intérêt même, à hâter le plus possible l'époque de votre retour, pour le cas où l'Administration voudrait faire une publication de l'ensemble de vos travaux et de ceux de vos collaborateurs, MM. Oppert et Thomas, sur l'Expédition de Mésopotamie. »

La minute de cette dépêche, ainsi que l'original, ne sont ni datés, ni signés, mais ils furent écrits dans les premiers jours de l'année 1856, car on lit en tête l'annotation suivante : « Cette lettre est maintenant sans objet ». L'explorateur était mort en effet depuis le 30 novembre précédent et le ministre en avait reçu la nouvelle par Perreymond le 15 janvier [1].

La publication du travail d'Oppert fut alors décidée, mais l'auteur adopta un plan différent de celui exposé par de Longpérier dans le rapport que nous avons lu plus haut.

Il fallait tout d'abord donner satisfaction à l'opinion savante qui avait hâte de connaître les résultats de cette mission. Il fallait aussi justifier des dépenses engagées pour ces travaux en contribuant à l'avancement des sciences historiques et philologiques. Un travail était prêt, qui fut livré de suite à l'impression, c'était l'Atlas, puis vint le travail d'ensemble sur le déchiffrement des inscriptions cunéiformes qui forma le tome II, le plus remarquable et le plus important; enfin le récit du voyage et un certain nombre de renseignements géographiques et historiques furent groupés en un volume, le tome I, qui parut quatre ans plus tard.

---

1. Lettre de Ed. Perreymond au ministre. Bagdad, le 10 décembre 1855, Deux cachets à l'arrivée au ministère : l'un portant la date 15 janvier 1856, **Cabinet du Ministre**, l'autre datant 21 janvier.

L'Atlas de l'Expédition scientifique en Mésopotamie, dédié à la mémoire de Charles Lenormant, contient 21 planches. Les 9 premières furent gravées par Delsol, d'après les dessins de J. Oppert et imprimées chez Chardon aîné. Les n°ˢ 1 à 5 sont des cartes ou des plans exécutés par l'épigraphiste, à Babylone même; leur valeur topographique est médiocre. Ce sont :

Planche 1 — Carte de Babylone.
— 2 — Carte de Ninive.
— 3 — Plan de la Cité royale.
— 4 — Plan de Borsippa (Birs-Nimroud).
— 5 — Plan des ruines du Nord-Est.

Les quatre suivantes, les n°ˢ 6 à 9, sont des restaurations exécutées à l'aide des descriptions des auteurs anciens et des calculs qui en découlent. Les fouilles n'avaient, en effet, jamais été poursuivies assez avant par l'Expédition pour donner une base solide à ces tentatives, aussi leur valeur est-elle nulle. Ce sont les planches suivantes :

Planche 6 — Babylona antiqua.
— 7 — Magna Babylonis Acropolis.
— 8 — Restauration de la Pyramide.
— 9 — Restauration de la Tour.

Les douze dernières planches sont dues à la pointe habile de Thomas qui grava à l'eau-forte quelques-uns de ses plus beaux croquis. L'imprimeur Delâtre en fit les tirages et il est peu d'ouvrages qui, depuis cette époque, ne lui aient emprunté soit une vue de Babylone, du Kasr ou du Birs-Nimroud, soit une des plus belles compositions d'Arbèles ou de la Diyala. Les sites antiques de l'Orient ont été bouleversés depuis des années par les fouilles, aussi revient-on toujours à ces gravures qui donnent les états primitifs et sont en même temps de fort belles illustrations.

Le libraire Gide, 5 rue Bonaparte, fut chargé de la vente de *l'Expédition scientifique en Mésopotamie.* L'Atlas parut en quatre livraisons successives; le 1ᵉʳ fascicule sortit en jan-

vier 1857[1], les fascicules 2 et 3 en janvier 1858, au prix
de 7 fr. 40 l'un[2]. Enfin un complément au 3e fascicule fut
mis en vente en janvier 1861, au prix de 6 fr. 25[3].

L'impression du tome II, intitulé *Déchiffrement des inscriptions cunéiformes* fut confié à l'Imprimerie impériale. Il porte
le millésime de 1859 quoique les deux premières livraisons
aient paru en novembre 1857[4]. La troisième et dernière
livraison de ce volume sortit en août 1859; il est divisé en
trois livres qui correspondent aux trois livraisons successives
mises en vente au prix de 6 fr. 40[5].

Ce volume est dédié à Léon Faucher et l'auteur, dans la
préface, exprime sa reconnaissance à « M. Alfred Maury, membre de l'Institut, qui a bien voulu contribuer, par ses observations, à donner à la rédaction française plus de clarté et
plus de correction ». Une note des Archives dit « M. Maury
qui a révisé le travail de M. Oppert » reçut pour sa peine une
somme de 400 fr. sur le crédit des Encouragements de l'année
1858[6].

Oppert explique ainsi comment il fut conduit à publier le
second volume avant le premier : « Admis, en mai 1856,
dit-il[7], à l'honneur de lire devant l'Académie des inscriptions et belles-lettres un travail sur les inscriptions cunéiformes, je compris... qu'il ne s'agissait pas de l'interprétation
de quelques textes, mais que j'avais, tout d'abord, à résoudre

---

1. *Encouragements et souscriptions, ex.* 1857, *chapitre VIII* (A. N. F[70]
239), ordonnance n° 47, 20 janvier 1857. 300 ex. à 7 fr. 40 = 2.220 frs.

2. Ibidem, *ex.* 1858, *chapitre IX*, ordonnance n° 35, 16 janvier 1858,
300 ex. à 7 fr. 40 = 4.440 frs.

3. Ibidem. *ex.* 1861, *chapitre XII* (A. N. F[70] 242). Ordonnance n° 120,
31 janvier 1861. 300 ex. à 6 fr. 26 = 1.878 frs.

4. Lettre de J. Oppert au ministre. Paris, ce 30 octobre 1856 *loc. cit.*
et *Encouragements...*, *ex.* 1859, *chapitre XI* (A. N. F[70] 240). Ordonnance n° 161, 5 février 1859, 300 ex. à 6 fr 40 = 3.840 frs.

5. *Encouragements...*, *ex.* 1859, *chapitre XI* (A. N. F[70] 240). Ordonnance n° 517, 28 août 1859. 300 ex. à 6 fr 40 = 1.920 frs.

6. Note ministérielle du 29 décembre 1857 (M. Maury, rue de Seine, n° 1),
arrêté du 7 juillet 1857 (M. Maury archéologue) (A. N. F[21] 548) et
Encouragements..., *ex.* 1858, *chapitre IX*. Ord. n° 138. 400 frs: (A. N.
F[70] 239).

7. *Expédition...*, tome II. Introduction, page 1.

la question fondamentale... de la solidité même des bases du
déchiffrement. » Il fallait alors modifier la publication en sup-
primant divers mémoires qui devaient y trouver place et le
consacrer en entier à l'étude des textes. D'autre part, de nombreuses inductions historiques du premier volume s'appuyaient
sur la lecture même des inscriptions, mais le savant ne pouvait
commencer sa publication par un travail dogmatique et entièrement du domaine de la philologie comparée.

La question ainsi posée, le moyen terme adopté par Oppert
fut approuvé par la commission de surveillance du ministère
d'État et la publication commença. Après un court historique
du déchiffrement des cunéiformes, l'auteur expose les bases
de ses lectures, sa méthode et les origines des systèmes d'é-
criture appelés cunéiformes. C'est la matière du, Livre I;
dans le suivant, l'auteur interprète les textes assyriens des
rois achéménides de la Perse. Les grandes inscriptions trilin-
gues de Nakch-i-Roustem, de Bisoutoun, de Persépolis et
de Suse sont reprises et il corrige ou complète les lectures proposées avant lui. Enfin, le troisième et dernier livre contient
le déchiffrement des inscriptions unilingues de Ninive et de
Babylone; les plus récentes découvertes de Khorsabad, les
tablettes de fondation et l'inscription des taureaux y sont
déchiffrées.

Le tome Ier de l'*Expédition* est intitulé : « Relation du
voyage et résultats de l'expédition », il est dédié à Son Excellence M. Achille Fould. Le Ier fascicule sortit des presses de
l'Imprimerie impériale vers la fin de l'année 1862 [1], mais
il porte le millésime de 1863, c'est-à-dire de l'année pendant
laquelle parurent les deux autres. Chaque livraison corres-
pondait à un livre de l'ouvrage.

Dans l'introduction, l'auteur raconte le voyage de l'Expédition jusqu'à Alexandrette, en décrivant les antiquités ren-
contrées au passage, à Malte, Nahr-el-Kelb, Baalbeck, etc...
Le livre Ier rapporte les incidents du voyage depuis Alexan-

nance n° 2026, 17 novembre 1862, 1re partie du 1er volume 300 ex. à
10 frs = 3.000 frs.

1. *Encouragements...*, ex. 1862, *chapitre XXV* (A. N. F[70] 243). Ordon-

drette jusqu'au départ de Bagdad pour Babylone; chaque ville importante ou chaque site antique fait l'objet d'une courte note. Dans le livre II, Oppert fait l'historique de Babylone et des anciens sites des environs, le Kasr, Amrân, Birs-Nimroud, etc... Le livre III décrit les ruines de la Chaldée, Tell-Nimroud, Mougheïr, Warka; Sippara etc... mais le savant ne fait parfois que citer des renseignements déjà connus sur plusieurs de ces sites qu'il ne vit pas lui-même, ce qui ôte beaucoup de valeur à quelques-unes de ces notes. Les chapitres suivants rapportent les incidents du retour à travers l'Assyrie dont, chemin faisant, l'auteur étudia les ruines.

A titre d'encouragement, le ministre de l'Instruction Publique, en 1856, réserva sur son fonds de souscription une première somme de 14.298 francs pour l'acquisition de 300 exemplaires de cet ouvrage. Cette subvention fut augmentée encore en 1857 par une allocation supplémentaire [1].

Enfin, le format in-4° de l'ouvrage et sa composition simple le rendirent, suivant le désir de l'Académie, accessible à tous les travailleurs.

Cette publication est un excellent livre qu'Oppert a su rendre précieux malgré la pauvreté des découvertes de l'Expédition elle-même. C'est une exposition claire et savante, une vue d'ensemble sur l'état de la philologie et les résultats acquis par les recherches françaises et anglaises en Mésopotamie. L'auteur ne pouvait mieux mettre en valeur ses travaux antérieurs et ses trois années de séjour en Orient.

---

1. Arrêtés du 13 février 1856 et du 24 juillet 1857 cités par les ordonnances n° 120 du 24 janvier 1861 et n° 2026 du 17 novembre 1862, *loc. cit.*

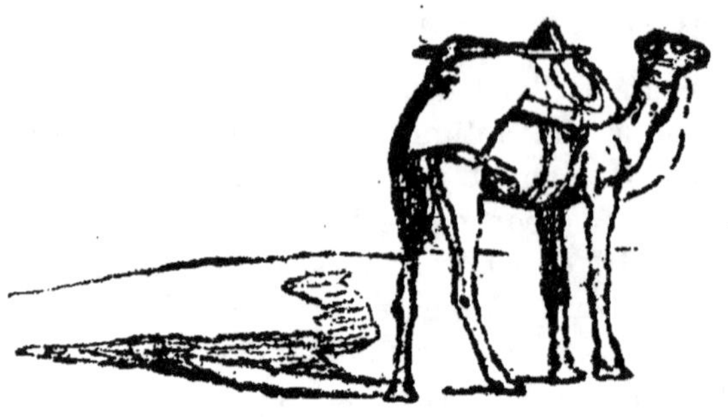

CONCLUSION

De cette longue suite de souffrances que fut l'Expédition de Mésopotamie, de tous ses déboires, plusieurs enseigne-ments découlent.

Tout d'abord, le choix du ministre s'arrêta sur un savant bien préparé aux recherches à entreprendre, mais trop âgé pour mener cette mission avec l'entrain nécessaire; son secrétaire avec d'excellentes qualités manquait de la pratique des finances françaises. Thomas, malgré ses études antérieures se rebuta à l'aspect des décombres de Babylone et les fouilles ne furent pas assez profondes pour lui permettre de lever les plans des principaux édifices. Ce travail était cependant le plus important que devait fournir cette ville antique, les objets mobiliers y étant d'une rareté extrême : les fouilles postérieures le prouvèrent.

Seul Oppert put résister au climat de cette région et profiter de son séjour pour amasser des notes précieuses qui com-plétèrent ses études philologiques. Mais peut-on ne pas s'éton-ner de ce voyage à Berlin, à son retour en Europe, de cette visi-te au roi de Prusse, de cette exhibition enfin des plans et des notes dont la France avait fait tous les frais? Peut-on oublier que, dans la suite, un descendant de ce prince, devenu em-

*Fig. 13. — Dessin inédit de F. Thomas. Coll. R. du Gardier.

pereur, fit reprendre les fouilles de Babylone qu'il dota largement sur sa cassette personnelle?

Enfin, notre consul parle souvent du luxe de la Résidence anglaise de Bagdad et des ressources importantes dont elle disposait. On voit l'activité des agents britanniques soutenue par des fonds abondants, on constate à chaque pas la persévérance de l'effort. Auprès de ce luxe, de cette opulence, nos gens vivent presque misérables, toujours obsédés par la crainte du lendemain. Ceci éclatait aux yeux de tous les orientaux pour qui le luxe et l'apparat ont tant de valeur et la comparaison était vite établie. L'or semé par l'étranger ne l'est pas en vain; c'est à son poids que l'on estime le pays puissant ou misérable.

Le gouvernement de Londres depuis longtemps déjà l'avait compris : Rawlinson valait pour lui une armée. Consuls, archéologues, médecins ou négociants, tous ses concitoyens en ces lointaines contrées étaient ses fourriers, il le savait, les aidait, les poussait. Et quand d'autres, nouveaux venus, se jetèrent dans la lutte, de Constantinople à Bagdad, l'or fut répandu à pleines mains. A grands frais de somptueux établissements furent créés et entretenus, mais chaque livre dépensée devait rapporter mille et cent mille.

Quoiqu'il en soit, Babylone, comme Ninive, est bien l'une des brillantes découvertes françaises du siècle dernier. Notre consul de Mossoul, Botta, le premier se pencha sur la tombe des rois de la puissante Assyrie et le premier souleva le linceul de leur oubli. Fresnel fixa les controverses relatives à l'emplacement de Babylone et les textes qu'il découvrit identifièrent avec certitude les principaux palais de la cité de Nabuchodonosor. Ses découvertes ont péri, mais les faits sont demeurés.

Saluons en lui le savant intègre et malheureux, l'homme sur lequel s'est abattu le sombre Destin!

CINQUIÈME PARTIE

PIÈCES ANNEXES

PIÈCE N° 1

*Loi qui ouvre au Ministre de l'Intérieur et des Travaux
Publiques des crédits sur l'Exercice 1851.*

AU NOM DU PEUPLE FRANÇAIS

L'Assemblée nationale a adopté d'urgence la loi dont la teneur suit :

ART. 1ᵉʳ. — Il est ouvert au ministre de l'intérieur, sur l'exercice 1851, des crédits extraordinaires, montant à soixante et dix-huit mille francs (78.000 fr:), savoir :

Continuation des fouilles déjà commencées sur l'emplacement de l'Ancienne Ninive 8.000

Exploration scientifique et artistique dans la Mésopotamie et la Médie.............. 70.000

78.000

ART. 2. — Caisse des retraites du ministère des Travaux Publics....

ART. 3. — Les dépenses autorisées par la présente loi, sur l'exercice 1851, sont mises provisoirement, et sauf règlement définitif, au compte de la dette flottante du Trésor.

Délibéré en séance publique, à Paris, le 8 août 1851.

Le président et les secrétaires
LACROSSE, *vice-président;* YVAN, CHAPOT,
LACAZE, MOULIN, PEUPIN, BÉRARD.

La présente loi sera promulguée et scellée du sceau de l'État.

Le Président de la République
LOUIS-NAPOLÉON BONAPARTE.

Le Garde des Sceaux, ministre de la Justice
E. ROUHER.

Bulletin des Lois de la République Française, Xᵉ Série, 2ᵉ semestre de 1851, tome VIII, n° 3147, pages 239 et 240.

Collection complète des Lois, décrets..., J.-B. Duvergier, tome LI, 1851, page 341.

Moniteur universel, année 1851, n° 225, mercredi 13 août 1851, page 2365, 1ʳᵉ colonne. — Texte de la loi.

Moniteur universel, année 1851, n° 221, samedi 9 août 1851, pages 2318 et 2319. — Discussion et adoption de la loi.

PIÈCE N° 2

Extrait du Registre des Actes de l'État-Civil de la Commune de Mathieu (Calvados) pour l'année 1795.

27 Germinal an III
Jeudi 16 Avril 1795

Aujourd'huit, vingt sept Germinal Lan troisième de la République francaise a huit heur du matin par Devant moi Jean Louis Falue Menbre du Conseil General de Commune de Mathieu Elu le quatre ventos Lan Deuxieme pour Dresser les actes Destinee a Constater les naissanc, mariage et décés Des Citoyens Est Comparu en La Salle publique de la Maison Commune Le Citoyen Jacques fresnel, architéque et entrépréneur Des traveaux public age de quarante ans, domicilie Dans Cette Commune Lequel assiste De Jacques Gilles marc, Laboureur, agé de trente ans et de Marie hubert, agee de vingt deux ans, De La Commune De Jurques, Distric De Vire, Departement du Calvados, ont Declare a moi Jean Louis falue que augustine Charlote marguerite Marie Louise mérimée, son Epouse en Légitime Mariage, agee de quarante ans, Est accouchee De hier à Deux heur d aprest Midi Dans sa Maison située dans

Cette Commune, D un Enfant mâle qui ma été presenté auquel il a donne Le prenon de fulgence. D aprest Cette Declaration que Les Citoyens Jacques Gilles marc et marie hubert ont Certifie Conforme à la verité et La representation qui ma été faite de Lanfan Denonme j'ai Redigé en vertu des pouvoir qui me font déléguét Le present acte que Jacques fresnel et Jacques gilles marc et marie hubert ont Signét avec Moi fait en La Maison Commune de Mathieu Les jour mois et an que dessu.

Signé : « J. L. Falue, officier public. — Fresnel. — Marie Hubert. — J. G. Marc. »

PIÈCE N° 3

Matériel de l'Expédition.

DIRECTION DES BEAUX-ARTS. — Ier BUREAU.

Paris, le 16 octobre 1851.

RAPPORT A M. LE MINISTRE SECRÉTAIRE D'ÉTAT

AU DÉPARTEMENT DE L'INTÉRIEUR.

On propose à M. le Ministre de revêtir de sa signature 11 projets d'arrêtés portant paiement de divers objets acquis pour le service de la Mission de Mésopotamie.

Benjamin Duprat — 7, rue du Cloître St-Benoît.

 Ouvrages de voyages, d'histoire et de science 1.624,65

Bissen — 4 *bis*, rue J.-J. Rousseau.

 10 musiques à 2 airs — boîtes en poudre d'écaille

  pour être données en présent [1] 126,00

P. Souty fils — 18, Place du Louvre.

 Couleurs et articles de dessin 219,95

Baraban — 285, rue St-Honoré.

 Instruments et articles de dessin 488,25

Vuaflart — pharmacien,, 32, rue du Faubourg

 Montmartre. Médicaments 223,55

A. Reichmann — 19, rue St-Benoît

 Papier à calque 10,00

Gauvain — 93, Boulevard du Mont-Parnasse.

 2 fusils, 2 paires de pistolets et fournitures .. 500,00

Alexis Godillot — 14, Bd. Poissonnière.

 Lit, parapluie d'artiste, siège à canne 60,50

Roux — Papier vergé 100,00

Kruines — 21, quai de l'Horloge.

 Instruments d'optique 169,00

Cabasson — 15, rue de la Chaussée d'Antin.

 Fournitures de papeterie, encre, papier, etc. 280,10

       Total...... Fr. 3.802,00

Le Directeur des Beaux-Arts

Signé : *Illisible.*

---

1. NOTA. Ce chiffre de 126 fr. est faux, celui de la facture est 10 × 12.50 = 125 fr. Le total doit donc être rectifié et arrêté à la somme de 3.801 fr. 00.

PIÈCE N° 4

Bibliothèque de l'Expédition

Benjamin DUPRAT
Libraire de l'Institut,
de la Bibliothèque Nationale,
des Sociétés Asiatiques de Paris,
de Londres et de Calcutta, etc.

Paris, rue du Cloître Saint-Benoît, 7.
Le 18 septembre 1851.

Fourni au Ministère de l'Intérieur
suivant conventions verbales, pour le service de la Mission
Scientifique de Mésopotamie, savoir :

	Frs.
1. — Movers. Phönizische Alterthum. — *Berlin*. 1851: Vol. I et II, in-8°..................	25,00
2. — Steger. Geschichte des Baukunst bei den Assyrern, in-4°	16,00
3. — Ritter. Euphrat und Tigris system Mosul, Mesopotamien. 2 vol. in-8°	37,35
4. — Ritter. Sinaïhalbinsel Palestina Todte Meer. 2 vol. in-8°	32,70
5. — Ritter. West Asien. 3 vol. in-8°	48,00
6. — Ritter. Namen und Sach Verzeichniss, 2 vol. in-8°	22,00
7. — Diodore de Sicile, traduit par Miot. 7 vol. in-8°	21,00
8. — Itinéraires anciens, Antonin, etc. *Paris*, Impr. Roy, in-4° et atlas	25,00
9. — Fragmenta historicorum græcorum, éd. Muller, Letronne, etc. 4 vol. tr. gr. in-8°	70,00
10. — Hérodote de Larcher. Seconde édition, 9 vol. in-4°	45,00
11. — Rich's Memoirs on the ruins of Babylon. *London*, in-8°, £ 1.1.0ᵈ	26,25
12. — Rich's Narrative of a residence in Koordistan. 2 vol. in-8°. 1.10:0	37,50

13: — Ker Porter's Travels in Persia. 2 vol. in-4°
with maps, etc., published at £ 9.9ˢ 0ᵈ . .   190,00
14: — D'Anville. Géographie ancienne. 3 vol. in-12
avec cartes, reliés   12,00
15. — Robinson's Travels in Palestine and Syria.
2 vol. in-8°, £ 1.1.0   26,25
16. — Ottfried Muller. Manuel d'Archéologie. 3 vol:
n-18 & atlas   22,50
17. — Sainte-Croix. Examen des historiens
d'Alexandre, in-4° rel.....................   25,00
18. — Arriani Expeditio Alexandri et historia indi-
ca, gr. & lat., 2 vol. in-8° rel.   15,00
19. — Quinte-Curce. Histoire d'Alexandre le Grand,
trad. par Trognon. 3 vol. in-8°   15,00
20. — Xenophontis de Cyri expeditione Libri VII,
gr. & lat., *Oxon*, in-8° rel.   6,00
21. — Richardson's persian Dictionary, imper.
in-4° rel. £9.9.0   237,00
22. — Layard's Nineveh and its remains. 2 vol.
in-8° fig...............................   46,00
23. — Fletcher's Notes from Nineveh, and Travels
in Mesopotamia. *Philadelphia*, in-8°   5,25
24. — Anquetil-Duperron. L'Oupnekhat. 2 vol. in-4°   24,00
25. —   —   Le Zend-Avesta, 3 v. in-4°   45,00
26. — Botta. Lettres sur ses découvertes à Khorsabad. 1 vol. in-8° avec planches.........   20,00
27. — Rawlinson's Cuneiform Inscriptions at Behis-
tun, in-8°. £ 0.15ˢ 0ᵈ   18,00
28. — Silvestre de Sacy. Antiquités de la Perse.
in-4°   12,00
29. — Dictionnaire universel de géographie. 2 vol.
in-8° rel.   14,00
30. — Spiers. Dictionnaire anglais-français, in-8°
rel.   7,50
31. — Jacobi. Dictionnaire universel de mythologie,
in-12°   4,00
32. — Burnouf. Inscriptions de Hamadan, in-4° rel.   15,00

33. — Lassen et Westergaard. Ueber die Keilins-
    chriften. in-8° 14.00
34. — Bouchardat. Formulaire pharmaceutique,
    in-18 rel. 4,00
35. — Botta. Mémoire sur l'écriture cunéiforme
    assyrienne, in-8° 3,50
36. — Ainsworth's Researches in Babylonia, Assy-
    ria, & London, in-8° 15,60
37. — Voyages de Morier en Perse, 5 vol. in-8° et
    atlas 25,00
38. — Fraser's Koordistan and Mesopotamia, 2 vol.
    in-8°, *London* 22,50
39. — Ibn Kaukal's oriental geography, by Ouseley,
    in-4°, fig. 25,00
40. — Géographie d'Édrissi, trad. par Jaubert,
    2 vol. in-4° 44,00
41. — Judas. Sur la langue phénicienne, in-4° fig. 30,00
42. — Collage sur toile des cartes de Chesney (expé-
    dition de l'Euphrate) 15,50

(Reliure des dits ouvrages).

60. — Reliure de Burckhardt's Nubia and proverbs,
    2 tomes en 1 vol. in-4° 4,00
61. — De Saulcy. Chronologie de Ninive, in-4°.... 3,50
62. — Reliure de l'Aboulfeda, trad. par Reinaud,
    2 vol. en 1 vol. in-4° 4,00
63. — Reliure des Dictionnaires grec-français,
    latin-français, français-latin, 3 vol. in-8°.. 8,00
64. — Reliure de Holy Bible. *London*, in-8°...... 1,75
65. — — des Annuaires des Longitudes et de
    l'Institut, 2 vol. in-18 1,50
66. — Reliure de Zoologie, Botanique, Minéralogie,
    3 vol. gr. in-12 3,75
67. — Reliure de Bérose et Sanchoniaton, in-8°.. 1,50
68. — — du Journal asiatique, 16 vol. in-8°
    et Saint-Martin. Recherches sur la mort
    d'Alexandre, in-8° 29,75

69. — Reliure des Voyages des Arabes dans l'Inde,
    2 vol. en 1 vol. in-12.....................   1,50
    Emballage des livres dans quatre caisses...   32,00
    Trois caisses supplémentaires, contenant pa-
      peterie, instruments de mathématique,
      méridien, & pour le service de la mission.. 18,00
    Garnitures de fer, poignées, charnières,
      serrures, pour les dites caisses........... 25,00

                 Total......................Frs. 1.624,65

Certifié la présente facture montant à la somme de
seize cent vingt-quatre francs, soixante-cinq centimes.
           Paris, ce 18 septembre 1851.
                Signé : Benjamin Duprat

                        Vu et approuvé,
                Le Ministre de l'Intérieur.

PIÈCE N° 5

3ı *décembre* 1851. *État des frais de service et de voyage,
justifiant d'un crédit de* 20.000 *fr. accordé par M. le
Ministre de l'Intérieur au Consul soussigné, chef de
la Commission.*

NATURE DES DÉPENSES

		Fr.
Septembre 24.	Paris, transport de colis, Paris-Marseille, emballages, places diligence....	695,oo
Octobre.	Marseille. Objets divers : plomb, poudre, clous, vin ordinaire (2ıo fr), trois mois ı/2 d'appointements Perreymond (875 fr.), conserves lég. (229,75)....	ı.964,oo
	Malte. Divers ustensiles; passage de Marseille à Beyrout, MM. Fresnel, Thomas, Oppert (ı.890)	2.ıo4,35
Novembre.	Alexandrie. Vaisselle, provisions, étrennes aux domestiques	563,69
	Beyrout, Quarantaine, nourriture, transport	45o,o2
	Droits de quarantaine des livres......	2ı,55
Décembre.	Toile cirée, tente, réparation des avaries	32o,23
	Passage de M. Perreymond	65ı,25
	Provisions de bouche, construction de six caisses, deux chaises, corbeille....	787,7o
	Tentes et bissacs	ı3o,47
	Loyer d'un mois ı/2 de la maison à Beyrout	75,88
	Quinine, médicaments, livres, avances aux domestiques	682,8ı
	Passage pour Alexandrette sur un paquebot anglais	823,53
	Embarquement, passeports, douaniers..	ıı6,94

Nourriture à bord du paquebot et provi-
sions pour quarantaine 178,80
Frais divers pour transbordement d'effets   80,00
Séjours forcés à Marseille.... 322,15
   —   —   Malte 232,50
   —   —   Alexandrie .. 118,75
   —   —   Beyrout 656,24   1.329,64

Total ....Frs. 10.975,86

Signé :

Consul de la Mission.
F. FRESNEL,

Ag. Consul. de France à Bagdad,
LYSIMAQUE-CAFTAN-TAVERNIER,

Lu et approuvé :
Ministre de l'Intérieur
DE PERSIGNY,

PIÈCE N° 6

Mission artistique et scientifique en Mésopotamie.

EXERCICE 1852

Premier trimestre 1852

		Fr.
Janvier.	Débarquement à *Alexandrette* et lazaret.	132,941
	Voyage d'Alexandrette à Alep (20 chameaux pour les bagages, plus les chevaux pour la mission	334,117
	Visa des teskérés	4,235
	Avance à un domestique chrétien......	141,107
	Alep, achat d'ustensiles et provisions, réparations	294,647
	Birédjik, frais de quarantaine de 5 jours	94,588
	Diarbékir, escorte, achats de provisions, réparations	130,353
	Mossoul, transport des bagages, appropriation du logement, menues réparations, achats de divers objets..........	49,412
	Solde de prix convenu, muletiers......	1.688,235
	Excursions à Khorsabad et à Koyoundjek	40,588
	Frais de poste	64,258
	Étrennes d'usage aux douaniers, gardiens de quarantaine, cawas, etc., et à nos hôtes pendant le voyage d'Alexandrette à Bagdad	323,706
	Prix d'un kélek de 300 outres pour le voyage de Mossoul à Bagdad...........	494,118
	Lits pour le kélek, couvertures, transport, débarquement	151,530
	Nourriture pendant le voyage et provisions	467,353

Indemnités aux membres de la Mission :

M. Thomas	1er trimestre	1.500,000
M. Oppert	—	1.500,000
M. Perreymond	—	750,000

Séjours forcés à Alep, Diarbékir, Mossoul.

Nourriture { 572 piastres   404,302
et à notre hôte} 5o9.20 p. 626.20 p.

                                   Fr.   8.565,490

EXERCICE 1852

Deuxième trimestre

Avril.

Achat d'ustensiles et réparations pour Bagdad		Fr.
		71,352
Appropriation du logement à Bagdad, Mobilier		748,646
Frais de déménagement		59,882
Donatives au Gouverneur de Bagdad. Donné à l'occasion de la fête de la Reine		66,470
Salaire du professeur d'arabe vulgaire..		58,823
Maladies Oppert et Fresnel		202,941
Voyage de MM. Oppert et Thomas à Ctésiphon		128.058
Emballage et expédition de dessins, frais de poste, etc.		147,881

                                          1.484,053

EXERCICE 1852

Troisième trimestre

Juillet.

Départ pour Hillah : tentes, outres, provisions		Fr.
		325,647
Pelles, pioches pinces, etc.		215,588
Loyer du khân et étrennes		62,264
Établissement à Djumdjumah — transport, ustensiles		568,292
Frais de table juillet		546,235

Fouilles du 16 au 31 juillet............	152,588
Transports	18,470
Table pour août......................	425,382
Fouilles août	630,823
Voyage d'Oppert à Bagdad	53,529
Provisions	244,676
Voyage de Fresnel à Bagdad et courriers Voyage de Thomas et Oppert de Hillah à Bagdad	383,645
Table septembre	575,352
Fouilles septembre	807,352
Ports, affranchissements et faux-frais...	146,411
	5.166,254

EXERCICE 1852

Quatrième trimestre

Octobre.	Retour de M. Oppert à Djundjumah,	Fr.
	courriers	99,705
	Fouilles octobre	882,323
	Table octobre	453,911
	Dépenses pour le scheick Harzem	546,529
	Loyer à Djumdjumah, 3 mois 1/2....	133,205
Novembre.	Loyer à Djumdjumah	46,000
	Table en novembre	780,411
	Courriers envoyés à Bagdad	34,000
	Provisions envoyées à Hillah	570,235
	Transports et ports lettres, etc........	167,261
	Achat d'antiquités	343,205
	Indemnités M. Fresnel, 12 mois......	12.000,000
	— M. Thomas, 9 mois.......	4.500,000
	— M. Oppert	4.500,000
	— M. Perreymond	2.250,000
	Écrivain arabe du 1er juill. au 31 déc..	705,882
	Traitement du surveillant des ouvriers.	141,176
	Gages des domestiques	1.389,409
	Faux frais	74,529

Maladie de M. Thomas, frais et nourri-
ture ....,....   512,o64
Honoraires du Docteur pour MM. Fres-
nel, Thomas, Perreymond 1.611,765
Perte sur le change d'une traite de
10.000 fr.   588,235
Commission de 2 % sur 25.000 fournis
par Médawar frères 5oo,ooo
Séjour à Bagdad de l'agent comptable
de la Mission du 5 juillet au 31 décem-
bre, nourriture et service 1.3o1,529
                                          ____
                                          34.131,375

Ces trois derniers trimestres 1.484 fr. o53+
5.166 fr.254+34.131 fr. 375=40.781,70 auxquels il faut
ajouter une somme de 3.541,35 extraite d'un Bordereau général de 1851 et 1852 ⌐que nous avons séparé
ici.] Le bordereau s'élevait à 19.541,35. Aucune distinction n'étant possible entre les dépenses, M. le Ministre
a décidé le 12 février 1853, sur un rapport du directeur
des Beaux-Arts, que cette dépense totale resterait imputée comme suit :

        sur 1851,   16.000 fr.,
        sur 1852,   3.541 fr. 35.
Cette dernière somme ajoutée à 40.781,70 = 44.323,o5

        Dépenses de l'année 1851 = 16.000,oo
              —   1852 = 44.323,o5
                                   ____
        Total 6o.323,o5

PIÈCE N° 7

Mission artistique et scientifique de Mésopotamie.

FRAIS DE SERVICE

EXERCICE 1853

	Francs
Premier trimestre	
Janvier 1er. Étrennes : consulat, église latine, etc...	131,059
— 4-22. Courriers extraordinaires de Hillah à Bagdad ...	37,647
Achats d'antiquités, janvier	44,412
Explorations scientifiques, salaires des guides	33,294
Médicaments, médecin, etc.	93,412
— 31. Nourriture et hospitalité obligée à Hillah	459,706
Nourriture et hospitalité obligée à Bagdad	229,588
Indemnité personnelle de M. F. Thomas : Janvier	500,000
Menues dépenses	15,059
Février, 1-25. Achats d'antiquités, février....	63,176
Explorations scientifiques, salaires des muletiers, etc.	46,765
Médicaments achetés à Bagdad	164,706
Provisions envoyées à Hillah	370,588
— 29. Nourriture et hospitalité obligée à Hillah.	438,353
Nourriture et hospitalité obligée à Bagdad.	199,118
Deux mois de gages et gratifications au domestique Arakel	117,647
Menues dépenses	34,647
Mars, 1-31. Achats d'antiquités, mars	100,235
Explorations scientifiques, salaires, etc.	175,882
Provisions, plâtres, chaux, etc., envoyés à Hillah	104,647
Appropriation d'un nouveau logement à Bagdad	125,100

Nourriture et hospitalité obligée à Hillah.   398,000
Nourriture et hospitalité obligée à Bagdad.   163,588
Menues dépenses   16,118
Traitement (3 mois) du Khawâdjah Bâ-
boûsch Tômâs   352,941
Gratification au même   118,706
Cadeau au médecin   5,706
Gages de 7 domestiques (1ᵉʳ trimestre) ..   741,176

Total : 22.445 piastres ou 5.281,176

Certifié le présent État à la somme de 22.445 piastres, qui au change de 4 piastres et 10 paras par franc, représente celle de 5.281 fr. et 17 centimes...

Bagdad, le 15 février 1854.
F. FRESNEL.

Signature légalisée par :
LYSIMAQUE C. TAVERNIER.

Vu et approuvé :
  Le Ministre d'État
  Achille FOULD.

Mission artistique et scientifique de Mésopotamie.

FRAIS DE SERVICE

EXERCICE 1853

Deuxième trimestre

		Francs
Avril 1ᵉʳ.	Loyer de la maison de Bagdad	727,939
	Étrennes au dellal, réparations, déménagement, etc.	110,470
	Loyer d'une maison pour M. Oppert à Hillah	42,353
	Loyer d'une maison pour M. Fresnel à Hillah (log. commun)	282,353
	Réparations à ces deux maisons	122,353
23-30.	Ports de lettres et courriers de Hillah à Bagdad	26,765

	Achats d'antiquités, avril	149,353
	Explorations scientifiques, salaires des muletiers	96,823
	Provisions envoyées à Hillah	157,882
	Nourriture et hospitalité obligée à Hillah.	399,000
	Nourriture et hospitalité obligée à Bagdad.	222,353
	Menues dépenses et voyage du kâtib à Bagdad	76,647
Mai 1-31.	Courriers extraordinaires de Hillah à Bagdad	21,176
	Achats d'antiquités, mai	54,529
	Explorations scientifiques, salaires, etc.	109,647
	Provisions envoyées à Hillah et réparations diverses	89,882
	Nourriture et hospitalité obligée à Hillah.	317,529
	Nourriture et hospitalité obligée à Bagdad.	203,412
	Menues dépenses	28,824
Juin 1-30.	Courriers extraordinaires de Hillah à Bagdad	28,235
	Achats d'antiquités, juin	46,588
	Provisions envoyées à Hillah	85,941
	Nourriture et hospitalité obligée à Hillah.	285,235
	Nourriture et hospitalité obligée à Bagdad.	155,059
	Traitement du khoûadjah Thomâs Bâboûsch	352,941
	Gratifications et frais de retour de 2 domestiques	110,530
	Gages de 5 domestiques, 2° trimestre ...	402,355

Total : 20.001 pi. 10 p. ou 4.706,174

Certifié le présent État...

Bagdad, le 5 mars 1854.

F. Fresnel.

Signature légalisée : Lysimaque Tavernier.

Vu et approuvé :

Le Ministre d'État.

Achille Fould.

*Mission artistique et scientifique de
Mésopotamie.*

FRAIS DE SERVICE

EXERCICE 1853

Troisième trimestre

		Francs
Juillet 1-31.	Courriers extraordinaires de Hillah à Bagdad	38,235
	Achats d'antiquités, juillet	43,823
	Nourriture et hospitalité obligée à Hillah	294,647
	Nourriture et hospitalité obligée à Bagdad	178,470
	Gages de deux domestiques congédiés ..	141,176
	Menues dépenses	43,529
Août.	Achats d'antiquités, août	34,765
15.	Donatives d'usage, fête de l'Empereur..	91,765
20.	Médicaments et honoraires du médecin	152,470
31.	Nourriture et hospitalité obligée à Hillah.	189,941
	Nourriture et hospitalité obligée à Bagdad.	190,529
	Provisions envoyées à Hillah	32,059
	Menues dépenses	41,412
Septbre 1-30.	Courriers extraordinaires entre Hillah et Bagdad	12,706
	Achats d'antiquités, septembre	39,941
	Nourriture et hospitalité obligée à Hillah.	159,706
	Nourriture et hospitalité obligée à Bagdad.	152,353
	Traitement de l'écrivain arabe	352,941
	Six mois de gage et frais de retour, 1 domestique congédié	505,883
	Gages de 4 domestiques	296,472
	Total : 12 pi. 20 p. ou	2.992,823

Certifié le présent État...

Bagdad, le 9 mars 1854.

F. FRESNEL.

Signature légalisée : LYSIMAQUE TAVERNIER.

Vu et approuvé :
Le Ministre d'État
Achille FOULD.

Mission artistique et scientifique de Mésopotamie.

FRAIS DE SERVICE
EXERCICE 1853

Quatrième trimestre

		Francs
Oct^{bre} 1-31.	Achats d'antiquités	31,118
	Courriers de Hillah à Bagdad et taxes postales (Constantinople)	38,117
	Nourriture et hospitalité obligée à Hillah.	217,176
	Nourriture et hospitalité obligée à Bagdad.	137,647
	Mêmes dépenses, cadeau au Dr Hyslop, réparations, etc.	73,117
Nov^{bre} 8.	Bois et façon de 34 caisses pour les antiquités	191,765
16.	Voyage de M. Fresnel de Hillah à Bagdad	35,882
18.	Réparations à la maison de Bagdad ..	67,235
	Nourriture du 1-16 novembre, jour du départ de M. Fresnel à Bagdad	125,471
	Achats d'antiquités	11,294

(*)

Achats de J. Sonnerat à Marseille pour la mission 2.367,70

Dépense

Commission et intérêts de banque C. Emé-ric & C° 118,30

non justifiée

(*) 2.486,000

30.	Nourriture de M. Oppert et de Bâboûsch du 16-30 novembre à Hillah	74,589
	Nourriture de MM. Fresnel et Perreymond à Bagdad	168,000
	Menues dépenses, gratifications, etc.	40,470
Déc^{bre} 1-31.	Transport des caisses à Bagdad et emballage	35,706
	Courriers entre Hillah et Bagdad	7,059
	Nourriture de M. Oppert et de Bâboûsch à Hillah	99,941
	Nourriture de MM. Fresnel et Perreymond à Bagdad	199,352

Menues dépenses et gratifications   57,647
Honoraires du médecin   176,470
Voyage de M. Oppert de Hillah à Bagdad,
année 1853   216,471
A déduire des indemnités personnelles
des membres de l'Expédition 5.901,883
Traitement de Tômas Bâboûsch, (4° tri-
mestre   875,296
Gages de 8 domestiques, 4ᵉ tiimestre ...   875,296
Commission sur 43.223 piasttres, Naoûm
Andria   305,177
Change de 11.130 fr. à 160 paras le
franc d°   654,705

Total : 53.467.10 (*) .... (*) 12.580,529
          (42.901.30)   (10.094,529)

Certifié véritable le présent État...

Bagdad, le 15 mars 1854.

F. FRESNEL.

Signature légalisée : LYSIMAQUE TAVERNIER.

Arrêté le présent bordereau à la somme de
dix mille quatre-vingt-quatorze francs
cinquante-deux centimes.
Le chef de la section des Beaux-Arts,
DE MERCEY.

Vu et approuvé :
Le Ministre d'État
A. FOULD.

NOTA. Les chiffres marqués d'un (*) ont été rayés à l'encre rouge par
M. de Mercey.

PIÈCE N° 8

État de situation au 31 décembre 1853.

		francs
Excédent des dépenses au 31 décembre 1852		20.323,05
Dépenses du 1er trimestre de 1853		5.281,17
— 2me —		4.706,17
— 3me —		2.992,82
— 4me —		12.580,52
Il est dû pour solde à M. F. Fresnel		10.590,19
des indemnités à M. J. Oppert		5.417,24
personnelles à M. E. Perreymond		979,77

Total 62.870,93

Pour mémoire, le montant de la créance de
MM. Medawar frères et C° de Beyrout [1] 1.140,25

Total du déficit au 31 décembre 1853 .. 64.011,18

Bagdad, le 31 décembre 1853.
Le Chef de la Mission de Mésopotamie :

F. FRESNEL.

---

1. Une note de Perreymond, jointe au rapport n° 31, nous apprend que
cette somme a été portée par *erreur* sur l'état de situation. Le déficit total
était donc de 62.870 fr. 93.

PIÈCE N° 9

Mission artistique et scientifique de Mésopotamie
FRAIS DE SERVICE
EXERCICE 1854

Premier trimestre   francs

Janvier 31. Nourriture de M. Oppert et de l'écrivain arabe à Hillah (janvier) 225,294
Nourriture de MM. Fresnel et Perreymond à Bagdad (janvier) .... 231,941 (*)
Février 4. Provisions pour le voyage de M. Oppert de Bagdad à Mossoul 64,176
— 8. Transport des antiquités et du mobilier de Hillah à Bagdad 51,471
Frais de route, etc.; chargement et
déchargement des antiquités 66,412
— 28. Nourriture de M. Fresnel et de M. Perreymond .... 171,118 (*)
Deux mois de gages à deux domestiques congédiés 105,882
Mars   31. Nourriture pendant le mois de mars 159,235 (*)
Traitement de Bâbôusch; premier
trimestre 352,941
Gages de cinq domestiques 201,177
Frais de poste et d'affranchissement;
premier trimestre 20,118
Perte sur le change pour 1,000 fr.
prêtés à la Mission par le consul de
France à Bagdad 58,823
Menues dépenses 11,294
                                                    ─────────
Total : 7,309,20 piastres ou : 1.719,882
4,919,30   —   1.157,588 (*)

Certifié véritable le présent état...
Bagdad, le 30 avril 1854.
Le Consul... F. FRESNEL.
Signature légalisée : Lysimaque TAVERNIER.

Arrêté le présent état à la somme de 1.157 fr. 58.

Le chef de la Division des Beaux-Arts,
DE MERCEY.

Vu et approuvé :
Le Ministre d'État,
Achille FOULD.

———

2ᵐᵉ Trimestre   francs

		francs
Avril	1ᵉʳ. Gratification à Thomas Bâboûsch ..	304,236
	Ports de lettres pour Constantinople	9,235
Juin	30. Gages de trois domestiques	155,294
	Menues dépenses	42,352

Total : 2,172,10 piastres ou   511,117

Certifié véritable le présent état...

Bagdad, le 31 décembre 1854,
F. FRESNEL.

Arrêté le présent état...
DE MERCEY.

Vu et approuvé :
Achille FOULD.

———

3ᵉ Trimestre   francs

		francs
	Gages de trois domestiques	155,294
	Ports de lettres pour Constantinople	11,647
	Faux-frais	34,294
Août	15. A l'église latine, à l'occasion de la fête de S. M. l'Empereur	35,294
	18. Frais des protêts pour les traites (11,130 fr.), fournies à Mrs Andria	181,647
	Ports de lettres et affranchissements	31,059
	24. A MM. Médawar; transport de provisions venues de France	644,176

Exerc. 1853 (*) Aux mêmes, 1 ½ % commission
  sur 20,000 fr. (8 juillet) .... 300,000 (*)

          Total : 5,922,00 piastres ou : 1.393,411
                  4,647,00   —   1.093,411 (*)

          Certifié véritable le présent état...
                  Bagdad, le 31 décembre 1854,
                        F. FRESNEL.
  Arrêté le présent état à la somme de 1,093 fr. 41.
        DE MERCEY.

                  Vu et approuvé : Achille FOULD.

———

4ᵉ Trimestre   francs

Décembre Gages de trois domestiques 165,882
    31. Étrennes aux domestiques, premier
        de l'an 43,529
Ex. 1853 (*) Commission à 1 ½ % sur la lettre de
        crédit du 1ᵉʳ août .... 183,442 (*)
    (*) Différence de monnaie sur cette mê-
        me lettre de crédit .... 122,294 (*)
    Indemnité de M. Perreymond, année
    1854 .... 3.000,000
    Menues dépenses 19,470

          Total : 15,022,05 piastres ou : 3.534,617
                  13,722,30   —   3.228,881 (*)

          Certifié véritable le présent état...
                  Bagdad, le 31 décembre 1854,
                        F. FRESNEL.
  Arrêté le présent état à la somme ... de 3,228 fr. 88.
        DE MERCEY.

                  Vu et approuvé : Achille FOULD.

ÉTAT SUPPLÉMENTAIRE
Comprenant les frais de nourriture et de logement.

EXERCICE 1854   (*) DÉPENSE REJETÉE

Titre 1ᵉʳ — Frais de nourriture.

2ᵐᵉ trimestre	Avril	675,00			
	Mai	869,00	= 2.252,00		
	Juin	708,00		soit en	
3ᵐᵉ trimestre	Juillet	578,70		piastres	et en francs
	Août	778,20	= 1.877,90	6.305,10	1.483,588
	Septemb.	521,00			
4ᵐᵉ trimestre	Octobre	617,30			
	Novemb.	697,20	= 2.175,20		
	Décemb.	860,70			

Titre 2ᵐᵉ — Frais de logement.

24 août	Trois mois de loyer de la maison.......	525,00	piastres ou	123,529 fr.
22 novembre	Trois mois de loyer de la maison........	525,00	—	123,529 fr.
5 décembre	Réparations à la maison et au mobilier...................	270,90	—	63.705 fr.
	Total	7.626,00	—	1.794,351 fr.

Certifié véritable le présent Etat

... Bagdad, le 31 décembre 1854.
Le Chef de la Mission : F. FRESNEL

Nota. — Les nombres marqués (*) ont été rectifiés ou supprimés par de Mercey.

PIÈCE N° 10

État de situation au 31 décembre 1854 (1)

Exercice 1854.

Dépenses du 1ᵉʳ trimestre (bordereau du 3o avril).   1.719,88
— 2ᵉ —   511,11
— 3ᵉ — 1.393,41
— 4ᵉ — 3.534,61
Dépenses de l'état supplémentaire................   1.794,35

Total 8.953,36

A ajouter, l'article 14, rayé du bordereau n° 4
(4ᵉ trimestre 1853), accepté depuis....   2.486,oo
Solde de l'indemnité de Perreymond
pour 1853   524,86
Indemnité de Fresnel pour 1854 ....   12.000,oo

15.010,86

Total 23.964,22
A déduire le crédit du 9 novembre............   6.000,oo

Total du déficit au 31 décembre 1854............   17.964,22

1. Extrait du rapport n° 32. Bagdad, le 18 février 1855.

PIÈCE N° 11

6) *Note de frais de voyage présentée par Thomas. Entre [ ],
nous avons, d'après la correspondance de Thomas, rectifié
les dates qui, presque toutes, sont fausses ici.*

12 septembre 1853

25 janvier-1er mars. Excursion dans la basse
  Mésopotamie, rapporté de Warka une statuette en terre cuite ....   880 piastres

1er mars [2 mars]- 20 mars [14 mars]. Voyage
  de Bagdad à Mossoul ....   770 —

20 mars [14 mars]-15 juin [28 mai]. Séjour à
  Mossoul (lettre officielle du consul,
  M. Place) ....   425 —

15 juin [28 mai]-3 août. Voyage de Mossoul à
  Samsoun .... 1.840 —

3 août-9 août [10 août]. Séjour à Samsoun et
  voyage de Constantinople ....   460 —

  Total .... 4.375 piastres
   Soit en francs, à 4 p. 1/4 par franc.. 1.029 fr.

Du 15 août au 25 août. Voyage de Constantinople à Marseille (1) ....   400 —

Du 27 août au 30 août. Voyage de Marseille à
  Paris ....   140 —

  Total .... 1.569 fr.

Honoraires des mois de février, mars, avril,
  mai, juin, juillet, août, à 500 fr. (Lettre
  ministérielle du 7 septembre 1851)...... 3.500 —

  Total .... 5.069 fr.

   Signé : F. Thomas, *architecte,
    ancien pensionnaire de Rome.*

---

1. D'après une lettre de Thomas (Athènes, 12 août 1853), il ne resta
que deux heures à Constantinople, le 10 août. Ne voulant pas séjourner
dans cette ville, il s'embarqua aussitôt pour Athènes, où il vit ses cama-
rades de l'École française et partit du Pirée, pour la France, le 17 août.

Avec ce compte, écrit entièrement de la main de Thomas, se trouve une fiche avec en-tête du ministère d'État, section des Beaux-Arts :

« Paris, le 27 septembre 1853,

« Frais de transport de Marseille à Paris et de la douane au Ministère d'État.

« Trente-six francs .... 36 fr.

« *Signé* : F. Thomas ».

Le paiement de ces frais fut autorisé par dépêche ministérielle en date du 26 juillet 1854, adressée à M. Thomas, 3, rue Piron, à Nantes. La note de 36 fr. ne paraît pas avoir été prise en considération.

PIÈCE N° 12

INVENTAIRE DES ANTIQUITÉS RAPPORTÉES DE BABYLONE

Numéros
des
caisses

N° 1. — Bijoux or et pierreries. — Instruments en ivoire. — Figures en bronze, albâtre et terre cuite massive. — Animaux en pierre dure, bronze et argent (amulettes). — Pierres gravées (80). — Vases en albâtre. — Sphéroïdes, cônes et disques en pierre dure. — Verreries et verroteries. — Cylindres en pierre dure (43). — Terres cuites fines inscrites.

2. — Figurines entières, en terre cuite.

3. — Figurines, dont quelques-unes cassées. Fragments de poterie écrits.

4. — Briques avec inscriptions fines. Pierres noires de l'Ohaymir. — Médailles d'argent et de bronze. — Fragments de poterie.

5. — Six briques d'une belle écriture.

6. —   —   de Nabonide.

7. —   —   —

8. —   —   —

9. —   —   d'une belle écriture.

10. — Six briques, inscription de 3 lignes.

11. —   —   —   7 —

12. — Sept briques   —   3   —   quelques briques sont cassées.

13. — Fers des sarcophages de l'Amrân-ibn-Aly. Fragments de poteries des mêmes tombeaux. Échantillons de minéralogie trouvés dans les fouilles.

14. — Six briques, inscription de 3 lignes.

15. —   —   —   3 —

16. — Huit briques, inscription de 7 lignes.

17. — Dix   —   —   3 —   fragments.

18. — Huit briques; soit cinq briques avec inscription de 4 lignes. Une brique avec figure de gazelle. Une

brique avec l'empreinte d'un pied. Un morceau de marbre avec inscription.

19. — Sept briques; inscription de 7 lignes. Quelques-unes sont cassées.

20. — Six briques; inscription de 4 lignes.

21. — Poterie. Lampes.

22. — Six briques; inscription de 3 lignes.

23. — Sept briques, dont quelques-unes sont cassées. Inscription de 7 lignes.

24. — Pierre du Kasr. Briques émaillées, fragments d'inscription cunéiforme.

25. — Pierre du Kasr. Briques émaillées, fragments d'inscription cunéiforme.

26. — Pierre du Kasr. Briques émaillées, fragments d'inscription cunéiforme.

27. — Six briques de 3, 8 et 9 lignes. Une brique avec inscription grecque.

28. — Six briques, inscription de 7 lignes.

29. — —   —   —   3   —

30. — Sept —   —   7   —

31. — Marbre et fragments de marbre avec inscription.

32. — Six briques. Inscription de 6 lignes.

33. — Trois briques. Inscription de 6 lignes.

34. — Six briques: Inscription de 4 lignes.

35. — Briques verdâtres des tombeaux de Amrân-ibn-Aly.

36. — Une dalle de marbre.

37. — Marbre.

38. — —   —

39. — —   —

40. — Douze briques, soit : onze briques chaldéennes, une brique arabe.

Approuvé le présent inventaire, à Bagdad, le 12 mai 1854, *Joint au rapport n° 28, du 10 mai 1854.*

Le chef de la Mission,
F. FRESNEL.

PIÈCE N° 13

État de frais présenté par M. Oppert pour son voyage de Bagdad à Paris

	Piastres le franc à 4 1/4 p.	Paras	Francs
Mules de Bagdad à Mossoul	150	»	»
Nourriture en voyage, cadeaux pour traverser les rivières	690	»	»
Séjour forcé à Mossoul............	420	»	»
Mules de Mossoul à Alep..........	360	»	»
Séjour à Alep	80	»	»
Gages des domestiques	260	»	»
Mules d'Alep à Alexandrette.......	195	»	»
Bateau à vapeur autrichien d'Alexandrette à Constantinople	1.392	»	»
Nourriture à bord	280	»	»
	3.827	»	900,47
Séjour forcé à Constantinople (3 jours)	»	»	48,00
Bateau à vapeur de Constantinople à Marseille	»	»	343,50
Surcroît de nourriture à bord......	»	»	18,00
Voyage de Marseille à Paris avec surplus de bagages (150 kil. env.).	»	»	126,50
Faux-frais pour toute la durée du voyage (5 mois), cadeaux aux Arabes, débarquements, embarquements, séjours forcés, pourboire et toutes espèces de dépenses nécessaires	»	»	383,50
	»	»	1.819,97

Certifié le présent état pour la somme de MILLE HUIT CENT DIX-NEUF FRANCS QUATRE-VINGT-DIX-SEPT CENTIMES, comme montant des frais de voyage de M. Oppert, de Bagdad à Paris, et sur lequel ne figurent point trois cent dix-neuf francs cinquante centimes qu'il a cru ne pas devoir compter comme frais d'excursions à Athènes et à Rome et de dépenses qui s'y rattachent.

J. OPPERT.

PIÈCE N° 14

Décret du 5 juillet 1854

NAPOLÉON, par la grâce de Dieu
et la volonté nationale, Empereur des Français,
A tous, présents et à venir, Salut.

Sur le rapport de notre Ministre d'État;

Vu la loi du 3 août 1851, qui a ouvert au Ministère de l'Intérieur un crédit extraordinaire de 70.000 francs pour l'exploration artistique et scientifique de la Mésopotamie et de la Médie;

Attendu que ce crédit a été entièrement absorbé par les travaux de fouilles et recherches opérées en 1851 et 1852;

Attendu que ces travaux ont été continués en 1853 et pendant l'année courante, et qu'il y a lieu de pourvoir au paiement des dépenses qui en sont résultées ou qui pourront en résulter encore jusqu'au retour en France des agents chargé de l'exploration;

Notre Conseil d'État entendu,

Avons décrété et décrétons ce qui suit :

ARTICLE : 1er

Il est ouvert à notre Ministre d'État un crédit extraordinaire de soixante et quinze mille francs (75.000 fr.), applicable aux dépenses de l'exploration artistique et scientifique de la Mésopotamie et de la Médie;

Savoir :

Sur l'exercice 1853, quarante-sept mille francs.. 47.000 fr.
Sur l'exercice 1854, vingt-huit mille francs... 28.000 »

Somme égale .... 75.000 fr.

ART.: 2.

Il sera pourvu à la dépense autorisée par le présent Décret au moyen des ressources affectées aux besoins des exercices 1853 et 1854.

Art. : 3.

La régularisation de ce crédit sera proposée au Corps Législatif.

Art. : 4.

Notre Ministre d'État et notre Ministre Secrétaire d'État au
Département des Finances sont chargés chacun en ce qui le
concerne, de l'exécution du présent Décret.

Fait au Palais de Saint-Cloud, le cinq Juillet mil
huit cent cinquante-quatre.

Signé : NAPOLÉON.

Par l'Empereur,   Par l'Empereur,
Le Ministre d'État,   *Le Ministre des Finances,*
Signé : Achille FOULD.   Signé : BINEAU.

PIÈCE N° 15

LISTE DES RAPPORTS OFFICIELS DE FRESNEL.

Nᵒˢ	Dates et adresses des rapports	Dates d'arrivée au Ministère	Nᵒ d'enregistrement
1	Beyrout, 14 novembre 1851. A. M. Léon Faucher.	7 décembre 1851	
2	Beyrout, 21 décembre 1851. A M. le Ministre Secrétaire d'Etat au Département de l'Intérieur.	13 janvier 1852	4242
3	(Alep, 14 janvier 1852), n'existe plus aux Archives.		
4	Mossoul, 10 mars 1852. A M. de Persigny.	20 avril 1852	36318
5	Bagdad, 31 mars 1852. A M. de Persigny.	4 mai 1852	39260
6	Bagdad, le 8 avril 1852. A M. de Persigny; expédié le 16 par le courrier anglais de Bagdad à Damas.	18 mai 1852	42148
1. C.	Bagdad, le 15 avril 1852. A. M. de Persigny. *Comptabilité*, expédié le 16 par le courrier anglais.	sans date d'arrivée	
7	Bagdad, le 30 avril 1852. A. M. de Persigny.	1ᵉʳ juin 1852	42840
2. C.	Bagdad, 30 avril 1852. A M. de Persigny. *Comptabilité.*	1ᵉʳ juin 1852	2844
8	Bagdad, le 21 mai 1852. A M. de Persigny.	29 juin 1852	59032
9	Bagdad, 8 juin 1852. A M. de Persigny.	20 juillet 1852	62692
10	Bagdad, le 19 juin 1852. A M. de Persigny. *Confidentielle et réservée.*	20 juillet 1852	62693
11	Djumdjumah (Babylone, 25 août 1852. A M. de Persigny.	Sans date primata et duplicata, à ce dernier étaient joints : 9 dessins de F. Thomas, dont 5 coloriés.	
12	Djumdjumah (Babylone), 29 sept. 1852. P. S., du 30 sept. A M. de Persigny.	14 novembre 1852	103500
13	Hillah, 13 novembre 1852. A M. de Persigny.	30 décembre 1852	118168
14	Djumdjumah (Babylone), 31 octobre 1852. *Deuxième rapport sur les travaux de l'été 1852.* A M. de Persigny.	ç janvier 1853	6276
15	n'existe plus aux Archives.		
16	Hillah (Babylone), 11 janvier 1852 (*sic, pour 1853*), à M. de Persigny.	22 février 1853	14613
17	Hillah (Babylone), 15 avril 1853. A M. de Persigny.	sans date d'arrivée	
18	Hillah (Babylone), 15 mai 1853. A M. de Persigny.	17 août 1853 duplicata s. d.	
19	Hillah, 7 juin 1853. A. M. de Persigny.	sans date d'arrivée	
20	Hillah (Babylone), 13/15 juillet 1853. A M. Fould.	1ᵉʳ septembre 1853	12283
21	Hillah, 21 octobre 1853. A M. Achille Fould.	15 septembre 1853	13812
22	Bagdad, le 25 novembre 1853. A M. Achille Fould.	10 janvier 1854	111
	Duplicata, 31 janvier 1854		555
	Annotation : M. Cluis voulez-vous examiner cet état.		
23	n'existe plus aux Archives.		
24	Bagdad, le 11 janvier 1854. A M. Achille Fould.	22 février 1854.	975
	Annotation : M. Cluys.		

Nᵒˢ	Dates et adresses des rapports	Dates d'arrivée au Ministère	Nᵒ d'enregistrement
25	Bagdad, 15 février 1854. A M. Fould.	8 avril 1854	1886
	Annotation : M. Cluys.		
26	Bagdad, 6 mars 1854. A M. Achille Fould.	18 avril 1854	2036
	Duplicata : 8 mai 1854.		
27	Bagdad, le 25 mars 1854. A. M. Achille Fould.	8 mai 1854	2457
	Annotation : M. Cluis examiner et m'en parler.		
28	Bagdad, le 10 mai 1854. A M. Fould.	14 juin 1854	3110
29	Bagdad, le 25 mai 1854. A M. Achille Fould.	9/10 juillet 1854.	3646
	Duplicata : 29 juillet 1854.		

Annotation : Il faudra dire à M. Fresnel de prendre passage sur n'importe quel bâtiment revenant de Bassorah en France. On ne peut éterniser sa mission.

30	Bagdad, le 13 septembre 1854. A M. Achille Fould.	12 octobre 1854	927

Annotation : M. Tournois (au crayon). La quittance de 2.475,14 M. Perrcymond a été remise à M. *Flury-Hérard* et jointe à l'ordonnance délivrée en 1855 (?), sur 1853.

31	Bagdad, le 31 janvier 1855. A M. Achille Fould.	7 mars 1855 Autre cachet, 29 mars.	692

Annotation : M. Tournois. Il faut tirer au clair ces deux affaires, celle de M. Fresnel et celle de M. Peyramond, m'en parler.

32	Bagdad, le 18 février 1855. A M. Achille Fould.	7 avril 1855 Autre cachet, 9 avril.	782

Annotation : M. Tournois vérifier ces comptes. Il faudra faire un rapport à S. E. relatif au mobilier et au don des livres.

PIÈCE N° 16

Liste des ministres de l'Intérieur, des Affaires étrangères et des Finances de 1851 a 1855

I. — *Présidence de Louis-Napoléon Bonaparte* jusqu'au Coup d'État (20 décembre 1848-2 décembre 1851).

Ministère du 10 avril 1851 (jusqu'au 26 octobre 1851).

Intérieur : Léon Faucher.
Affaires étrangères : Baroche.
Finances : Achille Fould.
Ministère du 26 octobre 1851 (jusqu'au 3 décembre 1851).
Intérieur. — De Thorigny.
—   Duc de Morny (modification du 2 décembre).
Affaires étrangères. — Marquis Turgot.
Finances : Blondel.

II. — *Fin de la présidence de Louis-Napoléon Bonaparte* du Coup d'État à la proclamation de l'Empire (2 décembre 1851-2 décembre 1852)

Ministère du 3 décembre 1851 (jusqu'au 22 janvier 1852)

Intérieur. — Duc de Morny.
Affaires étrangères. — Marquis Turgot.
Finances. — Achille Fould.

Ministère du 22 janvier 1852 (jusqu'au 2 décembre 1852)

Intérieur, Agriculture et Commerce. — Comte de Persigny.
Finances. — Bineau.
Affaires étrangères. — Marquis Turgot.
—   —   Drouyn de Lhuys (modification du 28 juillet).

III. — *Second Empire*
(2 décembre 1851-4 septembre 1870)

Ministère d'État et de la Maison de l'Empereur. — Achille Fould (14 décembre 1852-23 novembre 1860).

Intérieur. — Comte de Persigny depuis le 22 janvier 1852.
——   Billault,   — le 23 juin 1854.
Affaires étrangères. — Drouyn de Lhuys, depuis le 28 juil-
            let 1852.
——   ——   Comte Colonna Waleski, 7 mai
            1855, intérim Baroche, 1ᵉʳ juil-
            let 1856.
Finances. — Bineau   depuis le 22 janvier 1852.
——   Magne   —   3 février 1855.
Marine. — Théodore Ducos   —   3 décembre 1851.
——   Amiral Hamelin   —   19 avril 1855.

PIÈCE N° 17

NOTE SUR LES PRINCIPAUX MINISTRES
QUI EURENT A INTERVENIR DANS LES AFFAIRES DE L'EXPÉDITION.

Léon FAUCHER. — Né à Limoges le 8 septembre 1803, fut un
économiste remarquable. Louis-Napoléon le choisit, le 20 décembre 1848, comme ministre des Travaux publics dans le premier ministère Odilon
Barrot; puis, neuf jours plus tard, il passait au
ministère de l'Intérieur qu'il conserva jusqu'au
2 juin 1849. Enfin, il reprit ce portefeuille du
10 avril au 26 octobre 1851. En 1849, il entrait
à l'Académie des Sciences morales et politiques
et mourut à Marseille le 14 décembre 1854.

Jean-Gilbert-Victor FIALIN, duc de PERSIGNY. — Né le 11 janvier 1808 à Saint-Germain-Lespinasse (Loire), prit
part aux affaires de Strasbourg, puis de Boulogne;
il fut l'un des instigateurs du Coup d'État de
décembre et Napoléon III lui conféra successivement les titres de comte et de duc. Deux fois
ministre de l'Intérieur, du 22 janvier 1852 au
23 juin 1854, puis en 1860, du 26 novembre au
23 juin 1863, il mourut à Nice le 14 janvier 1872.

Achille FOULD. — Né à Paris le 17 novembre 1800, de famille
israëlite, fut quatre fois ministre des Finances sous
la présidence de Louis-Napoléon. Le 14 décembre 1852, il devenait ministre d'État et de la Maison
de l'Empereur; puis, le 14 novembre 1861, il re-
prenait les Finances. Il avait été élu membre libre
de l'Académie des Beaux-Arts en 1857 et mourut à
Tarbes le 5 octobre 1867.

Charles-Jean-Marie-Félix, marquis DE LA VALETTE. — Né le
25 novembre 1806, à Senlis, fut ministre de France

à Constantinople — 6 mai 1851; puis ambassadeur dans la même ville, du 24 avril 1852 au 17 février 1853. Du 17 décembre 1868 au 17 juillet 1869, il fut ministre des Affaires étrangères ; puis, le 21 juillet de la même année, il était nommé ambassadeur à Londres. Il mourut le 1er mai 1881.

GRAVURES HORS-TEXTE

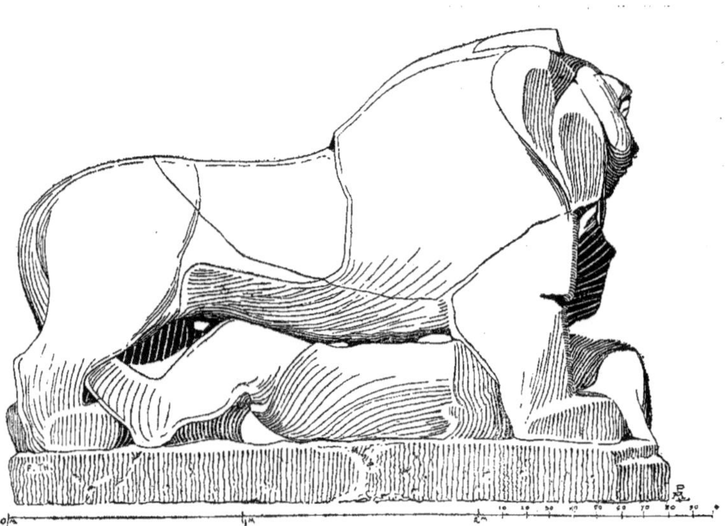

Fig. XV. — Le lion de Babylone (côté droit). D'après un dessin inédit de Félix Thomas.
Août 1852. (A. N.) Voir Chapitre VI.

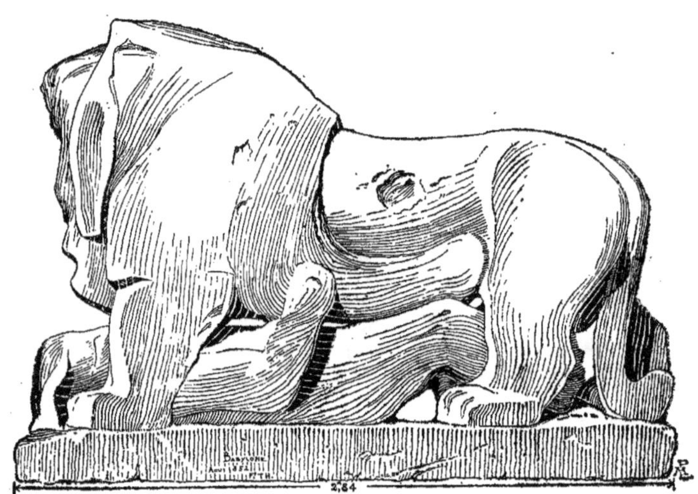

Fig. XVI. — Le lion de Babylone (côté gauche). D'après un dessin inédit de Félix Thomas.
Août 1852. (A. N.) Voir Chapitre VI.

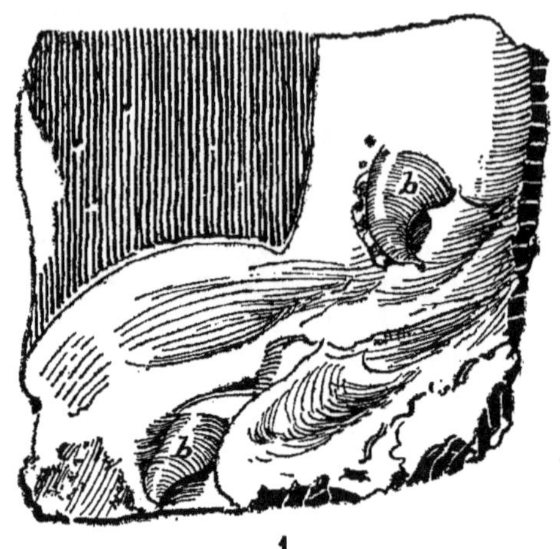

1

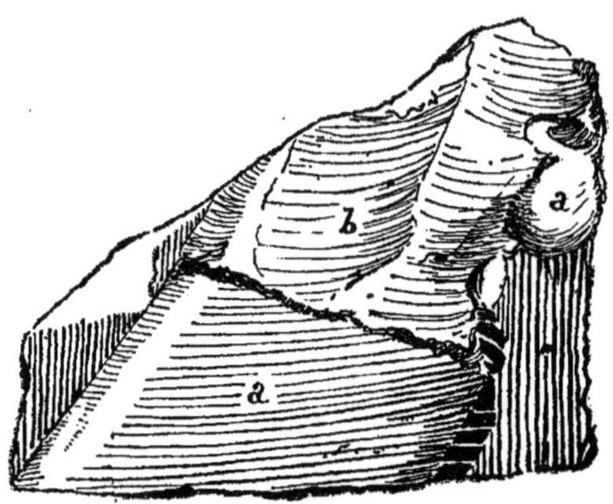

2

Fig. XVII. — Fragments de briques émaillées de la Porte
d'Ischtar à Babylone.
1. Patte antérieure d'un griffon.
2. Patte antérieure d'un taureau.
Traits verticaux : émail bleu.
a : émail vert.
b : émail brun jaune.
D'après les dessins inédits de F. Thomas. (A. N.) Voir Chapitre VII. Réduction 3/4 des originaux.

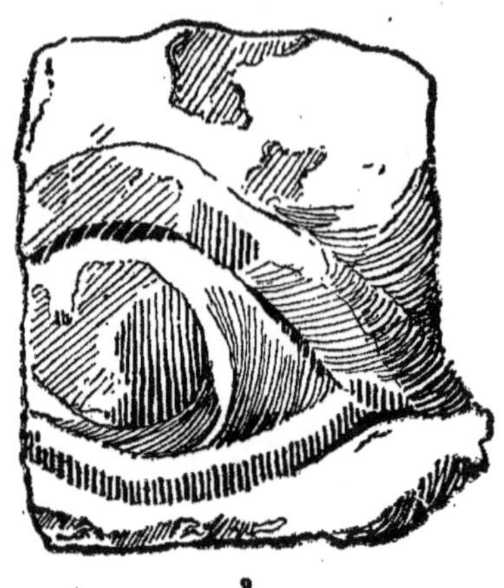

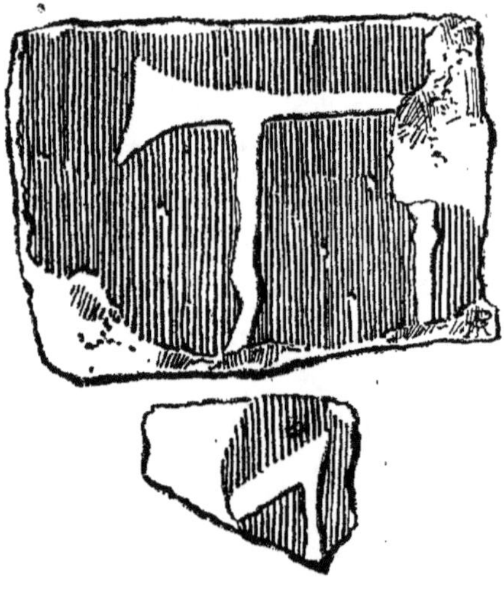

Fig. XVIII. — Fragments de briques émaillées provenant
de Babylone.
3. Œil de lion (?) Prunelle émaillée bleu.
4. Inscription cunéiforme, blanche sur fond bleu.
D'après les dessins inédits de F. Thomas. (A. N.) Voir
Chapitre VII. Réduction 3/4 des originaux.

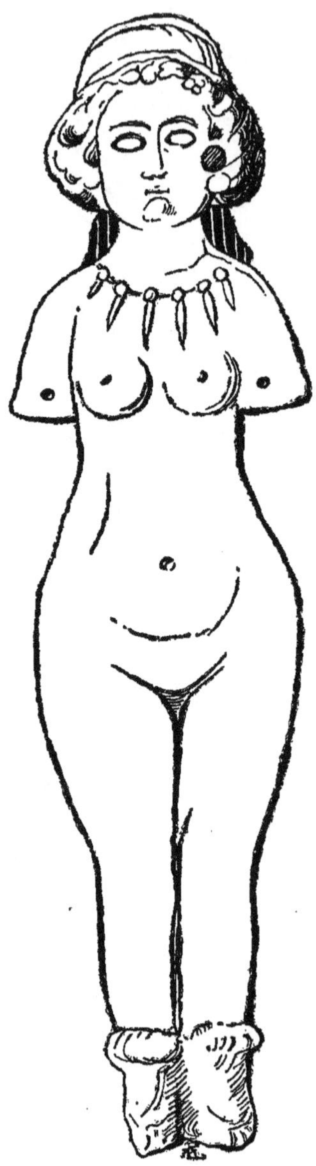

Fig. XIX. — Statuette articulée en terre cuite.
D'après Mess'oud-Bey. (A. N.)

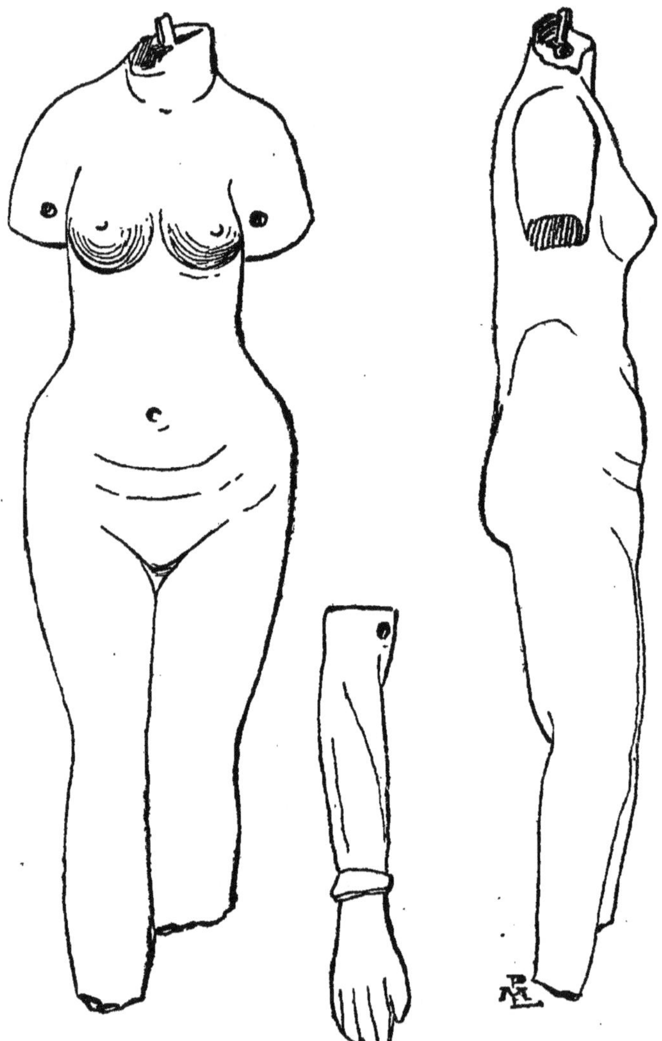

Fig. XX. — Statuette de Vénus en albâtre, marbre, hauteur 0,225.
Trouvée dans un tombeau de jeune fille à Tell-Amrân.
D'après Mess'oud-Bey. (A. N.) Voir Chapitre VIII, page 74-75.

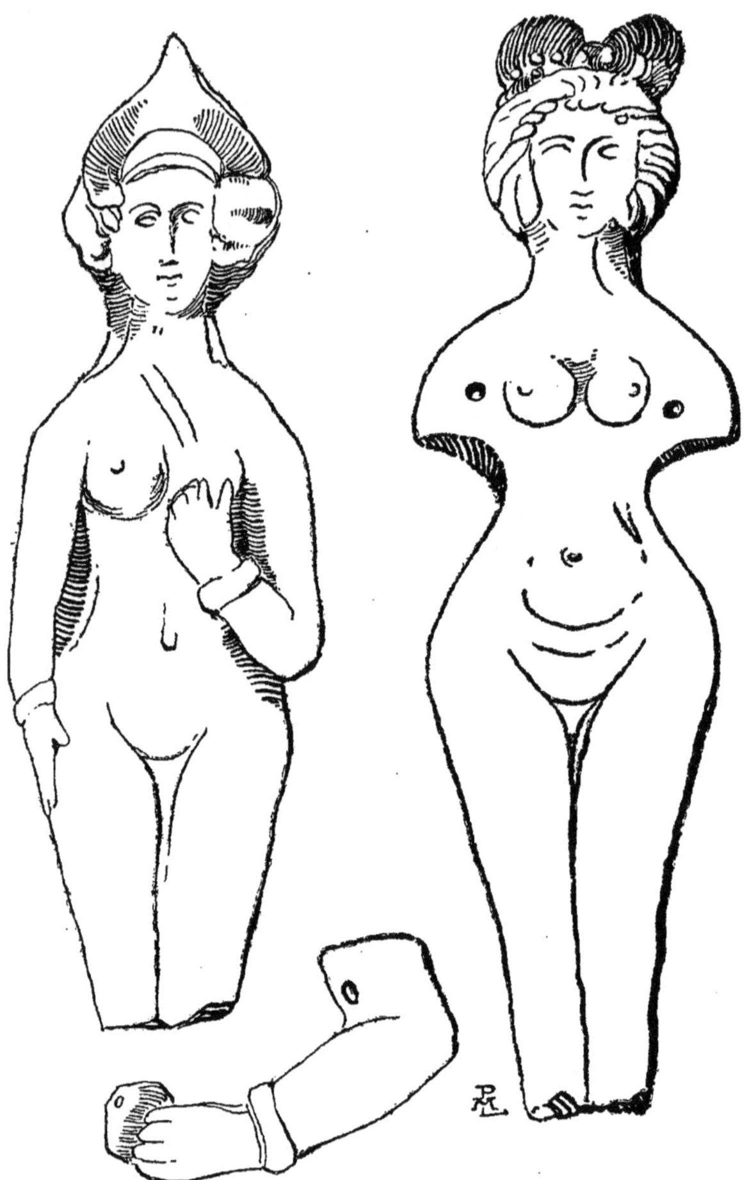

Fig. XXI. — Statuettes d'époque parthe ou sassanide. Terre cuite.
D'après Mess'oud-Bey. (A. N.)

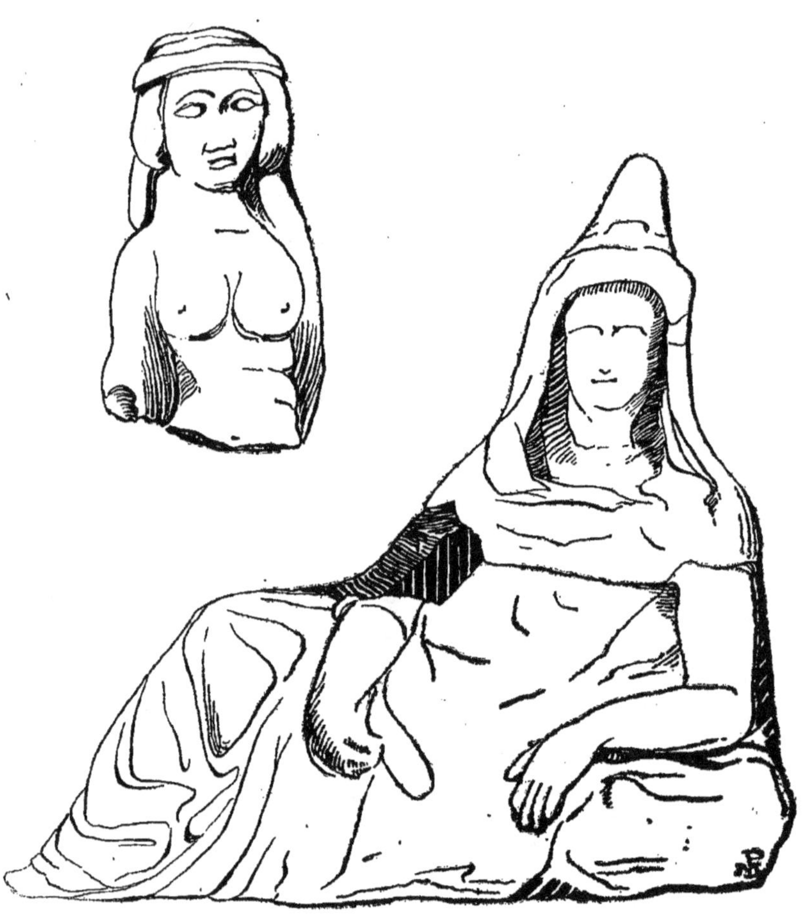

Fig. XXII. — Statuettes d'époque parthe ou sassanide. Terre cuite.
D'après Mess'oud-Bey. (A. N).

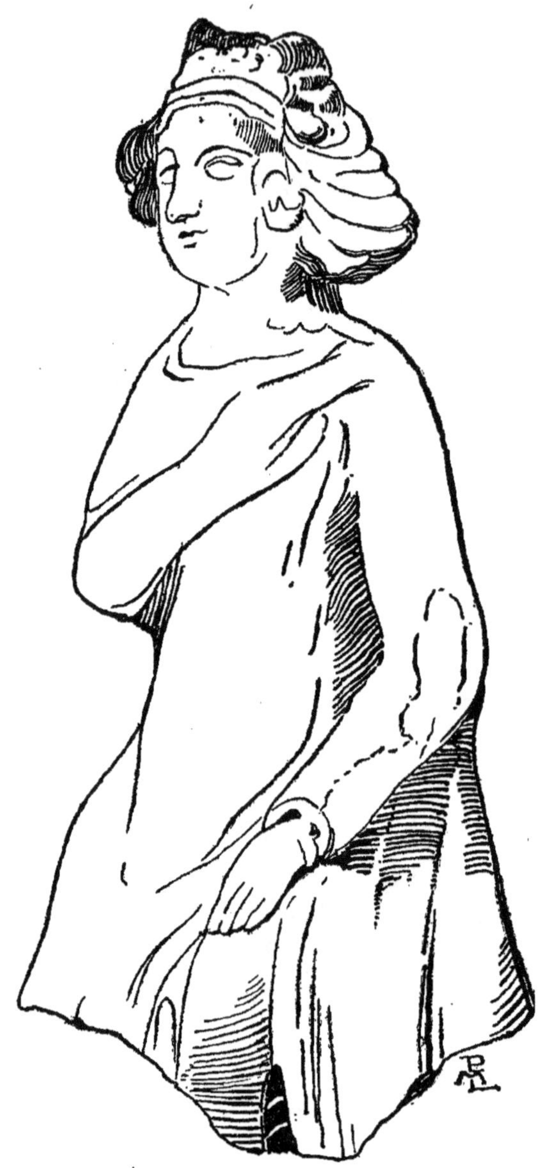

Fig. XXIII. — Statuette en terre cuite.
D'après Mess'oud-Bey. (A. N.)

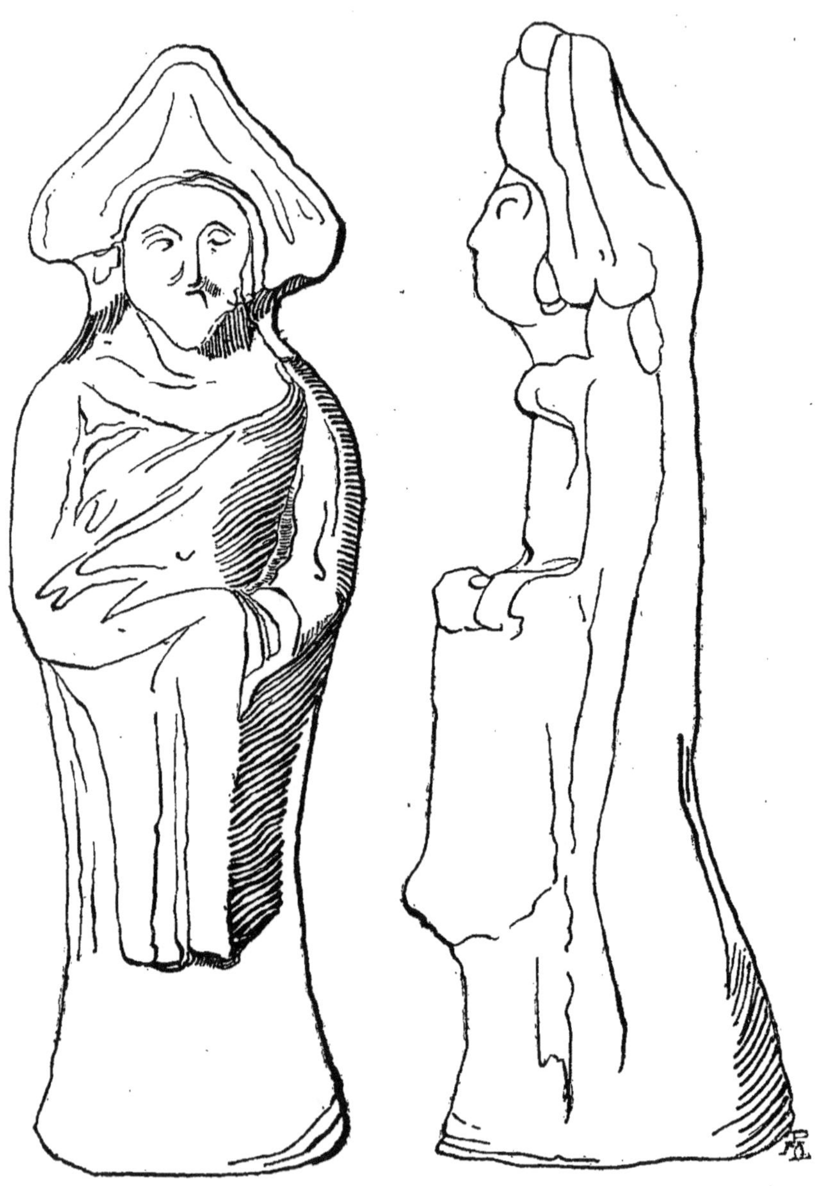

Fig. XXIV. — Statuette en terre cuite.
D'après Mess'oud-Bey. (A. N.)

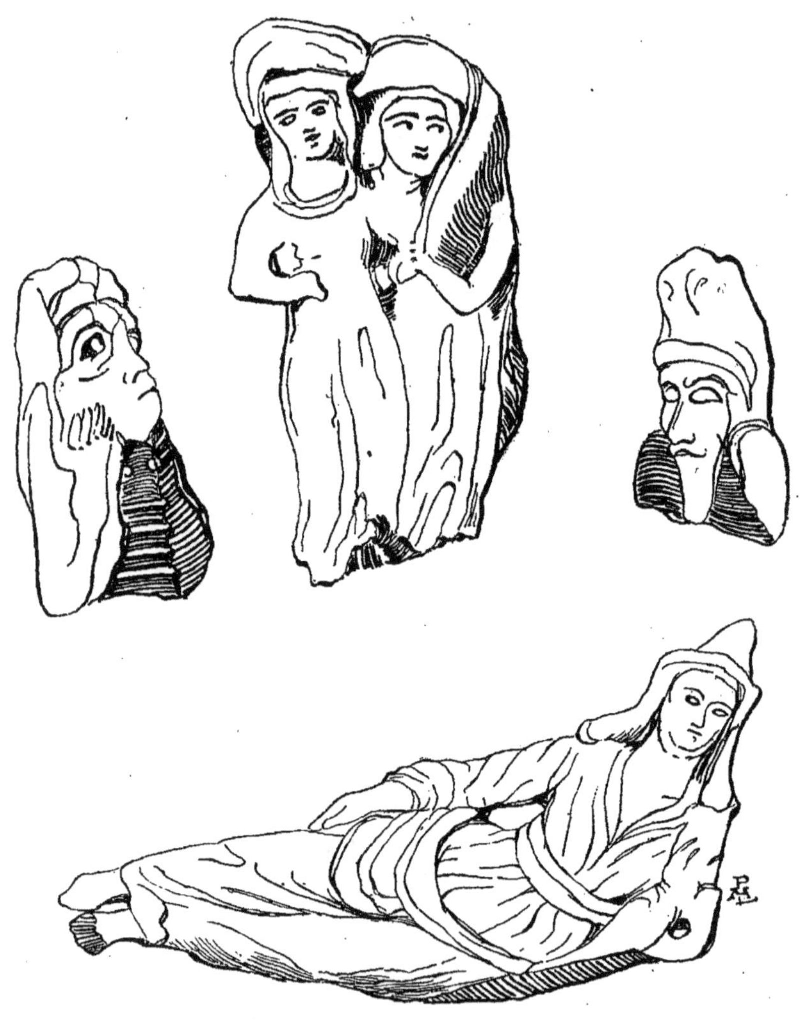

Fig. XXV. — Statuettes diverses et statuette d'albâtre (couchée), provenant de Tell-Amràn.
D'après Mess'oud-Bey. (A. N.) Voir Chapitre VIII, page 75.

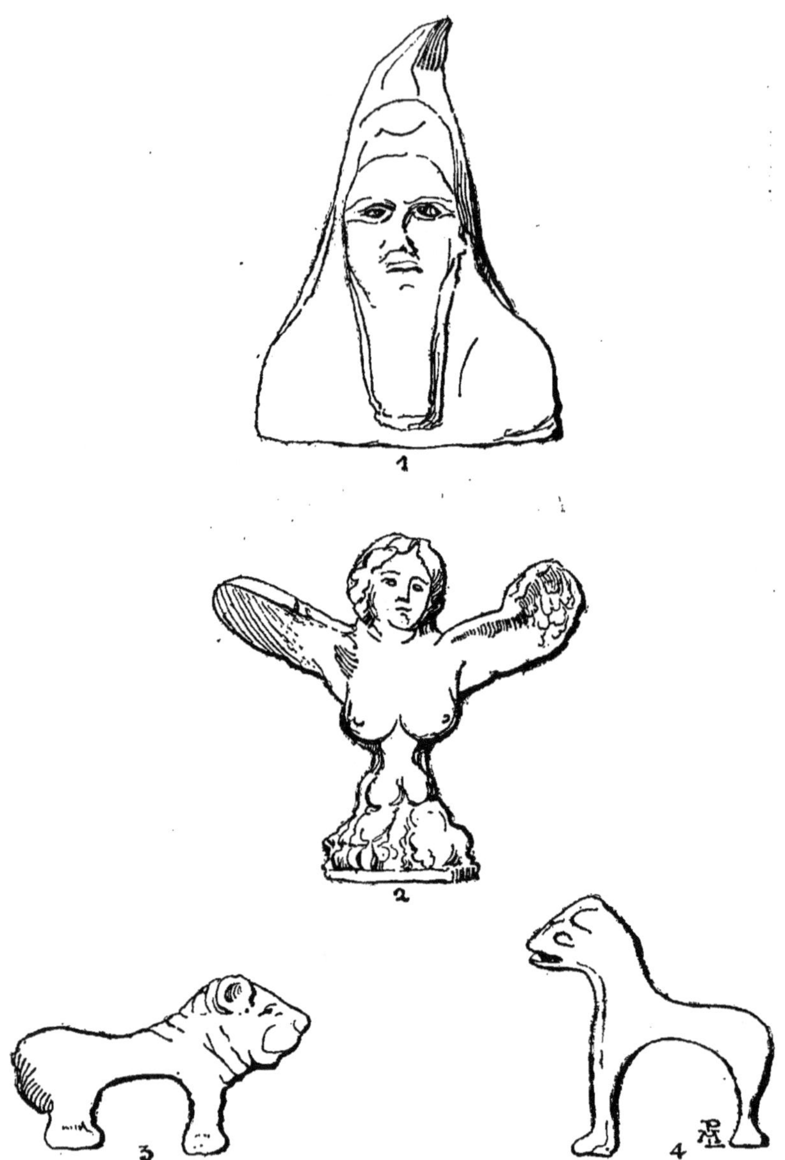

Fig. XXVI. — Statuettes diverses provenant des fouilles de Babylone.
1. Statuette en terre cuite. — 2. Harpie en bronze. — 3 et 4. Petits animaux en bronze.
D'après Mess'oud-Bey. (A. N.)

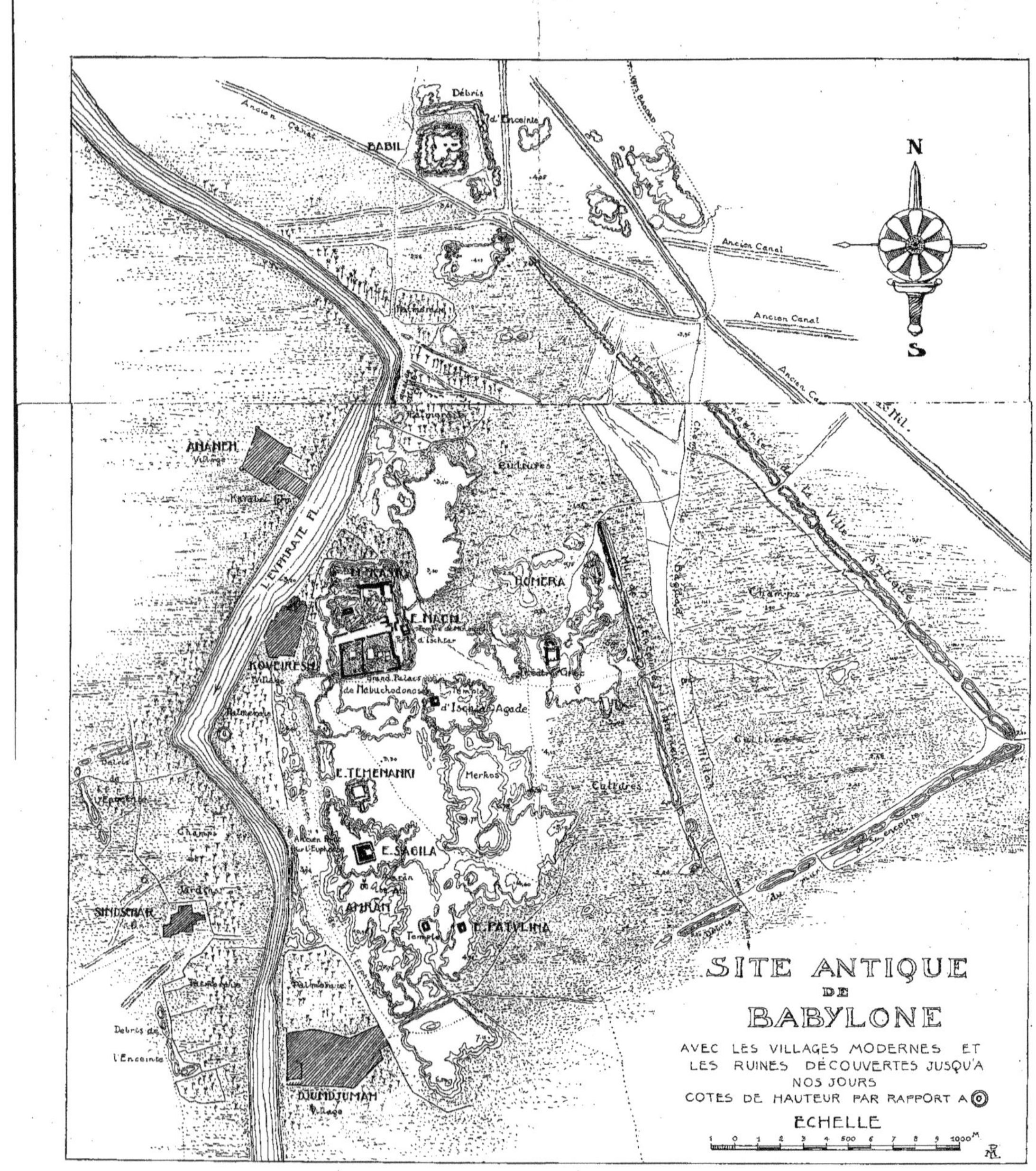

N
S
Débris d'Enceinte
BABIL
Ancien Canal
Ancien Canal
Ancien Canal
ANANEH Village
L'EUPHRATE FL.
KOWEIRESH
E. NARA
E. NACH
Temple de Ninmah d'Ischtar
HOMERA
Champs
Grand Palais de Nabuchodonosor
Temple d'Ischtar d'Agade
Merkes
E. TEMENANKI
Cultures
E. SAGILA
AMRAN
E. PATUTILA
Temple
SINDSCHAR
Jardin
Débris de l'Enceinte
DJUMDJUMAH Village
La Ville Antique
SITE ANTIQUE
DE
BABYLONE
AVEC LES VILLAGES MODERNES ET
LES RUINES DÉCOUVERTES JUSQU'A
NOS JOURS
COTES DE HAUTEUR PAR RAPPORT A
ECHELLE
1 0 1 2 3 4 500 6 7 8 9 1000 M.

TABLE DES GRAVURES

TABLE DES MATIÈRES

TROISIÈME PARTIE

QUATRIÈME PARTIE

CINQUIÈME PARTIE

Pièces annexes

TABLE DES MATIÈRES

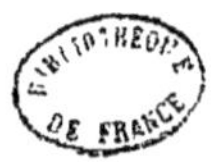

Congrès français de la Syrie (3, 4 et 5 janvier 1919). Séances et travaux. Fascicule I. Section économique et commerciale, **26 fr.** — Fascicule II. Archéologie, Histoire, Géographie et Ethnographie, 252 p. avec une *Carte des intérêts français au Levant*, **9 fr. 75.** — Fascicule III. Enseignement. — IV. Médecine, **6 fr. 50.** — Voir MASSON.

CONTENAU (Dr G.). **Contribution à l'histoire économique d'Umma.** 1915, in-8, 102 p. et tablettes hiéroglyphes. **15 fr.**

> La ville d'Umma, comme celles d'Ur et de Lagash, ses rivales, a joué dans l'antique Chaldée un rôle considérable par sa position favorable de port en rivière, analogue à celle de plusieurs grandes cités commerçantes de la Chine contemporaine.
>
> La prospérité économique d'Umma apparaît très clairement dans les cent tablettes d'argile de la collection de l'École des Hautes-Etudes, dont M. Contenau donne la traduction et le commentaire détaillé. 35 ont trait à des livraisons d'orge, 9 à des livraisons de froment, de dattes, de farine ; 12 traitent de boissons, de nourriture, d'huile. Le bétail fait l'objet de 9 tablettes ; le cuivre, les ustensiles, les filets, les briques, les salaires, les comptes d'intérêts mentionnés dans les autres documents évoquent une cité florissante, un centre avancé dont l'outillage et le mécanisme économique se révèlent très clairement à nos yeux, en dépit de leur antiquité si reculée.

GARDINER (Alan). **Notes on the Story of Sinuhe.** 1916, in-4 de 196 p. **30 fr.**

> Commentaire philologique et critique très détaillé des *Mémoires de Sinouhit*, texte hiéroglyphique du second âge thébain. L'auteur était déjà connu par une excellente édition de ce texte important pour le folklore et la religion de l'Egypte. Copieux index des noms égyptiens et coptes et des nombreuses questions que l'auteur a touchées dans son commentaire.

HITTORFF (J.-S.) et **ZANTH** (L.). **Architecture antique de la Sicile. Recueil des monuments de Ségeste et de Sélinonte mesurés et dessinés.** Suivi de recherches sur l'origine et le développement de l'architecture religieuse chez les Grecs. In-4, accompagné d'un atlas de 89 pl. **150 fr.**

> Ouvrage capital pour l'histoire de l'architecture antique.

HOUVET (Et.). **Cathédrale de Chartres,** 7 albums in-4 de chacun 90 planches en phototypie, reliés percaline. **Portail Nord.** 2 volumes **160 fr.** (1920-21). **Portail Sud.** 2 vol. **160 fr. Portail Royal 80 fr. Tour du chœur 80 fr. Architectures 80 fr.**

— **Monographie de la cathédrale de Chartres :** Choix de planches extraites des 7 albums précédents et donnant les aspects principaux de l'architecture et de la décoration sculpturale. 1 album cartonné de 16 pl., **25 fr.** ; 1 album de 32 pl., **40 fr.** ; 1 album de 64 pl. et notice, 22 p. **65 fr.**

LABORDE (L.). **Le Parthénon.** Documents pour servir à une restauration. 6 livraisons in-fol. de 6 pl. chacune, dans un carton. **75 fr.**

> Splendides reproductions des principaux motifs du fameux temple d'Athènes.

LAMI (Stanislas). **Dictionnaire des Sculpteurs de l'Ecole française, XIXe siècle.** 4 vol. gr. in-8. Chaque. **80 fr.**

> Couronné par l'Académie des Beaux-Arts.
>
> Déjà parus : *Du Moyen Age au règne de Louis XIV,* 1 vol. (*Epuisé*). Ne se vend qu'avec la collection. — *Règne de Louis XIV,* 1 vol. — *XVIIIe siècle,* 2 vol. — Chaque, 30 fr.

MASPERO (Gaston), membre de l'Institut. **Introduction à l'étude de la Phonétique Egyptienne** 1917, in-4 de 138 p. **22 fr. 50**

> Dernier ouvrage du regretté savant.

MASPERO (Jean). *Mort au champ d'honneur.* **Organisation militaire de l'Egypte byzantine.** 1912, in-8. **6 fr.**

— **Histoire des patriarches d'Alexandrie,** depuis la mort de l'empereur Anastase Ier jusqu'à l'invasion des Arabes (518-641). Fort vol.

(Sous presse).